陳攖寧 著
蒲團子 編

陳攖寧文集·九

復興道教計劃書
老子哲學分類
道教知識類編

心一堂

書名：**陳攖寧文集　九**　復興道教計劃書、老子哲學分類、道教知識類編
作者：陳攖寧
編者：蒲團子
責任編輯：陳劍聰
出版：**心一堂有限公司**
通訊地址：香港九龍旺角彌敦道610號荷李活商業中心十八樓05-06室
深港讀者服務中心：深圳市羅湖區立新路六號羅湖商業大廈負一層008室
電話號碼：(852)90277110
網址：publish.sunyata.cc
電郵：sunyatabook@gmail.com
網店：http://book.sunyata.cc
淘寶店地址：https://shop210782774.taobao.com
微店地址：https://weidian.com/s/1212826297
臉書：https://www.facebook.com/sunyatabook
讀者論壇：http://bbs.sunyata.cc
版次：二〇二〇年十二月初版
平裝
定價：港　幣二百五十八元正
　　人民幣一百八十元正
　　新臺幣九百九十八元正
國際書號：ISBN 978-988-8583-51-5

香港發行：**香港聯合書刊物流有限公司**
地址：香港新界荃灣德士古道220～248號荃灣工業中心16樓
電話號碼：(852)2150-2100
傳真號碼：(852)2407-3062
電郵：info@suplogistics.com.hk
網址：http://www.suplogistics.com.hk

臺灣發行：**秀威資訊科技股份有限公司**
地址：臺灣臺北市內湖區瑞光路七十六巷六十五號一樓
電話號碼：+886-2-2796-3638
傳真號碼：+886-2-2796-1377
網絡書店：www.bodbooks.com.tw
臺灣秀威書店讀者服務中心
地址：臺灣臺北市中山區松江路二〇九號一樓
電話號碼：+886-2-2518-0207
傳真號碼：+886-2-2518-0778
網絡書店：www.govbooks.com.tw

中國大陸發行　零售：**深圳心一堂文化傳播有限公司**
地址：深圳羅湖區立新路六號羅湖商業大廈負一層008室
電話號碼：(86)0755-82224934

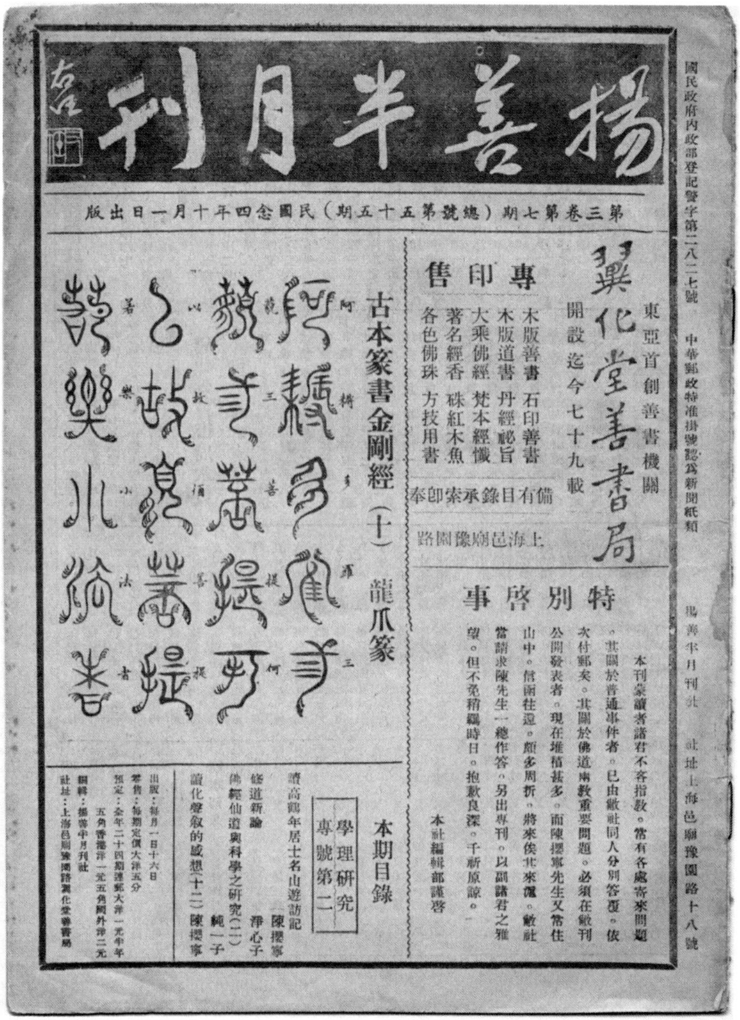

揚善半月刊

右任

第三卷第七期（總號第五十五期）民國念四年十月一日出版

國民政府內政部登記警字第二八二七號　中華郵政特准掛號認為新聞紙類

揚善半月刊社　社址上海邑廟豫園路十八號

古本篆書金剛經（十）　龍爪篆

阿耨多羅三藐三菩提何以故須菩提著樂小法者

特別啓事

本刊蒙讀者諸君不吝指教。常有各處寄來問題。其關於普通事件者。已由敝社同人分別答覆。依次付郵矣。其關於佛道兩教重要問題。必須在敝刊公開發表者。現在堆積甚多。而陳攖寧先生又常住山中。信函往還。頗多周折。將來俟其來滬。敝社當請求陳先生一總作答。另出專刊。以副諸君之雅望。但不免稍羈時日。抱歉良深。千祈原諒。

本社編輯部謹啓

本期目錄

學理研究專號第二

出版：每月一日十六日
零售：每期定價大洋五分
預定：全年二十四期連郵大洋一元半年五角香港洋一元五角國外洋二元
編輯：揚善半月刊社
社址：上海邑廟豫園路翼化堂善書局

一九三五年十月一日揚善半月刊總號第五十五期書影

圯音貽 橋名
圮音否 毀也 與前字不同

中華全國道教會緣起

陳攖寧擬稿

編者附告　此篇乃陳君代中華全國道教會而作。由本社向陳君乞得原稿。提前發表。俾大衆周知道教在中國所居地位之重要。庶幾不至被人誤認。與其他專講迷信之教同等看待。惟國內設立道教會者。不止一處。請勿借用此篇。以免重複之嫌。謹告

粵自崆峒演教。軒轅執弟子之儀。柱下傳經。仲尼興猶龍之歎。道教淵源。由來久矣。誠以天無道則不運。地無道則不載。國無道則不治。人無道則不立。萬物無道則不生。道豈可須臾離乎。

夫道有入世。必有出世。有通別。亦有旁支。若彼磻谿垂釣。呂尙扶周。圮橋授書。子房佐漢。三分排八陣之圖。名成諸葛。一統定中原之鼎。策仗青田。此入世之道也。又若積精累氣。黃庭經顯示眞修。取坎塡離。參同契隱藏口訣。勾漏丹砂。諸稚川之韶事。松風庭院。陶弘景之閒情。此出世之道也。況復由道而通於政。則有洪範九疇。周官六部。由道而通於兵。則有陰符韜略。孫武權謀。由道而通於儒。則有仲舒楊雄。濂溪康節。由道而通於法。則有商鞅李悝。申子韓非。由道而通於醫。則有素問靈樞。千金肘後。由道而通於術。則有五行八卦。太乙九宮。此道家之通別也。以言醮籙。則江西龍虎。句容茅山。威儀咸備。以言煉養。則北地七眞。南方五祖。緒脈雙延。此道教之支派也。至於小道之巫醫。則辰州祝由。救急屢驚奇效。衛道之拳技。則武當太極。工夫授自明師。誠可謂道海汪洋。莫測高深之量。道功神祕。難窺玄妙之門矣。再論及道藏全書。閱四千餘年之歷史。擁五千餘卷之縹緗。三洞四輔之歸宗。一十二部之釋例。尊之者。稱爲雲篆天章。赤文紫字。美之者。比喻琅函瓊札。玉版金繩。姑勿辯其是非。

陳攖寧先生修訂本中華全國道教會緣起書影

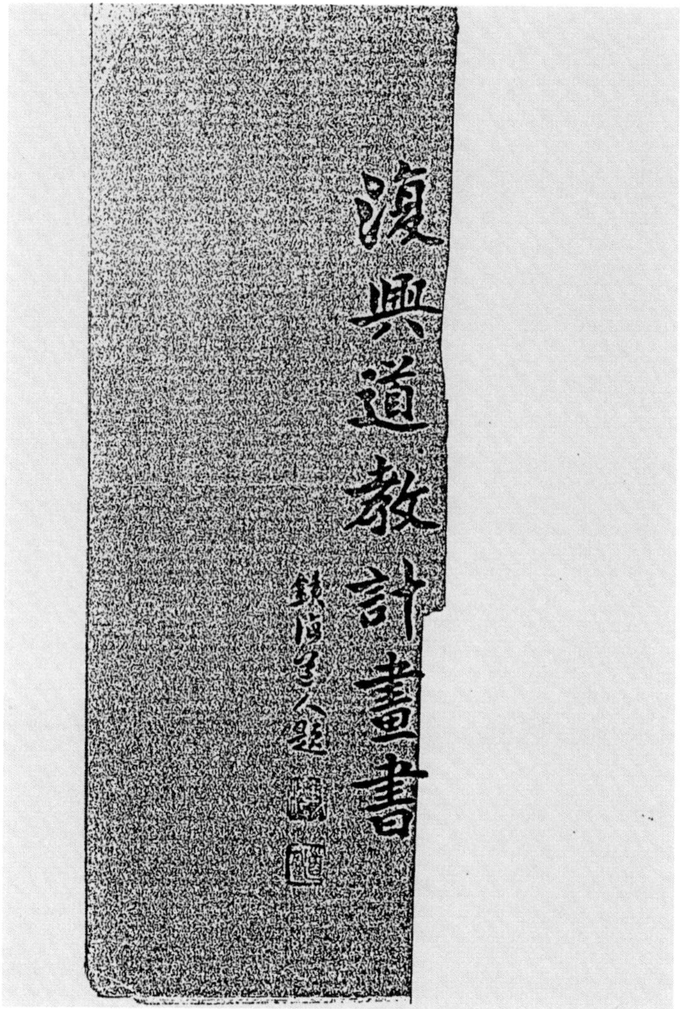

一九四七年上海市道教會刊本復興道教計畫書書影一

大綱要旨說明

一　道教講經壇　凡是正式宗教、無不首重講經者。在儒教則講四書五經、在耶教則講新舊約聖經、在回教則講古蘭經、在釋教所講大小經典、更是名目繁多、不可勝計。惟獨道教歷年以來、未聞有講經之事、人皆爭先、我獨落後。因此各教之優點與特長、容易使大衆了解。而道教的好處何在、人皆茫然、莫知所云。近代坊間所出版之道教書籍、雖有幾種、惜其內容淺薄、不能爲道教增光。社會上偶有一二名人演講道教、聽衆亦未必因此有何感化。蓋以編輯道書者、及演講道教者、皆是普通文墨之士、而非專誠信仰道教之人故耳。今欲矯正此弊、應當從演講道經並宣傳道教真義入手、其辦法如左。

第一條　地點選擇　佛教講經、向來是在各處寺廟之中。耶教講經、是

一九四七年上海市道教會刊本復興道教計畫書書影二

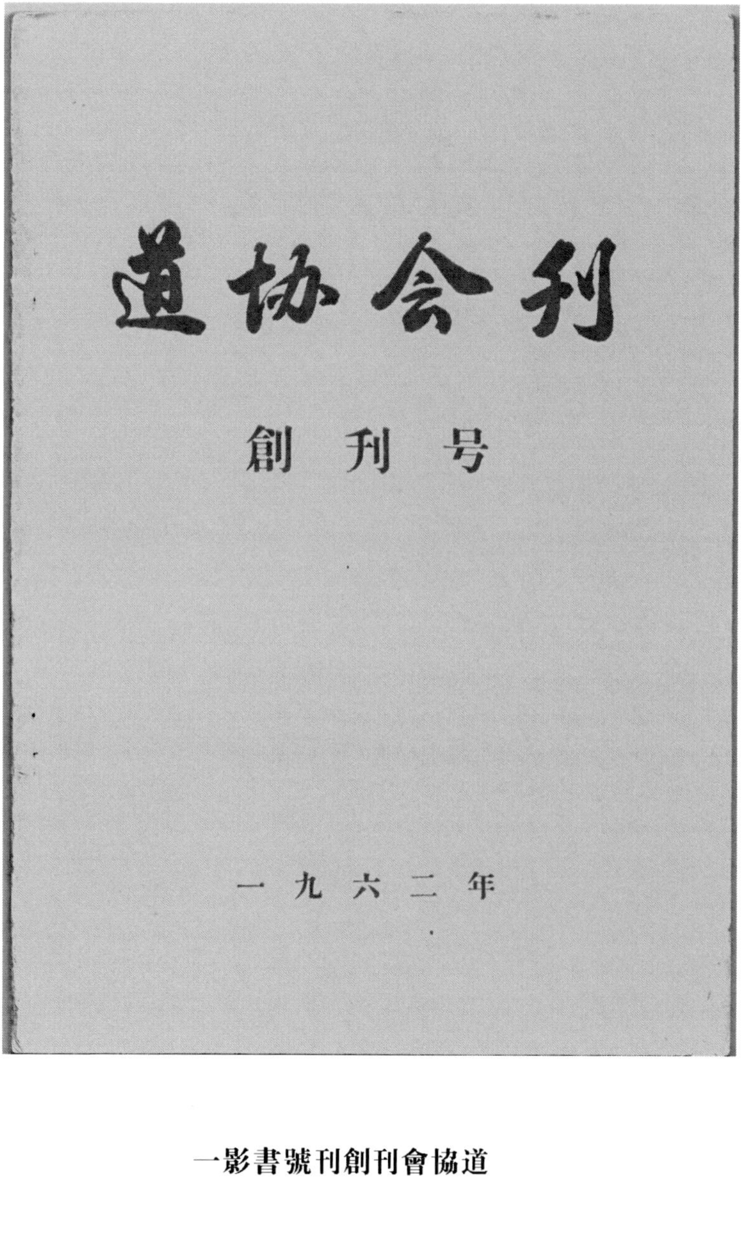

道協會刊創刊號書影一

道協会刊　　中国道教协会編

目　录

一九六二年八月創刊号（总第一期）

道協會刊創刊號書影二

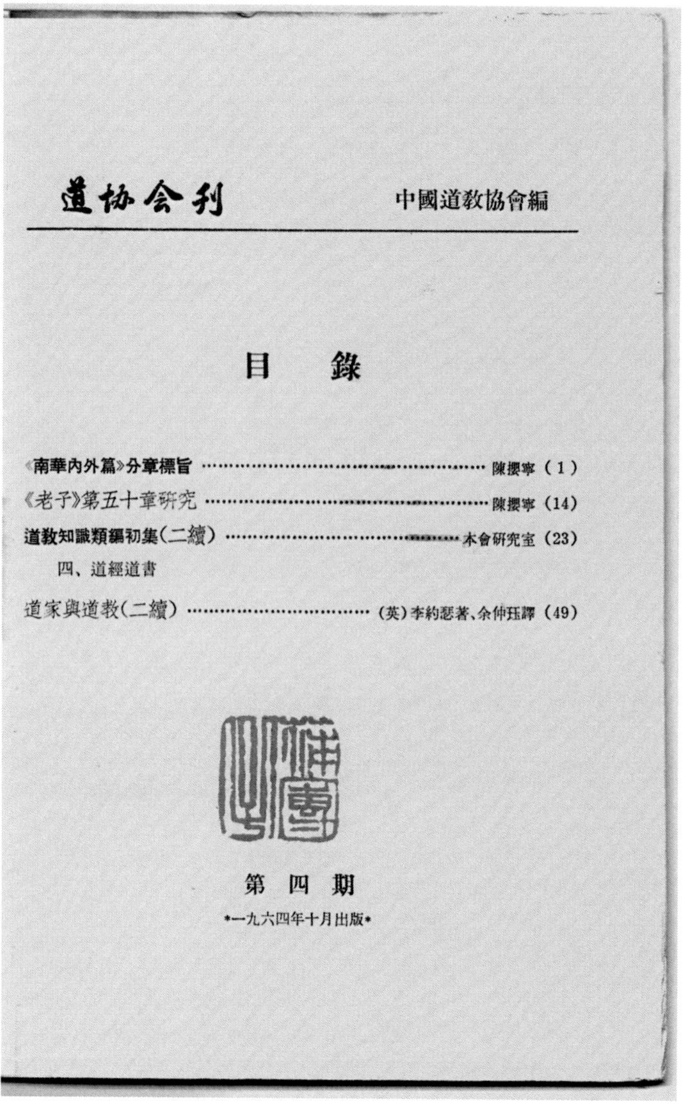

道協会刊　　中國道教協會編

目　錄

第四期

•一九六四年十月出版•

道協會刊第四期書影

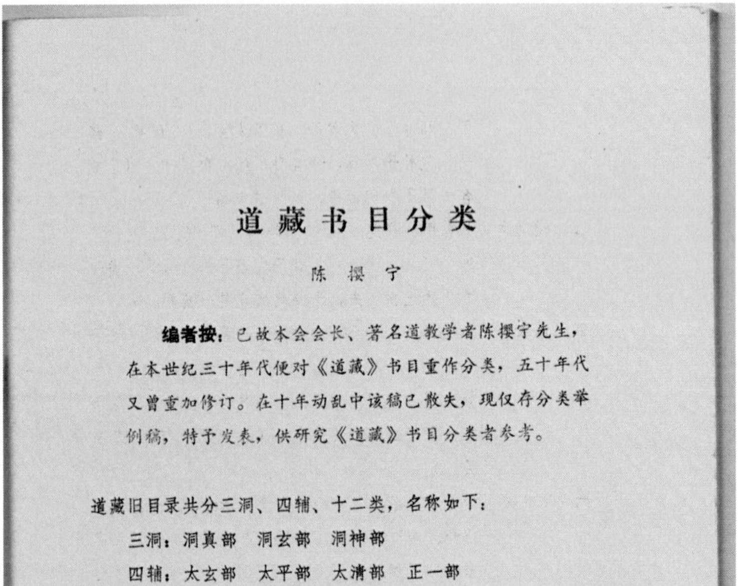

道藏书目分类

陈撄宁

编者按：已故本会会长、著名道教学者陈撄宁先生，在本世纪三十年代便对《道藏》书目重作分类，五十年代又曾重加修订。在十年动乱中该稿已散失，现仅存分类举例稿，特予发表，供研究《道藏》书目分类者参考。

道藏旧目录共分三洞、四辅、十二类，名称如下：

三洞：洞真部　洞玄部　洞神部

四辅：太玄部　太平部　太清部　正一部

十二类：本文类　神符类　玉诀类　灵图类　谱录类　戒律类　威仪类　方法类　众术类　记传类　赞颂类　表奏类

以上分部之法，体例混乱，芜杂不堪，每欲检阅一书，竟不知此书收在何部，无从寻觅。四辅较三洞亦未见有什么区别。三洞项下虽各分十二类，而四辅项下又不分类，即专用宗教眼光观之，亦觉疏舛可笑。今将七部十二类的旧名目一概取消，只就道藏原有一千五百种（实数只有1476种）书的性质分为十四类。

一　道家类　如老子、庄子、列子、文子、淮南子等并各家注解。关尹子乃宋人伪造，亦归入此类。（道家本在道教之先，故列于第一类。）

二　道通类　如鬻子、鹖冠子、公孙龙子、尹文子、墨子、孙

—1—

道協會刊第十四期刊載陳攖寧先生道藏書目分類書影

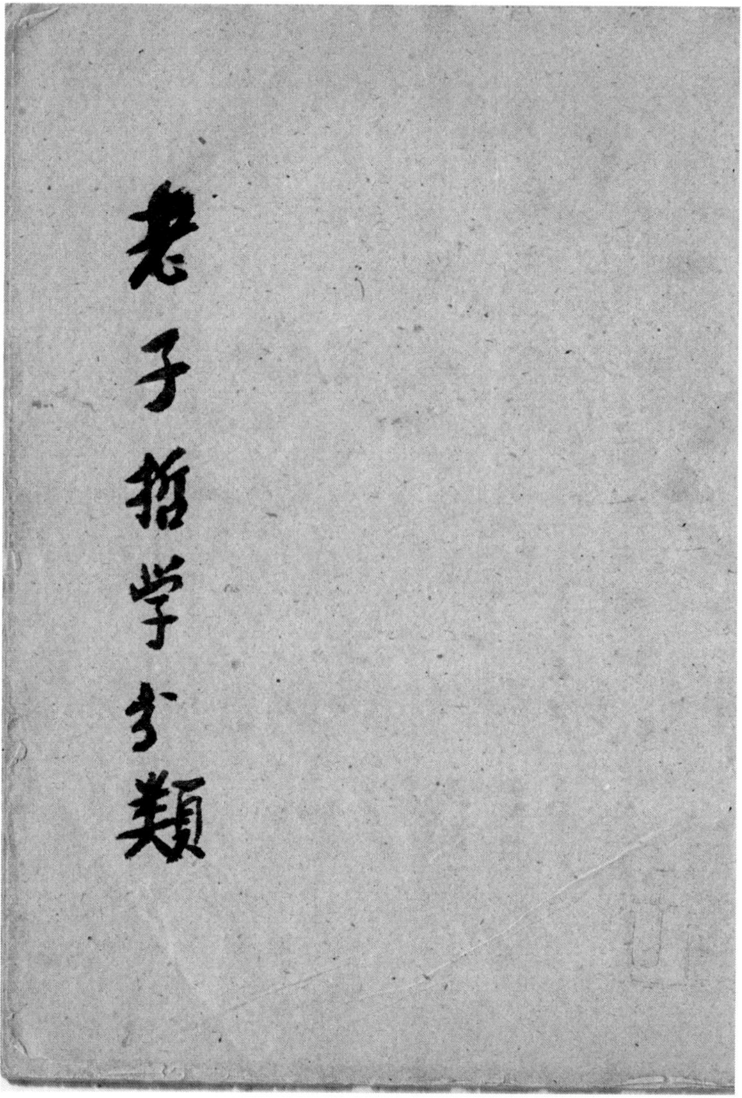

陳攖寧先生手著胡海牙先生珍藏本老子哲學分類書影一

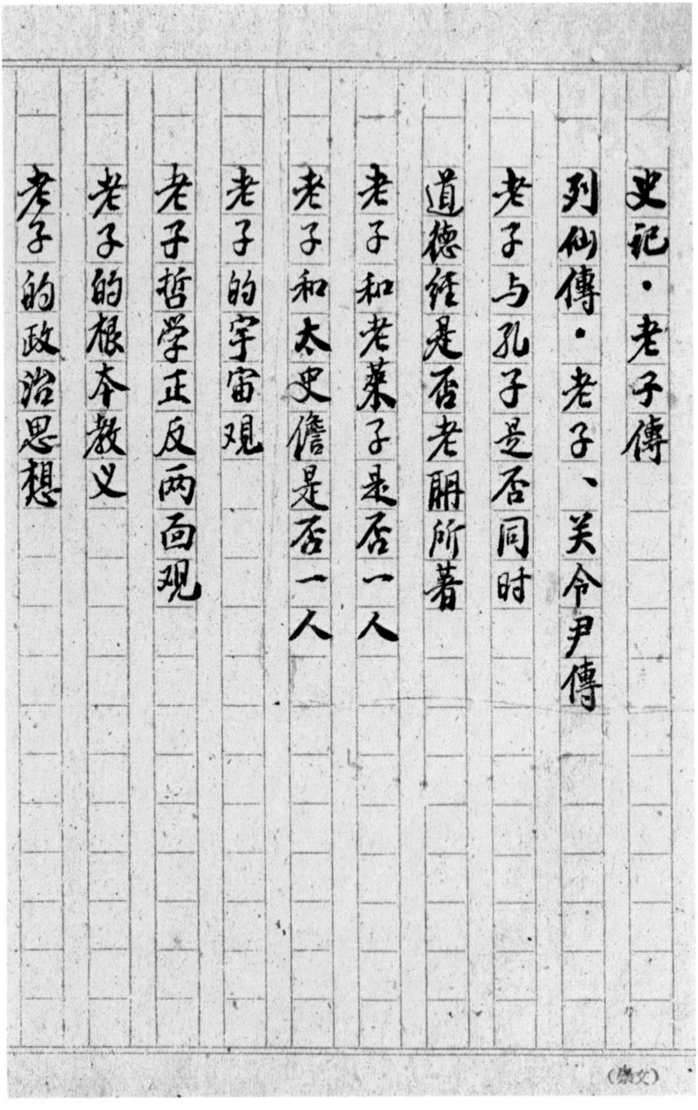

史記・老子傳

列仙傳・老子、关令尹傳

老子与孔子是否同时

道德经是否老聃所著

老子和老萊子是否一人

老子和太史儋是否一人

老子的宇宙观

老子哲学正反两面观

老子的根本教义

老子的政治思想

（樂文）

陳攖寧先生手著胡海牙先生珍藏本老子哲學分類書影二

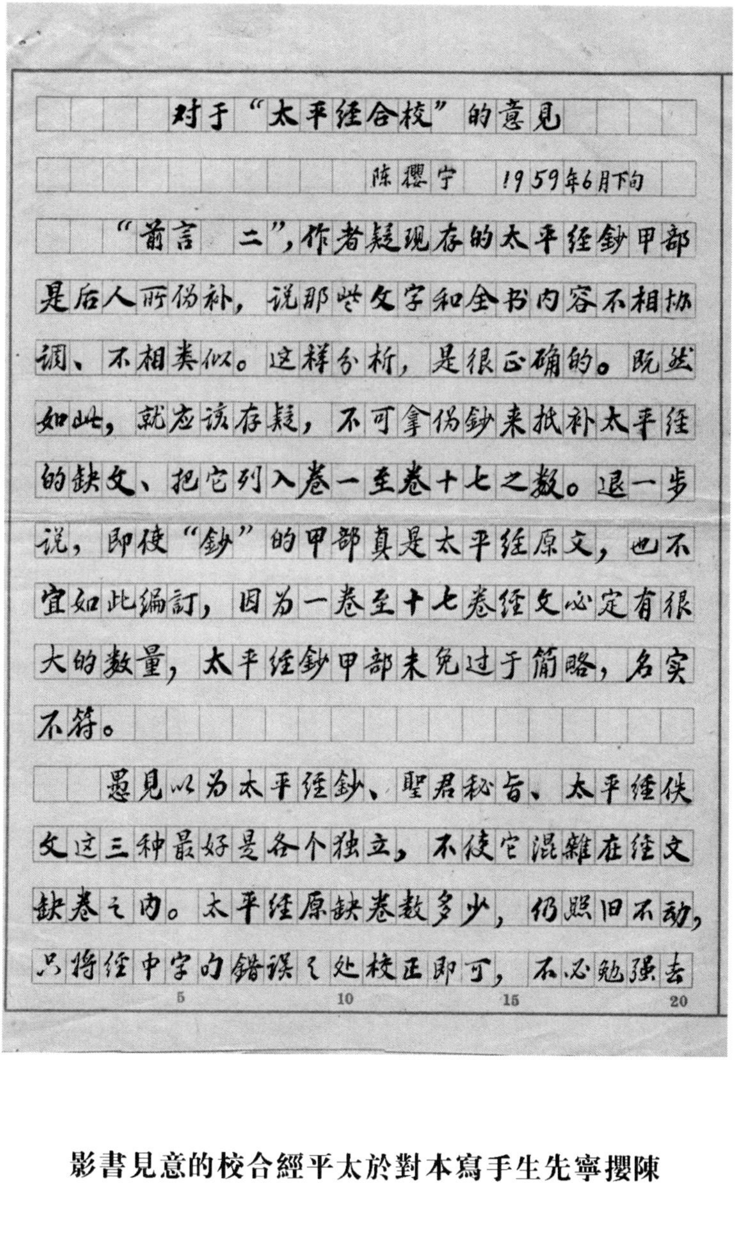

对于"太平经合校"的意见

陈撄宁　1959年6月下旬

"前言　二"，作者疑现存的太平经钞甲部是后人所伪补，说那些文字和全书内容不相协调、不相类似。这样分析，是很正确的。既然如此，就应该存疑，不可拿伪钞来抵补太平经的缺文、把它列入卷一至卷十七之数。退一步说，即使"钞"的甲部真是太平经原文，也不宜如此编訂，因为一卷至十七卷经文必定有很大的数量，太平经钞甲部未免过于简略，名实不符。

愚見以为太平经钞、聖君秘旨、太平经佚文这三种最好是各个独立，不使它混雜在经文缺卷之内。太平经原缺卷数多少，仍照旧不动，只将经中字句错误之处校正即可，不必勉强去

陳攖寧先生手寫本對於太平經合校的意見書影

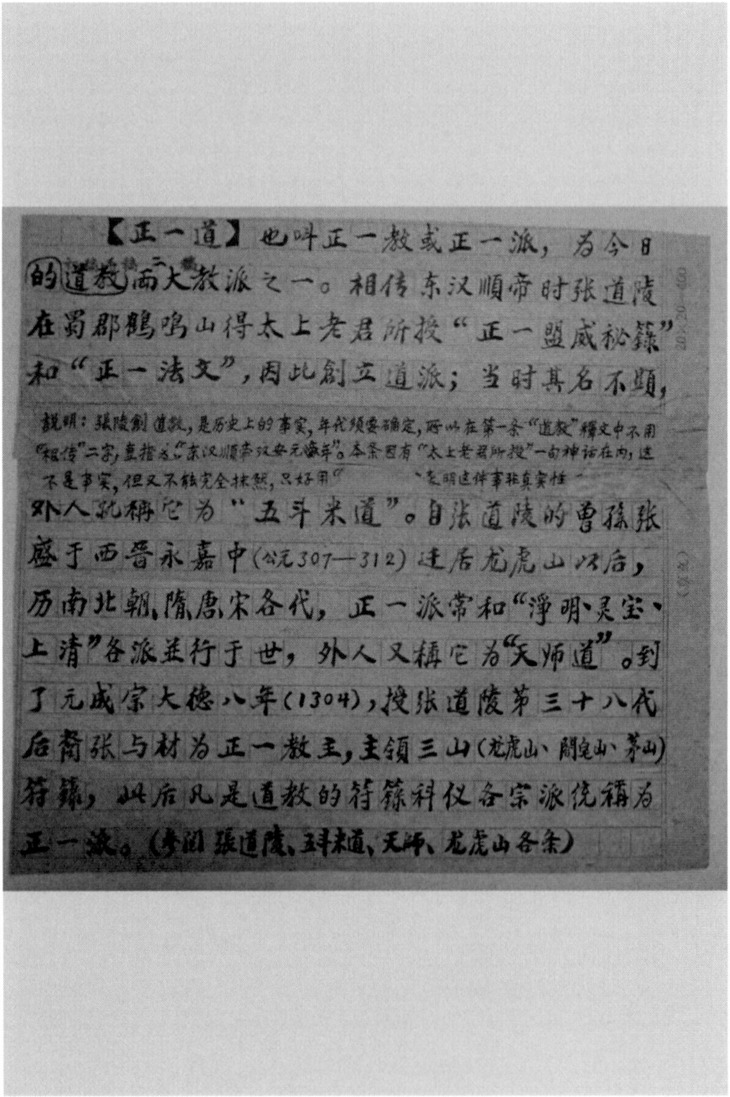

【正一道】也叫正一教或正一派，为今日的道教两大教派之一。相传东汉顺帝时张道陵在蜀郡鹤鸣山得太上老君所授“正一盟威秘籙”和“正一法文”，因此创立道派；当时其名不显，

說明：張陵創道教，是历史上的事实，年代须要确定，所以在第一条“道教”釋文中不用“相传”二字，直指为“东汉顺帝汉安元年”。本条因有“太上老君所授”一句神话在内，这不是事实，但又不能完全抹煞，只好用“　　”表明这件事非真实性

外人就称它为“五斗米道”。自张道陵的曾孫张盛于西晋永嘉中（公元307—312）迁居龙虎山以后，历南北朝、隋、唐、宋各代，正一派常和“淨明、灵宝、上清”各派並行于世，外人又稱它为“天师道”。到了元成宗大德八年（1304），授张道陵第三十八代后裔张与材为正一教主，主领三山（龙虎山、閣皂山、茅山）符籙，从后凡是道教的符籙科仪各宗派统稱为正一派。（参阅張道陵、五斗米道、天師、龙虎山各条）

陳攖寧先生手寫辭海試行本正一道詞條校樣意見書影

陳攖寧文集·九　目錄

道教道家卷

道教道家卷

中國道教源流概論

陳攖寧

吾國自軒轅黃帝以後，經歷過唐、虞、夏、商、周五個朝代。凡稱爲聖君的，都是以道治天下；凡稱爲賢臣的，都是以道輔人主。當其時政與教不分，請看全部書經，可以說無一處不是衛國保民之政，又可以說無一處不是敬天化民之道。若要每條列舉出來，雖萬言不能盡，只得姑從簡略，總而言之。

凡古代聖君賢臣，不但是政治手段高尚，就是他們個人自己的品格，也是很純潔，沒有絲毫缺點。因爲自己的品格若不好，必不能感化人民。徒然靠着威刑强迫，使別人服從，到了結果，一定是反抗叛亂。所以大學上說：正心、誠意、修身、齊家、治國、平天下。這是先後不移的次序。

近代一般爲政的人，身既不修，家亦不齊，心意更不堪問，偏要講究治國平天下的道理，真是可歎。譬如造房子，牆脚尚没有築好，就在浮土面上做起高樓傑閣，崩潰之災，可立而待。大學雖是儒家之書，然孔子之學，本出於老子，孔子是述而不作的。我們可以說，孔子之道，就是老子之道。老子之道，全載於五千言中。若把一部道德經，詳細引證講演，吾恐閱者諸君，或望而生厭。今簡言之。

漢書藝文志說：「道家者流，出於史官，歷記成敗存亡禍福古今之道，然後知秉要執本，清虛以自守，卑弱以自持，此人君南面之術也。」這幾句話，足以包括道德經一大部份精義，即儒家所謂「達則兼善天下」之學。

另外，老子有一小部份長生久視之術，乃預備「窮則獨善其身」的時候所用。道德經上雖有幾處說明，奈後世讀者不大注意，亦不肯研究，一律視爲在世上做事的道理，又弄錯了。只有漢朝魏伯陽作參同契，借周易學理，闡明人身修煉方法，又以帝王御政，作爲譬喻，深有得於黃帝、老子養性延命的遺教。到了晉朝，葛洪著抱朴子內外篇。外篇談國家政治、人事得失，內篇專講神仙秘訣、燒煉金丹等事，文辭博而不精。治世理論，既有異於黃老，出世方術，亦不是純粹參同契學派，乃自成其爲抱朴子一家言而已。從此而後，治國家的大經大法，落在儒家手中。道家所保留者，僅有一部份修養之術。復以爲未足，遂又攙雜方技門類於其中，如按摩、導引、辟穀、服氣、藥餌、吐納、禁咒等類，皆屬於此。創始者，即抱朴子。

此外，別有一派，出於東漢時代，無抱朴子之神奇，而有抱朴子之怪誕，乃張道陵所創，當時稱爲「五斗米教」。張道陵本爲張子房後裔，子房先以黃老之學輔漢高祖定天下，後慕神仙之術，從赤松子遊，頗有合於老子功成名遂身退之旨，不愧爲道家高士。至於張道陵之教，則去乃祖遠甚，完全方士一流，居然能代代相傳，綿延不絕，尊爲教主，位列朝班，食祿受封，萬民信仰，「張天師」三字名號，全國皆知，可謂異矣。

張天師之教，在道門稱爲「正一派」，與全真派立於對等之地位。全真教相傳始於元朝之邱長春，其教派曰「龍門派」。其制度極力模仿佛教，如在各處開設叢林，供奉三清聖像，拜誦各種經懺，等等行爲，與佛教無二。其出家爲道士者，必須受戒、吃齋、斷慾，亦與和尚無別。所不同者，僅頭上蓄有髮髻而已。正一派道士，同在家人一樣，不必如此守規矩，猶有古風。因爲中國古來，無出家之制度，只佛門有此耳。

又考正一派雖專習符咒，全真派雖專唸經懺，然各自有潛修密煉之訣。正一重在集罡氣，全真重在運周天，口訣甚秘，不得其人不傳。普通之道士，固難問津，亦且無志於此。

現在吾人談起道教，總不外乎正一與全真兩大派，然兩派皆不是道家真面目，豈但不知黃帝、老子之遺言，並且不明參同契、抱朴子之學說。道教所以日見衰微，實因人材缺乏之故，豈偶然哉？

攖寧按　此篇倉促做成，急於付印，白話文言，夾在一起，詳略之間，亦無暇細審，閱者諒之。

載民國二十三年（一九三四年）一月十六日揚善半月刊第一卷第十四期

中華全國道教會緣起

陳攖寧　擬稿

揚善半月刊編者附告　此篇乃陳君代中華全國道教會而作，由本社向陳君乞得原稿，提前發表。俾大眾周知道教在中國所居地位之重要，庶幾不至被誤認，與其他專講迷信之教同等看待。惟國內設立道教會者，不止一處，請勿用此篇，以免重複之嫌。　謹告

粵自崆峒演教，軒轅執弟子之禮，柱下傳經，尼父興猶龍之歎，道教淵源，由來久矣。誠以天無道則不運，地無道則不載，人無道則不立，萬物無道則不生，國家無道則不治，道豈可須臾離乎？

夫道有入世，亦有出世，有通別，並有旁支。

若彼磻溪垂釣，呂尚扶周；圯橋受書，張良佐漢；三分排八陣之圖，名成諸葛；一統定中原之鼎，策仗青田。此入世之道也。**陳攖寧增批**　圯，音「貽」，橋名；圮，音「丕」，毀也，與前字不同。

又若積精累氣，黃庭經顯示真修；取坎填離，參同契隱藏口訣；勾漏丹砂，葛稚川

之韻事；松風庭院，陶弘景之閒情。此出世之道也。

況復由道通於政，則有洪範、九疇，周官六部；由道而通於兵，則有陰符、韜略，孫武權謀；由道而通於儒，則有仲舒、揚雄，濂溪、康節；由道而通於法，則有商鞅、李悝，申子、韓非；由道而通於醫，則有素問、靈樞，千金、肘後；由道而通於術，則有五行八卦，太乙九宮。此道家之通別也。

以言醮籙，則江西龍虎，句容茅山，威儀咸備；以言煉養，則北地七真，南方五祖，緒脈雙延。此道教之支派也。

至於小道之巫醫，則辰州祝由，救急屢驚奇效；衛道之拳技，則武當太極，工夫授自明師。可謂道海汪洋，莫測高深之量；道功神秘，難窺玄妙之門矣。

再論及道藏全書，閱四千餘年之歷史，擁五千餘卷之縹緗，三洞四輔之歸宗，一十二部之釋例。尊之者，稱爲雲篆天章，赤文紫字；美之者，比喻琅函瓊札，玉版金繩。姑勿辯其是非，要可據爲考證，歷代佚亡典籍，猶多附此而存。豈惟道教門庭之光輝，亦是中華文化之遺產。雖嫌雜而多端，小儒咋舌；所幸博而能約，志士關懷。

請慢嗤迷信，試探求底蘊，即可見昔賢適應環境之苦衷；切莫笑空談，若裁制得宜，頗足爲今日維繫人心之工具。

嗟夫！世變已亟，來日大難，强敵狼吞，羣夷鴟顧，此何時耶？倡本位文化救國說者，固一致推崇孔教也。然孔教始於儒家，儒家出於道家，有道家遂有道教。試以歷史眼光，觀察上下五千年本位文化，則知儒家得其局部，道家竟其全功；儒教善於守成，道教長於應變。事實具在，毋庸諱言。

故嘗謂吾國一日無黃帝之教，則民族無中心；一日無老子之教，則國家無遠慮。先武功，後文治，雄飛奮勵，乃古聖創業之宏規；以柔弱，勝剛强，雌守待時，亦大智爭存之手段。積極與消極，道各有方，妙在知幾而用；入世與出世，道原無礙，貴乎素位而行。他教每厭棄世間，妄希身後福報，致令國家事業，盡墮悲觀；道教屬唯生哲學，首標康健遐齡，可使現實人生，相當安慰。他教侈講大同，國界倘永不化除，大同徒勞幻夢；道教基於民族，民族肯埋頭建設，眼前即是天堂。

嗚呼！筦百家之總鑰，濟儒術之窮途，攬國學之結晶，符新潮之思想，捨吾道教，其誰堪負此使命哉？！

今夫有道自不能無教，無教則道何以弘？有教則不能無會，無會則教何以整？□□等忝屬黃帝子孫，生在中華國土，大好河山，慨念先民之遺烈，異端角逐，忍看國教之淪胥？用是召集各省市諸同志，組織中華全國道教總會，根據現行法律，擬定規條，呈請政府機關，准予備案。

所冀綿延墜緒，繼往開來，嚴肅玄科，改良陳弊，達變與經常並重，道德和仁義同流，方内偕方外齊歸，居俗並離塵無二。將見禹域風披，具身使臂、臂使指之效；天人感應，徵危轉安、凶化吉之祥。民族精神，庶有賴焉。

□□□等謹啟

載民國二十五年（一九三六年）四月一日揚善半月刊第三卷第十九期（總第六十七期），按陳攖寧修訂本整理

論四庫提要不識道家學術之全體

陳攖寧

讀馬端臨文獻通考，見其於道藏書目條下，作一按語云：「道家之術，雜而多端，先儒論之備矣」云云。後人遂執此言以爲道家病，凡道藏所收各種書籍，除對於道教有直接關係者而外，皆認爲不應列入道藏中。四庫全書提要批評白雲霽之道藏目錄云：「所列諸書，多掇拾以足卷帙。」意謂諸書多與道家無關，因編者欲輳滿卷數，故爾隨便拾取幾種，以壯觀道教門庭而已。其由道藏目錄中剔出各書名如左：

易數鈎隱圖、遺論九事、易象圖說內外篇、易筮通變、易圖通變、易外別傳四庫提要謂「舊皆入易類」；

素問、靈樞經、八十一難經、千金方、肘後備急方、急救仙方、仙傳外科秘方、本草衍義四庫提要謂「舊皆入醫家類」；

黃帝宅經、龍首經、金匱玉衡經、玄女經、通占大象曆、星經、靈棋經四庫提要謂「舊皆入術數家類」；

鬻子、鶡冠子、淮南子、子華子、劉子、意林四庫提要謂「舊皆入雜家類」；

華陽隱居集、擊壤集、宗玄集四庫提要謂「舊皆入別集類」；
太玄經、皇極經世書四庫提要謂「舊皆入儒家類」；
公孫龍子、尹文子四庫提要謂「舊皆入名家類」；
墨子四庫提要謂「舊入墨家類」；
韓非子四庫提要謂「舊入法家類」；
孫子四庫提要謂「舊入兵家類」；
鬼谷子四庫提要謂「舊入縱横家類」；
江淮異人傳四庫提要謂「舊入小說家類」；
穆天子傳四庫提要謂「舊入起居注類」；
山海經四庫提要謂「舊入地理類」。

編輯四庫提要諸君，又謂上列各書之分類「雖配隸或有未安，門目或有改易，然總無以爲道家言者。今一概收載，殊爲牽强」，且將道藏與佛藏相提並論，謂「二氏之書，往往假借附會，以自尊其教，不足深詰」。伊等不知當日編輯道藏之人，具有特別眼光，一面既欲抵禦外教之侵略，不能不利用本國整個的文化以相對抗，一面又高瞻遠矚秦漢以前諸子百家之學術，皆起源於道家，故將各家著作擇其要者，錄取數種於道藏中，亦無不合之處。時賢震於文獻通考爲「九通」之一，夙負盛名，通考既謂道家「雜而多端」，而四庫提要一書，又是治目錄學者之金科玉律，其言更可與通考互相印證。於是道家學術益遭世人厭棄，每每數典而忘其祖，甚至據釋氏之理論以攻擊道家，尤覺荒謬。其無識亦與今日欲持全盤歐化以改造中國者相同。本篇非宗教論文，故亦未遑置辯。

漢書藝文志謂：「道家者流，蓋出於史官，歷記成敗存亡禍福古今之道，然後知秉要執本，清虛以自守，卑弱以自持，此人君南面之術也。」據此則知，道家學術即是治國平天下之學術，含義甚廣，不可執一端而概其全體。尚書、春秋所紀載，固不外乎成敗存亡禍福古今之道，即全部易經所紀載，又何嘗不是此道？何嘗不是人君南面之術？古代藝文，皆掌於史官，民間頗難得見。當日老子實任斯職，孔子若非得老子許可，恐未必能全窺六藝之文。昔道祖老子，許傳易經，今道藏全書反不許收易經一類著作，亦可怪矣。果易經與道家無關，魏伯陽何以作周易參同契，陳希夷何以傳先天八卦圖乎？

醫道與仙道，關係至爲密切，凡學仙者皆當知醫，故將醫書收入道藏，自是分内應有之事。況千金方作者孫思邈及肘後方作者葛洪，皆道門中之錚錚者，更不容漠視。素問、靈樞爲醫家之祖，黃帝爲道家之祖，素、靈二書，縱非黃帝自作，亦是黃帝遺傳之學術。道藏中關於黃帝一派之書，本嫌其過少，收幾部醫家典籍，又有何妨？

術數之學，不外乎陰陽，陰陽家爲九流之一，其源亦出於道家。所以陰陽家有黃帝泰素二十篇，又有南公三十一篇。項羽本紀載楚南公之語曰：「楚雖三户，亡秦必楚。」註謂：「南公者道士，識廢興之數。」試觀後世太乙、奇門、六壬諸書，皆託始於黃帝。而種種圖讖碑記預言，非諸葛亮，即劉伯温。蓋常人心目中，久存一「惟有道之士方精於此」之感想。可見陰陽術數，乃道家之副業，亦猶農家種植五穀而外，必兼理蠶桑耳。就令將所有術數書籍，一概收入道藏，亦不爲過。

淮南王劉安從八公學道故事，人皆知之；淮南鴻烈書中，形容道之玄妙處，亦可謂盡致。講道之文章，除老、莊而外，當無勝過淮南子者。雜家之學，不過本道家真義而推闡之耳，豈可謂雜家駁而不純，遂擯於道家門牆之外乎？又如鶡冠子，在漢志原列入道家。其書雖涉及刑名，而大旨本於黃老，韓昌黎頗喜讀之。作者不詳姓氏，相傳爲楚人，居深山，以鶡羽爲冠，故名。蓋亦道家之流也。意林，唐馬總編，書中抄集老、莊、管、列諸家言，多與今本不同，可視爲道籍中之參考書。以上三種，收入道藏，未見有何鉏鋙處。

華陽隱居集，陶弘景作；擊壤集，邵康節作；宗玄集，吴筠作。弘景本道家知名之士，不必論。邵子之學，出於陳希夷，與程、朱之篤守儒教門庭者迥異。希夷先生，既經世人公認是道家，則康節先生著作，亦未嘗不可列入道藏。吴筠文章，多半趨重仙道方面，對於道教，不爲無功。況吳本人在唐天寶時，自請隸道士籍，則宗玄集之收入道藏，亦固其所。

尹文子雖爲名家，其學亦本黄老，故其書以「大道」二字名篇。雖亦泛論治理，而重在正名核實。莊子稱其「不累於俗，不飾於物，不苟於人，不忮於衆，以禁攻寢兵爲外，以情欲寡淺爲内」，頗有合於老氏之旨。是蓋自道以至名，自名以至法者。公孫龍之徒，雖爲莊子所不滿，然其立論，頗近於道家之玄談。昔賢謂公孫龍傷明王之不興，疾名器之乖實，乃假指物以混是非，寄白馬而齊彼我，冀時君之有悟焉。可知其書自具深意，非只以詭辯爲能事者。漢志云：「道家出於史官」「名家出於禮官」。而掌禮乃史之專職，禮官、史官，二而一者也。是名家與道家，亦同出一源。道藏之有名家，殆如釋藏之有因明乎。

老子三寶，「一曰慈，二曰儉，三曰不敢爲天下先」，墨子皆得之。兼愛、非攻，慈旨也；節用、節葬，儉旨也；備城門、備高臨、備梯、備水、備突、備穴等篇，皆極盡守衛之能事，自處於被動地位，而對於先發制人之戰略，則絶口不談，是真能篤實奉行「不敢爲天下先」之古訓者。莊子書中，除關尹、老聃而外，獨讚墨子，或亦因墨子之學近於道家故耳。墨家素爲儒家所排斥，而墨子亦有非儒之篇，儒、墨根本難以調和，只有請其加入道藏而已。

韓非子有解老、喻老諸篇，對於老氏之說，可謂别有會心。太史公以老、莊、申、韓合傳，言申、韓慘覈少恩，皆原於道德之意。又謂韓子言刑名法術，而歸本於黄老。夫韓非之書，雖爲人所詬病，然其學實由道家而出，精要處頗多，不可以耳爲目，一概抹殺之。編集道藏者，已見及於此矣。

自古道家，無不知兵者，所謂有文事必有武備也。若專尚清靜無爲，其何以靖內憂而攘外患乎？如黄帝、力牧、風后、封胡、伊尹、太公、管子、鶡冠子、文種、范蠡諸人，在兵家皆有著作。雖其書不傳，然班氏藝文志及劉氏七略，皆載其書名。蓋道家最善於沉機觀變，不輕舉，不妄動，老謀深算。施於戰陣，常操必勝之權。故兵學遂爲道家之特長，非此不足以定大業。漢志「道家」，亦有孫子之名，故道藏收孫子，未爲創例。

鬼谷子，漢志不錄，隋志入縱横家。其書有捭闔、反應、内揵、抵巇、飛箝、忤合、揣、摩、權、謀、决、符言十二篇，又有本經陰符七篇。戰國策云：「蘇秦發書陳篋，得太公陰符，簡練以爲揣摩。」可知縱横之學出於太公。而太公當然是道家人物。鬼谷子既即服膺太公之學，而自隱其姓名，不欲表見於當世。史記又言鬼谷子長於養性治身，是必有味於道家之精意者。蘇秦、張儀得其皮毛，已足以玩侯王於股掌，取卿相如探囊。而鬼谷子反㵐屣功利，遯跡山林，恬淡自守。觀其書中有云「盛神法五龍，養氣法靈龜」諸奥語，非深於道者孰能之乎？將其書列於道藏，可謂名實相副。

揚子太玄經、邵子皇極經世，皆易之支流。易經哲理，既與道家相通，此二書之收入道藏，自無問題。

江淮異人錄，所記多道流、俠客、術士之事； 山海經，語涉神怪； 穆天子傳，跡遍遐荒。諸如此類，皆儒家所不敢言。道家思想，本是遊乎方之外者，故不妨接受耳。

總而言之，道家學術，包羅萬象，貫徹九流，本不限於「清靜無爲」消極之偏見，亦不限於煉養、服食、符籙、經典、科教狹隘之範圍。道藏三洞十二部之分類，誠不免疏舛，但此或因受佛教之影響，出於不得已。

吾人今日談及道教，必須遠溯黄老，兼綜百家，確認道教爲中華民族精神之所寄託。切不可妄自菲薄，毀我珠玉，而誇人瓦礫。須知信仰道教，即所以保身； 弘揚道教，即所以救國。勿抱消極態度以苟活，宜用積極手段以圖存，庶幾民族尚有復興之望。

武力侵略，不過裂人土地，毀人肉體，其害淺； 文化宗教侵略，直可以奪人思想，劫人靈魂，其害深。武力侵略我者，我尚能用武力對付之； 文化宗教侵略我者，則我之武力無所施其技矣。若不利用本國固有之文化宗教以相抵抗，將見數千年傳統之思想，一朝喪其根基，四百兆民族之中心，終至失其信仰，禍患豈可勝言哉？

載民國二十五年（一九三六年）四月十六日、五月一日、五月十六日揚善半月刊第三卷第二十、二十一、二十二期

（總第六十八、六十九、七十期）

現代各種道門派別名稱

陳攖寧

先天道　歸一道　還源道　聖賢道　五臺道　茅山道　太上門　混元門
天師門　天仙門　天地門　大乘門　大儒門　皇極門　真武門　金丹門　無爲門　全真派　正一派　理教　夏教　清門教　天理教　三聖教　八卦教
太谷教　救世新教　同善社　悟善社　道德學社　宗教哲學研究社　紅卍字會　中教道義會　一心天道龍華會　某某乩壇各省各縣名目繁多不可勝數

以上所列各種名稱，僅據已知者列入，未知者尚多，難以備舉。凡此數十種名稱，除正一、全真兩派而外，其餘各派，對於道教，皆有或深或淺之關係。有秘密的，有公開的，有以前守秘密而現在公開的，有半秘密半公開的。全國合而計之，人數當在一千萬以上。拘泥之士，每嫌道教雜而多端，不及其他宗教之純粹。愚則謂道教偉大之處，就好在雜而多端。惟其如此，方足以包羅萬象。他的短處，即是他的長處。獨惜派別雖多，人材雖眾，而正式的道教公認爲世界五大宗教之一者，尚未有堅强之組織，並改革之精神。世界潮流，進化太速，急起直追，尚恐落後，停滯不動，何以圖存？道教諸君，似不能不預爲謀也。

再者，我國古代所遺傳之神仙學術，本與宗教性質不同。各種宗教，皆言死後魂靈如何如何，獨有仙學，只講生前，不說死後。又凡宗教首重信仰，信仰者，仰仗他力也；仙學貴在實證，實證者，全賴自力也。所以神仙學術，可說是科學而非宗教。但自漢朝以後，仙學和道教，常結不解之緣，道教中人成仙者亦不少。既然在歷史上有過密切的關係，今日我輩研究仙學諸同志，若爲修煉便利之計，則與道教中人合作，比較容易進行。惟須妥籌辦法，詳定章程，務使雙方皆得其益，而無流弊。愚見如此，未知同志諸君以爲然否？

載民國三十年（一九四一年）七月一日仙道月報第三十一期

復興道教計劃書

陳攖寧

世界人類爲戰爭所苦，希望和平，亦已久已矣。宗教者，和平之母也。吾人果欲實現和平，自不能不弘揚宗教。道、儒、釋、耶、回五教之宗旨，無非勸人爲善，誡人作惡，務使天下億兆生靈咸涵育於慈風惠澤之中，彼此皆能互助合作，而不相侵害，然後人類社會方得維持，國家治安庶幾長保。此宗教精神所以偉大也。

道教之在中國，本爲五大宗教之一，發源於始祖軒轅黃帝，集成於道祖太上老君即李老子；儒教孔子，比較老子，算是後輩；釋迦牟尼，雖與孔子同時，而佛教則到東漢時代方傳入中國；耶、回二教，更在儒、釋之後。可知五教中首推道教爲最古。我輩既屬黃帝子孫，對於此種古教，當然要特別愛護，努力弘揚，抱朴素之胸懷，倡不爭之道德，秉弘深之願力，祈世界之和平。雖志欲存古，而不背於潮流；雖功在崇玄，而不妨於客教。凡關於玄門一切事項，當興者即興，當革者即革，總以發揮道教真義，而又適合於現代心理爲原則。茲擬復興道教辦法大綱九條，並加以說明，以供海內奉道諸君子之參考。如能聯絡同志，籌備基金，斟酌緩急，依次舉辦，化除界限，合方內方外爲一家，造就人才，融入世出世爲一貫，則社會民衆，實受其福利，又豈僅玄門之幸哉！

復興道教大綱

一，道教講經壇
二，道學研究院
三，道教月報社
四，道教圖書館
五，道書流通處
六，道教救濟會
七，道功修養院
八，道士農林化
九，科儀模範班

大綱要旨說明

一、道教講經壇

凡是正式宗教，無不首重講經者。在儒教則講四書五經，在耶教則講新舊約聖經，在回教則講古蘭經，在釋教所講大小經典，更是名目繁多，不可勝計。惟獨道教歷年以來未聞有講經之事。人皆爭先，我獨落後，因此各教之優點與特長，容易使大眾了解，而道教的好處何在，人皆茫然，莫知所云。近代坊間所出版之道教書籍，雖有幾種，惜其內容淺薄，不能爲道教增光。社會上偶有一二名人演講道教，聽眾亦未必因此有何感化。蓋以編輯道書者，及演講道教者，皆是普通文墨之士，而非專誠信仰道教之人故耳。今欲矯正此弊，應當從演講道經並宣傳道教真義入手。其辦法如左。

第一條，地點選擇。佛教講經，向來是在各處寺廟之中。耶教講經，是在各處教堂之內。彼等不須要選擇地點。惟道教講經，尚屬創舉，向來未曾有過，故應當選擇地點。總以交通便利，房屋寬舒，最少能容納百人以上座位者爲合格。一切布置，皆要清靜而莊嚴，庶足以壯觀瞻而保榮譽。

第二條，聽眾限制。各處耶穌教堂，每逢星期日講道理，婦人孺子，勞動苦力，目不識字者，以及頗有學問者，擠滿一堂。佛教叢林講經，聽眾雖稍爲齊整，然其中程度亦復高低不等。譬如小學生與大學生同在一堂聽講，同用一種課本，程度高者每厭聞淺近之言，程度低者又不識精微之義，講師往往顧此失彼，殊非良法。將來道教講經時，凡聽講者，當憑聽講券入場，無券概不招待。聽講券發出時，必須確知其人恰好合於聽講之資格，始贈給之，切勿濫發。講玄妙的道理，聽講券須給程度高的人；講普通的道理，聽講券須給程度低的人。

第三條，演講材料。全部道藏數千卷，內容極其複雜。況且外面尚有許多道書，未曾收入道藏者，亦不下千餘種。試問應該從何處講起？故不能不擬定一個標準如左。

（甲）老子道德經。此經乃道教聖典，大用之，可以治國平天下；小用之，可以修身養性，了脫生死。漢、唐、宋、明歷代皇帝，皆崇拜此經，與四書五經並重。故此經在道教中之尊貴，等於耶穌教之新舊約。有道德經，然後有道教；無道德經，則道教無所憑藉，亦不能成立。歷代註釋此經者，有幾百家之多，可以想見其價值。將來若要講經，當從此經始。

（乙）諸子經書。如莊子南華真經、關尹子文始真經、列子冲虛真經、文子通玄真經、庚桑子洞靈真經，以及淮南子、抱朴子、譚子化書、周子太極圖說之類，皆可作爲演講材料。但須提要鈎玄，擇其有益於國家社會之理論，或修養身心之方法，善爲說辭，以教世俗。不必徒事考據，搬弄陳言。

（丙）歷代道教名人言行錄。教外之人，不識道教真面目，每每輕視道教，認爲歷代道教皆是巫覡方士之集合體，不足以言教。而教內之人，又終年忙碌於誦經禮懺，拜斗放煉，亦無暇稱述前輩之遺徽，以作後學之模範，致將已往諸賢組織道教之苦心孤詣淹没而不彰。今日若欲提倡道教，宜從廿四史及各省府縣志中，選擇歷代道教先賢所行所言足爲後世法者，編作講義，分期演講，以挽末俗而正人心，則道教對於社會，利益良多，復興之望可計日而待。

（丁）各種勸善格言。如孝弟忠信禮義廉耻一切做人的道德，皆包括在内。但舊式善書，有許多不合於現代人之思想，宜慎重選擇，免招物議。

第四條，演講時期。按滬地情形而論，每逢星期日，最宜於演講，因星期日聽衆皆有閒暇。若星期一至星期六各日，則宜在晚飯後七點至九點之間爲適當。

凡宗教演講，不是短時期所能發生功效，須要繼續不斷，方爲有益。並要普遍散布各處，則效力更宏。奈道教演講人才，今日難以多得。若有經費，可先就上海試辦一處，俟人才足够分派時，再推廣於各處。設若自己没有固定的場所，只好暫時不辦。切勿徒慕虛聲，姑借某公共場所，做短期演講，大登廣告，鬨動許多男婦老少，來看熱鬧，等於話劇一樣，人己兩方，皆無利益，止有勞神傷財而已。

二、道學研究院

道是何物？道教真義何在？道教對於人類社會有何利益？此等問題，非但教外人難以了解，雖教内人，亦往往不能回答，因爲缺少一番研究工夫之故。如果希望道教將來能與他教有同樣的發展，不落後塵，必先從研究道學入手。今試擬辦法數條，以供採擇。

第一條，本院以研究中國古代道學，預備將來弘揚道教，利益國家社會爲宗旨。其性質頗似前清各省用地方公款所設立之書院，與現時普通學校性質不同，與道功修養院專重個人修養者亦不同。

第二條，地點不宜在冷僻之區，亦不宜處繁華之境。如杭州西湖之城市山林，頗屬相宜。本院乃道教中的文化機關，只可供奉黄帝、老子、孔子三聖牌位。其他神像不便供奉。

第三條，本院課目如下：（一）道教真義；（二）道教源流；（三）道教清規；（四）道教名人列傳；（五）道教應用文章；（六）儒、釋、耶、回各教大義；（七）諸子百家精華；（八）中外歷史地理；（九）普通科學常識。

第四條，初次試辦，止開一班，以四十名爲滿額，三年畢業，即可算是道教基本人才。第一期畢業後，第二期是否繼續開辦，須看將來情形如何，再行酌定。

第五條，畢業後之出路，由本院盡力介紹到各省道教大叢林中，擔任講師之職。平均分派，每省不過二人，只患人少，不怕人多，出路一層，可以無憂。

第六條，入學資格。年齡二十五歲以外，四十歲以內，國文清通，腦筋靈敏，身體健康，無一切嗜好，無室家之累，對於將來弘揚道教，具有熱心宏願者，爲合格。方內方外兼收。

第七條，考取入院之後，凡膳宿、書籍、講義、紙筆等項，皆由院中供給，概不取費。假使本院經濟力量尚欠充實，即不收方內學員，而專收方外學員。由各省有名道觀選擇合格之道友，保送入院肄業，並由該道觀貼補本院學費及膳宿費。畢業後不受限制，聽其回到原來道觀自由服務。

第八條，凡有志入院研究者，在預備投考之前，須有介紹人一位，否則不能應試。考取及格以後，除原有介紹人外，須再另覓保證人一位，否則不能入院。入院時須填寫志願書，言明畢業後以弘道爲終身義務，並不許半途退學。將來該學人若違犯院規，介紹人與保證人當連帶負責。若是出家道士志願入學者，由各大道觀住持作介紹及保證。

第九條，本院設院長一席，請方外年高有德之人擔任，或創辦人自己擔任亦可。須要常年住院，管理院務。若院長因他事不能到院時，得請相當之代理人。又聘請正副主任教師二位，常年住院，每日授課。助教師二位，不住院。又書記兼司賬一人，又厨房一人，門房一人，雜役一人或二人。伙食淨素，禁止葷腥。

第十條，本院開支各項：院長辦公費、教師薪金、傭人工資、師生膳費、講義書籍等費、房屋裝修器具設備等費、日用必需一切雜費。

三、道教月報社

抗戰以前，國內各處佛教定期刊物最盛，日刊、週刊、旬刊、半月刊、月刊等，並其他不定期刊物，共有幾十種之多。又如耶教、回教、理教各種定期不定期出版物，亦風起雲湧。惟專門道教刊物，獨付缺如。八年抗戰期內，各教所出刊物，多已停止。勝利以後，世界大局安定，各教原有刊物，必將繼續出版，以爭取民眾之信仰心。此時道教若再無所舉動，無所表示，恐又不免落後矣。設聘請普通學校出身之人，來做道教文章，辦道教刊物，彼等對於道教認識不清，或者要弄出笑話。而本教內長於筆墨之人材，頗嫌太少，難以應用。道學研究院，今日果能創辦，則三年畢業以後，講經的人材、傳教的人材、編輯的人材，皆綽然有餘。假使目前急於要辦道教刊物，則總編輯之人，最關重要。必須先得其人，然後月報方可出版。若無其人，只好緩辦。

四、道教圖書館

徐家匯天主教圖書館，頗有名氣，裏面藏書甚多，並且有一部道藏。往年閘北佛教居士林，亦有佛學圖書館，內容尚佳，惜爲戰爭炮火所毀。道教圖書館從來未曾有過，假使能够成立，真可以稱得起道門中偉大的事業。在往日承平時代，搜羅道書，已非容易。況又經過多年兵燹之災，版本喪失者，不可勝計。將來信道、奉道、慕道、學道之人，要想看古本道書，恐無問津之處。聽說杭州玉皇山所藏道書並經史子集不少，第一步，宜先請專家，分門別類，編一部目錄，並註明每部卷數册數，作者姓名朝代，版本新舊樣式。第二步，宜設法在葛嶺上面建設一所道教圖書館，將玉皇山所藏道書擇其要者，陳列於葛嶺圖書館中，託老成可靠的道友管理之，以便遊客參觀，兼售閱書券及茶資，以貼補零碎開支。如此長久下去，則西湖葛嶺道教圖書館之名，可與湖山共垂不朽矣。道學研究院最好與圖書館相近，彼此皆有便利。

五、道書流通處

耶教書籍，各教會中皆可購得，定價甚廉，等於半賣半送。佛教書籍，各大城市亦有專售之處，價雖不廉，但因其流通甚廣，觸目皆是，學佛之士，可以自由選購。伊等喜其便利，故亦不嫌價昂。惟獨道書在市面流通者甚少，得之不易。全國學道之士，感受困難，常有半途改變宗旨棄道學佛者。因爲佛教的好處，在經典上說得明明白白，使人樂於信從。道教的好處，在佛教書中是一句不肯說的，即在雜書中，亦尋不出道教的好處何在。偶有論及道教之事，大多是遊戲諷刺一類的文章。而道教專門書籍，普通人又看不見，買不到，自然他們都傾向別一方面去了。上海書店雖多，惜專門出售道書之店缺乏。往年上海南市翼化堂書局，頗有志於此，曾由各省搜羅許多稀罕之道書出售，學道者頗稱便利。後以城内市場破壞冷落，該書局遂致停頓。現在雖已復業，不知各省道書尚能源源而來否？上海如此之大，人口數百萬之衆，不能不有一處專門流通道書之機關，以爲學道的羣衆謀便利。但此事乃商業性質，與圖書館性質不同，非有多年經驗的熟手，不能辦理此事。將來若要流通道書，用何法進行，方不至於虧本，不妨先與翼化堂辦事人一商，因伊等對於此事頗有經驗。

六、道教救濟會

宗教家原以濟世度人爲本務，所以耶穌教、天主教最熱心於辦醫院、開學校一類的工作。彼教人才甚多，凡醫院學校中，院長校長，醫師教師，以及其餘職業人等，皆由本教信徒擔任，故能諸事順手，上下齊心。道教人才缺乏，若亦要辦醫院、開學校，則大小職務都要請道教以外的人擔任，未免諸事掣肘，勞而無功。況且常年經費亦不易籌募。但若對於社會救濟事業概不過問，似非宗教家應有之態度。今擬先從近處做起，俟有成效，再行擴充。因普通救濟事業，已有各慈善機關專門辦理，其範圍甚廣。道教救濟會，初次創辦，範圍應有限制，方易於着手。限制的意思，就是有錢者出錢，無錢者出力，急難者受惠。凡出錢、出力及受惠者，皆以信仰道教之人爲限，而不涉及教外。並且只能救急難，不能救貧窮。大意如此，詳細辦法臨時再議。

七、道功修養院

佛教居士林，早已有過。道功修養院，至今尚未見有人發起。一般好道之士，皆認爲此種組織今日甚爲需要，兹試言其概略如左。

第一條，道功修養院宗旨，在脱離塵俗，修養身心，不應酬經懺，亦不招待香客，以示與普通道院有别。

第二條，本院宜設於山水名勝區域，不宜在城市中。

第三條，本院創辦人，無論方內方外均可，或方內與方外合辦亦可。

第四條，創辦人照像及生平事跡，永遠供奉於本院內以留紀念。

第五條，設若本院由在家人與出家人合辦時，經濟負擔如何分派，辦事權限如何劃清，當由彼此商量同意，載於文據之上。

第六條，大殿只須一間，供奉三清聖像已足。其他諸神像，一概不供。

第七條，單人住宿的小房間，宜多做幾間備用。凡是有志於修養者，皆性喜清靜，不願數人同住一室，妨礙其用功。

第八條，初次試辦，暫不建設女道友宿舍。將來看情形如何，再議辦法。

第九條，除道友宿舍而外，如飯廳、講堂、會客室、閱書室、管理室、儲藏室、門房、傭人房、厨房、浴室、便所，皆要齊全。

第十條，住院道友，禁止吸煙、飲酒及葷腥肉食。

第十一條，本院宜多備各種修養書籍，以供諸道友閱覽。遇有機會，或可延聘修養專家指導下手用功之法。

第十二條，道學研究院注重研究學問，弘揚道教，是以利人爲宗旨，故凡來就學者，應當免費；道功修養院，注重身心修養，却病延年，是以自利爲宗旨，故凡來住修者，應當酌收月費或年費，按最低數目計算。

八、道士農林化

道教全真派本旨，重在修行。既要修行，必須先能解決生活問題。然專靠募化，實不足以維持生活。若兼做經懺，雖可以暫顧目前，亦非長久之計。而且於全真注重清修之本旨，頗有妨礙。況社會情形，日趨改革之勢，經懺事業，根基是否穩固，亦有問題。全真派既是講究清修，似宜遠離塵俗，退居山林，靠山吃山，靠水吃水，不靠化緣與經懺謀生，方是正理。所謂農林化者，即是以農業生產，並森林種植，維持道糧，自食其力，不必求人。然後品格清高，方不致被外人所輕視。農業不限定耕田種地，收穫米麥，凡植物可以充饑、藥草可以療病者，皆在農業範圍之內；森林不限定松柏大樹，凡是茶葉、竹筍、棉花、桐子以及各種菓木，只看土地相宜，皆不妨試種。各處荒山未曾開闢者，不計其數，正需人去經營。近來出家人，多半和俗家混居繁華都市之中，除了誦經拜懺而外，無事可做。凡俗家所能做的職業，出家人一概無分，反落得一個不事生產之名。何如隱居山林，自食其力，爲上策耶。

九、科儀模範班

古代道教真義，入世則治國安邦，出世則成仙了道，本無所謂經懺科儀。自魏晉以降，天師派道教，始着重經懺齋醮等事，而全真派仍貴清修。全真道士，派別甚多，其中以龍門一派爲最盛。考龍門始祖邱大真人，前半生在山中苦修苦煉，住洞坐圜，披簑乞食；後半生則長途奔走，立功濟世，傳教度人。故全真道衆，龍門子孫，應當以邱祖爲法。如能入山清修，道成行化，最合於全真派家風。設若久居都市之中，自不能不從事於經懺。無論何種宗教，皆注重祈禱。所謂祈禱者，就是以人的精誠，感動神的靈力。祈禱之儀式，雖各有專門，祈禱之原理，彼此實無二致。原理如何，即在乎至誠感應。故誦經禮懺，焚香上表，鐘鼓音樂，皆是一種儀式。而最關重要者，還是正心誠意，然後方有靈感可言。科儀模範班者，其目的在訓練一班經懺人才，免除時下種種習氣，務必法事認真，精神貫注，衣冠整潔，態度莊嚴，處處遵照科儀，絲毫不苟，足以爲道門之模範，而博得社會之好評。果能如此，則經懺事業，自然可以永久存在，而不至於逐漸衰落。

附啟

此稿作於民國三十一年，彼時國内情形，與現在大不相同。今爲民國三十六年，上海市道教會正式成立，會中辦事諸君欲將此稿付印流通。愚見認爲，事隔六年，原稿已不適用，需要修改之處頗多，遂倉卒作第二次修改後，再付手民。但此稿僅言大綱，未免簡略，恐不足以應用，將來若要實行時，其中細則，須妥爲審訂，仍有賴於本會辦事諸君之深謀遠慮，斟酌盡善。拙稿止能作爲參考而已。

歲次丁亥清明節陳攖寧寫於滬上

民國三十六年（一九四七年）四月上海市道教會刊本

道教起源（講稿）

陳攖寧

一、殷周時代的鬼神崇拜

在公元前一千幾百年，漢民族古帝王成湯開國，建都於亳今河南省商丘縣，傳了二十代以後，盤庚又遷都於殷今河南省偃師縣，所以史書上有「商」「殷」兩個國號。商殷時代的統治階級最喜崇拜鬼神，以求消災降福。他們自己無法和鬼神直接交通，必須憑借巫、祝之力。巫能以歌舞降神，祝能以言辭悦神。巫的專業就是發揮靈感作用，把鬼神意旨傳達於人；祝的專業就是奉行祈禱儀式，把人的願望申訴於鬼神。因此，巫、祝兩項都是在祭祀時所不可缺少的主要職務。後世神廟中司香火者叫作廟祝，還是古代留下的一個名稱。

周朝繼商殷而統治天下，自王公大臣以至百姓，皆信仰多神。周禮上說：「大宗伯之職，掌建邦之天神、人鬼、地祇之禮。」天子當每年冬至日就要於南郊之圜丘祭昊天上帝，當每年夏至日就要於北郊之方澤祭地祇。北京正陽門外有天壇，是圓形；安定門外有地壇，是方形。天壇即古之圜丘，地壇即古之方澤，二壇皆明朝嘉靖九年開始建築，清朝復加維修，現爲首都著名的古跡。此外，屬於天神一類的，還有青、赤、黃、白、黑五帝和日、月、星、斗、宿、風、雲、雷、雨諸神；屬於地祇一類的，還有社稷、山川、五嶽、四瀆、城隍、土地諸神，也應該享受祭祀。屬於人鬼一類的，主要是各姓的祖先，其次即爲本民族的聖哲賢才和忠孝義烈之士。祖先祠堂歸各姓子孫奉祀，其他一切大小廟宇皆由政府或地方公會派專人照管香火，並撥給經費開支。料當時建立許多祠廟，未必都迷信人死真有鬼、鬼皆有靈，也不過像今日建立紀念碑的意思罷了。

以上所說，皆歷代封建社會的情況，唐宋以來至於明清，國家祀典和民間風俗，也都大致相同。這些天神、地祇、人鬼三類，就是中國道教所以成爲多神教的來源。後世道教做法事，如建醮壇、設齋供，即等於古人祭祀之禮；唱讚詞、誦寶誥，即含有言辭悅神之意；上表章、讀疏文，也不外申訴和祈禱作用。因此可知，漢代以後的道教還是古代巫祝遺風而再加以宗教化。道教所供奉的神，大多數早已列入國家祀典，並且得到社會上一般的信仰，因爲這些神都具有歷史性和民族性。假使當初沒有這樣悠久的歷史根據和這樣廣泛的羣衆基礎，憑空的就創造出多神教的道教來，那是不可能的事。道教止崇拜最尊貴的天神，其餘諸神，不過隨世俗心理供奉香火而已，並不視爲重要。

二、戰國秦漢時代的方士

戰國時，當齊威王、宣王朝代公元前三七八至前三二四年，有鄒衍這班人，著書講論五行之德遞爲終始的氣運。到秦始皇即位時，齊國人把此書奏呈，始皇就採用了書上所說的辦法。那時燕國另有一些人，如宋毋忌、正伯僑、充尚、羨門子高等，創立「方仙道」。據說此道能令人肉體解脱，與鬼神同其變化。鄒衍當日以陰陽主運之說顯名於諸侯，燕齊海上的方士們雖流傳鄒衍之書，而不能通曉其說，許多人都成爲怪誕迂僻諂佞的投機分子。

齊威王、宣王及燕昭王公元前三一一至前二七九年等，皆曾經使人往渤海中尋覓蓬萊、方丈、瀛洲三個神山。傳聞此山距離塵世不遠，但苦於船未到岸，就被風吹跑了。間或有到者，即可遇着仙人，並獲得長生不死之藥。山上的飛禽走獸盡是白色，宫室樓閣皆爲金銀所構造。遠望，景物如在雲中；近視，三山反似居水下。等到船將要靠攏，風又把船牽引而去，竟莫能到。當時各國君王對此還戀戀不捨，總想設法滿足他們自己的心願。

秦始皇一統天下公元前二二一年之後，將至海上，聽許多方士散播這些神話，始皇恐怕錯過好機會，就迫不及待的親自趕到海上來。於是派遣專使帶了童男童女往海外求仙採藥。去的人回來都說，船到海中，爲風所阻，不能登山，只能望見山而已。此後十餘年間，始皇仍常出遊巡，登瑯琊、碣石、會稽諸山，並考驗方士們所言是否可信，至死不忘海中三神山之奇藥。

漢武帝時公元前一四〇至前八七年，方士李少君對武帝說：「如果祭祀灶神，就能召來靈異之物。靈物若到，丹砂就可變爲黃金。用這個黃金製造裝飲食的器具，人吃了這些飲食就能够延長壽命，可以看見海中蓬萊山上的神仙。見到神仙後，再行封禪典禮祭祀天地，就可以不死。古代軒轅黃帝就是這樣成仙的。我已往在海上遇見神仙安期生，他給我棗子吃，棗子像瓜那麽大。安期生常常通行於蓬萊山中，凡人與他情投意合者，就能見到他；不相合者，他就隱藏不見。」於是漢武帝開始親自祀奉灶神即爐火之神，又差遣方士到海中求蓬萊安期生，同時又從事把丹砂和諸藥物變化爲黃金之術。後來李少君得病死了，武帝還認爲他是化去，不是真死。以上根據史記封禪書、孝武本紀、前漢書郊祀志，字句略有改變，文義完全相同。

當時方士得漢武帝寵倖者不止一人，還有齊人少翁，拜爲文成將軍；有欒大，拜爲五利將軍；有公孫卿，拜爲郎郎是漢朝的官名。他們自己都說，知道秘方，能求神仙。日久其方不見效驗，又想用欺騙手段，暫時矇混過關。那些事情被皇帝所發覺，少翁、欒大皆先後伏誅，但公孫卿和其他方士們仍在繼續求仙。武帝聽公孫卿說「仙人好樓居」，遂於長安作蜚廉桂觀，於甘泉作益延壽觀，又於甘泉宮作通天臺高五十丈，以招致神仙。更於建章宮旁立神明臺，亦高五十丈，上列九室，常置九天道士百人。其餘勞民傷財的建築物尚多，不可勝數。自元光二年遣方士求神仙，到徵和四年纔悉罷諸方士，中間經過四十五年之久。此時漢武帝已六十八歲，嘗對羣臣自歎曰：「鄉時即昔時愚惑，爲方士所欺，天下豈有仙人？盡妖妄耳。節食服藥，差可少病而已。」後年餘遂卒。我們看武帝最後這幾句話，還算是聰明的，可惜他覺悟太遲了。

二、兩漢時對黃老的概念不同

西漢初期，天下經過大亂之後，朝廷用黃老清靜之術以治天下，人民稍能安居樂業，所以文景兩代文帝在位二十三年，景帝在位十六年；公元前一七九至前一四一年比較已往幾十年可稱太平。當時所謂黃老之術是專就國家政治而言，尚未與神仙發生關係。漢武帝即位二十八年，汾陰巫人於土中得寶鼎獻於帝，方士等遂揑造妄語，謂黃帝當年亦得寶鼎，廣事封禪，常與神會；又言「黃帝爲五城十二樓以候神人」，又言「黃帝且戰且學仙，百餘歲然後得與神通」，結果是騎龍上天。武帝聽了這些話，很爲羨慕。從此以後，講神仙之說者皆託名於黃帝，而老子仍屬道家。淮南王劉安武帝之叔父雖喜神仙，但他所著淮南子內篇中亦未曾把道家和神仙混爲一談。前漢書藝文志列舉各家書目，在道家有黃帝又有老子，在神仙家只有黃帝而無老子，可見西漢時的老子還是他本來面貌。到東漢時，老子身份纔起了變化。後漢書楚王英傳「英晚節更喜黃老，學爲浮屠佛陀，齋戒祭祀」，明帝永平八年公元六五年給他詔書，有「楚王誦黃老之微言，尚浮屠之仁祠，潔齋三月，與神爲誓」等語。此時所謂黃老與西漢初期的黃老性質大不相同，前者專屬於政治哲學，後者已近於宗教信仰，前後相距不過百餘年。再過八十餘年，到了東漢桓帝時代公元一四七至一六七年，老子地位更被抬高了。後漢書桓帝紀：延熹八年公元一六五年，兩番派人「之往苦縣祠祠是祭祀之義老子」，次年又「祠黃老於濯龍宮」。紀論又引前史云，桓帝「設華蓋以祠浮圖佛陀、老子」。後漢書祭祀志：「桓帝即位十八年，好神仙事。延熹八年初，使中常侍中常侍即宦官之往陳國苦縣祠老子；九年，親祠老子於濯龍宮。設華蓋之坐華蓋，天子寶座上所用以蓋覆頭頂的裝飾，據說創始於軒轅黃帝，用郊天樂天子祭天所用的音樂。」此時的老子，在人們心理上既與黃帝之神仙無所分別，又與佛陀之教主同其莊嚴，簡直是一位最尊貴的天神了。

四、東漢張道陵始創道教

張道陵創立道教，已接近桓帝時代，他奉老子爲教祖，也是客觀的形勢所造成，不是單憑自己主觀的願望就能辦到。根據當時社會情況，除老子而外，實在找不出第二位有這樣資格能够和儒教的孔子、釋教的佛陀相抗衡。

或問：「戰國時代，孔、墨都號稱顯學，兩家弟子滿天下，老子並沒有許多弟子，而且墨子的書中宗教色彩也比老子爲濃厚，張道陵何故獨看重老子而捨去墨子？」這個問題可分作幾層研究。（一）西漢初期偏重黃老，漢武帝纔兼事儒術，到了東漢，朝廷又信仰佛教，墨子之教始終無人注意。（二）老子是孔子的先生，這件事世所公認，墨子身份在當初至多與孔子平等，並未能駕於孔子之上，自從受了儒家的排斥孟子、荀子皆批駁墨子，墨子名氣更低落了。（三）墨子主張節用、節葬、非樂，富貴人是一概反對的。至於「日夜不休，以自苦爲極」，這樣就是有勞而無逸，非但違背富貴人的心理，雖貧窮人亦不歡迎。（四）墨子崇拜鬼神，老子不信鬼神，張道陵偏看重了不信鬼神的老子，而捨去了崇拜鬼神的墨子，有些人很難明白這個理由，現在特爲指出：宗教是隨着時代進化的，崇拜鬼神，還是上古時代的宗教，儒教只重人事，不重鬼神，佛教更藐視鬼神。張道陵創教，本意要和儒、佛二教相抗衡，如何肯自貶其聲價？所以天師道首先要降伏鬼神，並從而役使鬼神。設若奉墨子爲教祖，即等於自己取消了自己，豈非絕大的矛盾？老子雖不信鬼神，但同時又承認鬼神之存在，並不是極端的無神論者，這樣正合於張道陵所要求。因此他就說，他的道法是老君即老子所傳授。

結語

前面所講的道教起源，如商、周時代的巫祝祭祀鬼神，戰國、秦、漢時代的方士求仙採藥，雖不能算正式道教，但後來道教却是由這些因素沿變而來，故特依次詳加論述，以見我國道教萌芽在歷史上逐漸發展的過程。自東漢張道陵於漢安元年公元一四二年得受「正一法文」和「正一盟威秘籙」，遂在各處名山遍設「二十四治」，訂立規條，廣收徒眾，從此道教中第一個教派就開始形成。張角的太平道尚在以後幾十年纔出現。三國、兩晉時代，道經道派陸續增多，皆比較更晚。張道陵一生事跡是編寫道教史者必不可少的資料，留待將來再作具體研究。今日所講到此為止。

此稿是陳攖寧會長在國務院宗教事務局講稿，後經第二次整理和補充。

載一九六二年八月道協會刊創刊號

老子哲學分類

陳攖寧

史記老子傳問題考證

老子傳原文：「老子者，楚苦縣今河南省鹿邑縣厲鄉曲仁里人也。名耳，字聃，姓李氏此從古本史記。今本史記云：「姓李氏，名耳，字伯陽，謚曰聃。」。周守藏室之史也管藏書室的官。孔子適周，將問禮於老子。老子曰：『子之所言者，其人與骨皆已朽矣，獨其言在耳。且君子得其時則駕駕，是乘馬車而行，不得其時則蓬累而行蓬，砂磧上轉蓬也；累，轉行貌。言人不得志，則生活如飄蓬，流轉無定所。吾聞之，良賈賈，音「古」。良賈，即會做生意的商人深藏若虛，君子盛德，容貌若愚。去子之驕氣與多欲、態色與淫志態色即不自然的態度，淫志即過高的志願，是皆無益於子之身。吾所以告子，若是而已。』孔子去，謂弟子曰：『鳥吾知其能飛，魚吾知其能游，獸吾知其能走。走者可以爲罔罔，即網，游者可以爲綸綸，即釣魚的絲線，飛者可以爲矰矰，即射鳥之箭，至於龍，吾不知其乘風雲而上天。吾今日見老子，其猶龍邪邪，即「耶」字。』老子修道德，其學以自隱無名爲務。居周久之東周建都在洛邑，即今河南省洛陽縣，見周之衰，迺乃遂去，至關即函谷關，在河南省靈寶縣西南，關令尹喜曰：『子將隱矣，彊爲我著書。你自己雖不願著書，請你勉强爲我作一部書。』於是老子迺著書上下篇，言道德之意五千餘言，而去，莫知其所終。或曰老萊子亦楚人也，著書十五篇，言道家之用，與孔子同時云。漢書藝文志有老萊子十六篇，列於道家。蓋老子百有六十餘歲，或言二百餘歲，以其修道而養壽也。關於老子年齡一事，我們不必懷疑，今世蘇聯人活到一百幾十歲的還常有，他們都是普通勞動人民，不是專門修養家。老子精於修養之術，二百餘歲並非不可能。自孔子死孔子死於公元前四七九年之後百二十九年當作一百零五年，而史記周太史儋見秦獻公曰：『始秦與周合而離，離五百歲而復合，合七十歲而霸王者出焉。周本紀作「十七歲」，秦本紀作「七十七歲」，此處又作「七十歲」，數目字必有錯誤。』或曰『儋即老子』，或曰『非也』，世莫知其然否。老子，隱君子也。老子之子，名宗第二代，宗爲魏將，封於段干魏國地名；宗子注第三代，注子宮第四代，宮玄孫假第八代；假仕於漢孝文帝，而假之子第九代爲膠西王卬音「昂」太傅膠西，國名；太傅，官名，因家於齊焉。漢朝的膠西國，即今山東膠縣、高密縣等地。老子後裔因爲在此處做官，所以就住家於此。山東省本是古之齊國，故曰「家於齊」。世之學老子者則絀儒學絀，同「黜」，排斥之意，儒學亦絀老子，道不同不相爲謀，豈謂是邪？李耳無爲自化，清靜自正。」老子傳到此爲止。

司馬遷的老子傳雖只有四百五十六個字，但後人對於本篇中所說的姓名、人名、地名、官名、時代、後嗣、著書等事項提出不少問題，辯論紛紛，莫衷一是。今先將幾個重要問題作如下的考證，以求得合理的解決。

老子和老萊子是否一人？

莊子外物篇有「老萊子之弟子出薪遇仲尼」一段，其一百八十三字。莊子書上，凡老子皆稱老聃，而此處不稱老聃，可知老萊子另是一人。戰國策齊策引道德經第三十九章，魏策引道德經第八十一章，皆稱「老子曰」，但楚策引老萊子語，不稱「老子曰」，可知老萊子不是老子。漢書藝文志：「老子鄰氏經傳四篇。註：姓李，名耳。」又：「老萊子十六篇。註：楚人，與孔子同時。」分明不是一個人。史記仲尼弟子列傳：「孔子之所嚴事，於周則老子，於楚則老萊子。」可見，司馬遷早已認爲是兩個人。史記老子本傳：「老子著書上下篇，言道德之意，五千餘言。」又言：「老萊子亦楚人也，著書十五篇，言道家之用，與孔子同時云。」可見，書非一種，人非一人，顯然有區別。

老子和太史儋是否一人？

老子與孔子同時，比孔子年長，此說不容易推翻。據本傳言：「自孔子死後百二十九年，而周太史儋見秦獻公。」考史記周本紀烈王二年和秦本紀獻公十一年，皆有周太史儋見秦獻公之事，此時即公元前三七四年其實在孔子死後一百零五年，不是孔子死後一百二十九年。設若這個時候孔子尚在，當爲一百七十七歲孔子生於公元前五五一年。老子是孔子的前輩，比孔子年齡高，如果太史儋就是與孔子同時的老聃，也許將近二百歲左右。司馬遷恐其說難以取信，只好先把老子年齡說得異乎尋常：「蓋老子百有六十餘歲，或言二百餘歲，以其修道而養壽也。」如果太史儋本是生在戰國時代，不是春秋時代孔子所問禮的那個老聃，那麼，老子傳中何必要把太史儋牽涉進去？他們二人有什麼關係？我想西漢時代總有些人認爲老聃、老萊子、太史儋是三位一體，司馬遷對於這件事未免懷疑，既不敢肯定，又不敢否定，所以於老子正傳之後，再將老萊子附帶說幾句，讓讀者自己去分析：老聃和老萊子雖同是楚人，雖都和孔子同時，但一則「著書上下篇，言道德之意」，一則「著書十五篇，言道家之用」，可見同中有異，未必就是一人。其次，又將太史儋的言行也敘說幾句，讓讀者自己去判斷：一則當面教訓過孔子，一則在孔子死後百二十九年纔出現；一則莫知其所終，一則親身見秦獻公；一則以自隱無名爲務，一則跑到人主面前談國家大事；一則教孔子深藏若虛、盛德若愚，一則謂秦國將出霸王，預言聳聽。前後言行，這樣的不倫不類，並且加以恍惚迷離之論調：「或曰儋即老子，或曰非也。」看他連用兩個

「或曰」，就是他自己不肯負責的話。這件事非但史遷弄不清楚，雖與史遷同時的一班知識分子也弄不清楚，竟無法下一結論，只好以不了了之，所以說「世莫知其然否」。

老子與孔子是否同時？

禮記曾子問一篇中有幾處記載孔子問禮於老聃之事。「吾聞諸老聃曰」這句話，孔子說了三次。又說：「昔者吾從老聃助葬於巷黨。」即此可以證明孔子當日曾經見過老子，老子年齡比較高，知識比較豐富，孔子有許多不懂的事情要去請教於他。

莊子第十二天地篇有「夫子問於老聃」一段。約一百五十字。

莊子第十三天道篇有「孔子西藏書於周室……往見老聃」一段。約二百四十字。

莊子第十四天運篇有「孔子行年五十有一，而不聞道，乃南之沛見老聃」一段，「孔子見老聃而語仁義」一段，「孔子見老聃歸，三日不談」一段，「孔子謂老聃曰」一段。以上四段共約一千二百餘字。

莊子第二十一田子方篇有「孔子見老聃」一段。約四百六十字。

莊子第二十二知北遊篇有「孔子問於老聃……萬物皆往資焉而不匱，此其道與」一段。約三百六十字。

按：孔、老相見之事，是莊子的「重言」莊子曾經說過，他的書中，重言佔十分之七，不是虛構，因爲他想借重當世所尊崇的前輩和大家所共知的事實，以發揚他自己的學說。如果孔、老非同時的人，而憑空揑造「孔子見老聃」這件事，豈不成爲笑話？我們可以相信孔、老見面，是實有其事；孔、老問答之語，却是莊子借題目做文章，未必靠得住。

呂氏春秋卷一孟春紀第四貴公：「荆人有遺弓者而不肯索，曰：『荆人遺之，荆人得之，又何索焉？』孔子聞之曰：『去其荆而可矣。』老聃聞之曰：『去其人而可矣。』故老聃則至公矣。」據此可知老聃與孔子同時。

呂氏春秋卷二仲春紀第四當染：「孔子學於老聃、孟蘇夔、靖叔。」這也可以證明老聃是孔子的先生，二人同時。

史記卷四十七孔子世家記載，孔子適周，問禮於老子，臨別時，老子且有贈言。

史記卷六十七仲尼弟子列傳：「孔子之所嚴事嚴事，就是尊崇這些人爲師，於周，則老子；於衛，蘧伯玉；於齊，晏平仲；於楚，老萊子；於鄭，子產；於魯，孟公綽。」

根據以上各書記載，決定老子與孔子同時，無法可以否認。

道德經是否老聃所著？

韓非子卷十內儲說下六微第三十一：「權勢不可以借人……其說在『老聃』之言失魚也。」其後又加解說：「勢重者人主之淵也，臣者勢重之魚也。魚失於淵而不可復得也，人主失其勢重於臣而不可復收也。古之人難正言，故託之於魚。賞罰者利器也，君操之以制臣，臣得之以壅主。故君先見所賞，則臣鬻之以爲德；君先見所罰，則臣鬻之以爲威。故曰：『國之利器不可以示人。』」以上是解說道德經第三十六章末二句，明明白白的把「老聃」二字提出來了。

韓非子卷七喻老第二十一也同樣引此二句：「勢重者人君之淵也。……故曰，魚不可脫於淵。賞罰者邦之利器也。……故曰，邦之利器不可以示人。」解說與前大致相同。不管他解說的對不對，總可以證明道德經確是老聃所作。爲什麼不用「老聃曰」而用「故曰」？因本篇標題「喻老」二字已很明顯，故不必再重複其辭了。

韓非子卷十八六反第四十六：「老聃有言曰：『知足不辱，知止不殆。』這兩句在道德經第四十四章。」以下都是韓非子批駁老子之說，顯然與老子意旨不相符合，但也能夠證實道德經是老聃所作。

韓非子卷六解老、卷七喻老這兩篇完全是引道德經上的辭句，並且都加以「故曰」二字。兩篇中共計約有一百個「故曰」。所謂「故曰」，就是指老子所說的話。因爲兩篇標題早已表示出來了，我們還能夠懷疑嗎？老子當然就是老聃，難道還有第二個老子嗎？

莊子第三十三天下篇：「老聃曰：『知其雄，守其雌，爲天下谿；知其白，守其辱，爲天下谷。』此六句在道德經第二十八章。」即此可以證明道德經是老聃的著作。

莊子第二十二知北遊篇：「故曰：『失道而後德，失德而後仁，失仁而後義，失義而後禮，禮者道之華而亂之首也。』此五句見道德經第三十八章。」所引末一句，較今本老子不同。考韓非子解老篇所引前四句，多四個「失」字，亦和今本老子不同。我想老子、莊子、韓非子這三部書都是秦始皇焚書以前的作品，到現在已有兩千多年，經過無數次的傳鈔和翻刻，彼此字句略有異同，纔是各存真相。若一字不差，反而令人懷疑了。

莊子第十胠篋篇：「故曰：『魚不可脫於淵，國之利器不可以示人。』此二句見道德經第三十六章。」下面接着自己解說一句「彼聖人者天下之利器也」，與韓非子所謂「賞罰者邦之利器也」，其意義完全兩樣。我們今日只求能夠證明道德經是老聃所作已足，莊、韓二解，誰對誰不對，可以不去管它。

說苑敬慎篇：「韓平子問於叔向曰：『剛與柔孰堅？』對曰：『臣年八十矣，齒再墮而舌尚存。老聃有言曰：「天下之至柔，馳騁乎天下之至堅。」道德經第四十三章。又曰：「人之生也柔弱，其死也剛强；萬物草木之生也柔脆，其死也枯槁。」道德經第七十六章。因此觀之，柔弱者生之徒也，剛强者死之徒也。』」叔向即羊舌肸，春秋時晉國人，與鄭國子產同時。在那個時候，他也引證道德經上的成語，認爲是老聃之言，可知老聃著書時還在叔向和子產以前。假使在他們以後，他就無從引證了。因此，可以斷定著道德經者確是春秋時代的老聃。說苑是西漢劉向所校。劉向是公元以前的人，在當時最稱博學。他既採錄了叔向引證老聃這幾句話，可知他對於老聃著道德經這件事沒有什麼懷疑。

老子的宇宙觀

莊子庚桑楚篇：「有實而無乎處者，宇也；有長而無乎本剽者，宙也。」此言有實際存在，而没有一定的處所的，就收作「宇」；有無限的延長，而没有始起與終結的，就叫作「宙」。所以淮南子齊俗訓又說：「四方上下謂之宇；古往今來謂之宙。」按現代的名詞解釋，宇就是空間，宙就是時間。佛教楞嚴經上又說：「世爲遷流，界爲方位。東西南北上下爲界，過去、現在、未來爲世。」照這樣說法，界就是空間，世就是時間。所以，宇宙觀也可以叫作世界觀。

道，可道，非常道；　名，可名，非常名。　無，名天地之始；　有，名萬物之母。　故常無，欲以觀其妙妙，微妙；　常有，欲以觀其徼徼，邊際。　此兩者指「有」「無」而言同出而異名，同謂之玄玄，幽遠。　玄之又玄，眾妙之門。（第一章）

有物混成，先天地生，寂無聲兮寥虛空兮，獨立而不改，周行而不殆同「怠」。不殆，不疲倦，可以爲天下母。　吾不知其名，字之曰道，强爲之名曰大。　大曰同「則」逝，逝曰遠，遠曰反。（第二十五章）

道之爲物，惟恍惟惚。　惚兮恍兮，其中有象；　恍兮惚兮，其中有物；　窈兮冥兮，其中有精同「情」；　其精甚真，其中有信。莊子大宗師：「夫道有情有信。」自古及今，其名不去，以閱閱，歷也眾甫淮南子原道訓：「萬物之總，皆閱一孔；　百事之根，皆出一門。」。（第二十一章）

視之不見，名曰夷；　聽之不聞，名曰希；　搏之不得，名曰微。　此三者不可致詰，故混而爲一。　其上不皦，其下不昧，繩繩音「泯」，又音「神」。繩繩，無涯際不可名，復歸於無物。是謂無狀之狀，無象之象，是謂恍惚。　迎之不見其首，隨之不見其後。　執古之道以御今之有。　能知古始，是謂道紀。（第十四章）

道冲，而用之或不盈；　淵兮似萬物之宗；　湛音「沉」兮似或存。　吾不知誰之子，象帝之先。（第四章）

大道汜同「氾」兮，其可左右。萬物恃之以生而不辭，功成而不有，衣養萬物而不爲主。常無欲，可名於小；萬物歸焉而不爲主，可名爲大。以其終不自大，故能成其大。（第三十四章）

反者道之動，弱者道之用。天下萬物生於有，有生於無。（第四十章）

道生一，一生二，二生三，三生萬物。萬物負陰而抱陽，冲氣以爲和。（第四十二章）

谷神不死，是謂玄牝。玄牝之門，是謂天地根。緜緜若存，用之不勤。（第六章）

老子哲學正反兩面觀

明道若昧，進道若退，夷道若類，上德若谷，廣德若不足，建同「健」德若偷「苟且」之義，質信實德若渝變易，大白若辱同「黷」，垢黑也，大方無隅「大方」句下，原有「大器晚成」一句，此處未寫，大音希聲，大象無形。（第四十一章）

大成若缺，其用不敝；大盈若冲，其用不窮。大直若屈，大巧若拙，大辯若訥。（第四十五章）

天下皆知美之爲美，斯惡矣；皆知善之爲善，斯不善矣。故有無相生，難易相成，長短相較，高下相傾覆也，音聲相和，前後相隨。（第二章）

曲則全，枉則直，窪則盈，敝則新，少則得，多則惑。（第二十二章）

將欲翕之，必固張之；將欲弱之，必固強之；將欲廢之，必固興之；將欲奪之，必固與之：是謂微明。（第三十六章）

禍兮福之所倚，福兮禍之所伏。孰知其極？其無正？正復爲奇，善復爲妖。人之迷，其日固久。（第五十八章）

人之所惡，唯孤、寡、不穀義即「不祿」，而王侯以爲稱，故物或損之而益，或益之而損。（第四十二章）

貴以賤爲本，高以下爲基，是以侯王自謂孤、寡、不穀。此其以賤爲本邪。非乎？（第三十九章）

三十輻，共一轂，當其無有，車之用；埏埴以爲器，當其無有，器之用；鑿户牖以爲室，當其無有，室之用。故有之以爲利，無之以爲用。按考工記云：「轂也者，所以爲利轉也；利轉者，以無有爲用也。」故此章應以「無有」斷句。荀子性惡篇：「故陶人埏埴而爲器。」管子任法篇：「猶埴之在埏也。」據此，埏是造陶器之型。（第十一章）

老子的根本教義

自然

人法地，地法天，天法道，道法自然。（第二十五章）

道生之，德畜之，物形之，勢成之，是以萬物莫不尊道而貴德。道之尊，德之貴，夫莫之命，而常自然。（第五十一章）

太上，下知有之，其次親而譽之，其次畏之，其次侮之。信不足，焉有不信。悠兮其貴言，功成事遂，百姓皆謂我自然。（第十七章）

希言自然。飄風不終朝，驟雨不終日。疾風暴雨，不是自然，故爲時不久。孰爲此者？天地。論語：「天何言哉！四時行焉，百物生焉。」這就是自然現象。天地尚不能久，而況於人乎！（第二十三章）

聖人欲不欲，不貴難得之貨；學不學，復眾人之所過，以輔萬物之自然而不敢爲。（第六十四章）

無爲

道常無爲而無不爲。侯王若能守之，萬物將自化。化而欲作，吾將鎮之以無名之樸。無名之樸，夫亦將無欲。無欲以靜，天下將自定。（第三十七章）

聖人云：「我無爲而民自化。」（第五十七章）

上德無爲而無不爲。（第三十八章）

爲學日益，爲道日損，損之又損，以至於無爲。無爲而無不爲矣。（第四十八章）

聖人處無爲之事，行不言之教，萬物作焉而不爲始，生而不有，爲而不恃，功成而不居。夫惟不居，是以不去。（第二章）

使夫智者不敢爲也。爲無爲，則無不治。（第三章）

愛民治國，能無爲乎？（第十章）

將欲取天下而爲之，吾見其不得已。天下神器，不可爲也，不可執也。爲者敗之，執者失之。（第二十九章）

聖人無爲故無敗，無執故無失。（第六十四章）

吾是以知無爲之有益。不言之教，無爲之益，天下希及之。（第四十三章）

不爭

上善若水。水善利萬物而不爭，處眾人之所惡，故幾於道。居善地地在人之下，心善淵平而靜，與尚仁，言善信，政善治，事善能，動善時，夫唯不爭，故无尤。（第五章）

夫唯不爭，故天下莫能與之爭。詳見「領導哲學」。（第二十二章）

以其不爭，故天下莫能與之爭。詳見「領導哲學」。（第六十六章）

善爲士軍官者不武，善戰者不怒，善勝敵者不與對敵，善用人者爲下，是謂不爭之德。

（第六十八章）

不尚賢，使民不爭。（第三章）

天之道，不爭而善勝，不言而善應。（第七十三章）

天之道，利而不害；　聖人之道，爲而不爭。（第八十一章）

三寶

我有三寶，持而保之，一曰慈，二曰儉，三曰不敢爲天下先。慈故能勇，儉故能廣，不敢爲天下先故能成器長。今舍慈且勇，舍儉且廣，舍後且先，死矣。（第六十七章）

柔弱

柔勝剛，弱勝强。（第三十六章，第七十八章）

柔弱者生之徒。柔弱處上。（第七十六章）

天下之至柔，馳騁天下之至堅，出於無有，入於無間。（第四十三章）

專氣致柔，能如嬰兒乎？（第十章）

見小曰明，守柔曰强。（第五十二章）

反者道之動，弱者道之用。（第四十章）

老子的政治思想

大道廢，有仁義；　智慧出，有大僞；　六親不和，有孝慈；　國家昏亂，有忠臣。周禮：「大司徒頒六德以教萬民，曰智、仁、聖、義、忠、和。」老子以爲此非自然之道，故有反對的論調。（第十八章）

絕聖棄智，民利百倍；　絕仁棄義，民復孝慈；　絕巧棄利，盜賊無有。此三者以爲文，不足，故令有所屬聖智、仁義、巧利三者皆文飾天下之具，不足以治天下，故令別有所注重：　見素抱樸，少思寡欲，絕學無憂。（第十九章）

天下多忌諱，而民彌貧；　民多利器，國家滋益也昏；　人多伎巧，奇物滋起；　法令滋彰，盜賊多有。故聖人云：「我無爲而民自化，我好靜而民自正，我無事而民自富，我無欲而民自朴。」（第五十七章）

其政悶悶，其民惇惇，其政察察，其民缺缺。（第五十八章）

民不畏威，則大威至。無狹其所居，無厭壓迫也其所生。夫唯不厭，是以不厭厭，惡也。六十六章「是以天下樂推而不厭」。此處第二個「不厭」意思相同。（第七十二章）

民不畏死，奈何以死懼之。（第七十四章）

民之饑，以其上食稅之多，是以饑；　民之難治，以其上之有爲，是以難治；　民之輕死，以其上生生之厚，是以輕死。夫唯無以生爲者，是賢於貴生。（第七十五章）

不尚賢，使民不爭；不貴難得之貨，使民不爲盜；不見可欲，使民心不亂。是以聖人之治，虛其心，實其腹，弱其志，强其骨，常使民無知無欲，使夫智者不敢爲也。爲無爲，則無不治。（第三章）

以道佐人主者，不以兵强天下，其事好還。師之所處，荊棘生焉。大軍之後，必有凶年。（第三十章）

兵者不祥之器，非君子之器，不得已而用之。恬淡爲上，勝而不美。而美之者，是樂殺人。夫樂殺人者，則不可以得志於天下矣。（第三十一章）

天下有道，却走馬以糞；天下無道，戎馬生於郊。罪莫大於多欲，禍莫大於不知足，咎莫大於欲得。故知足常足矣。（第四十六章）

朝甚除除，讀作「塗」，義即「污」，田甚蕪，倉甚虛；服文綵，帶利劍，厭足也飲食，財貨有餘，是謂盜夸，非道也哉。（第五十三章）

老子的領導哲學

道常無名，樸雖小，天下莫能臣，侯王若能守之，萬物將自賓。天地相合，以降甘露，民莫之令而自均。始制有名，名亦既有，夫亦將知止。知止可以不殆。（第三十二章）

知其雄，守其雌，爲天下谿。爲天下谿，常德不離，復歸於嬰兒。知其白，守其辱，爲天下谷。爲天下谷，常德乃足，復歸於樸。此處根據莊子天下篇、淮南子道應訓，故與普通本老子不同。樸散則爲器，聖人用之，則爲官長，故大制不割。（第二十八章）

塞其兌，閉其門，挫其銳，解其紛，和其光，同其塵，是謂玄同，故不可得而親，不可得而疏，不可得而利，不可得而害，不可得而貴，不可得而賤，故爲天下貴。（第五十六章）

聖人無常心，以百姓心爲心，善者吾善之，不善者吾亦善之，德善；信者吾信之，不信者吾亦信之，德信。聖人在天下，歙歙歙歙，等於「汲汲」爲天下渾其心，百姓皆注其耳目，聖人皆孩之。（第四十九章）

聖人常善救人，故無棄人；常善救物，故無棄物。是謂襲明。故善人者，不善人之師；不善人者，善人之資。不貴其師，不愛其資，雖智大迷，是謂要妙。（第二十七章）

聖人抱一爲天下式，不自見，故明；不自是，故彰；不自伐，故有功；不自矜，故長。夫唯不爭，故天下莫能與之爭。（第二十二章）

江海所以能爲百谷王者，以其善下之，故能爲百谷王。是以欲上民，必以言下之；欲先民，必以身後之。是以聖人處上而民不重，處前而民不害。是以天下樂推而不厭。以其不爭，故天下莫與之爭。（第六十六章）

天長地久。天地之所以能長且久者，以其不自生，故能長生。是以聖人後其身而身先，外其身而身存，非以其無私邪，故能成其私。（第七章）

老子的人生哲學

企者不立，跨者不行，自見者不明，自是者不彰，自伐者無功，自矜者不長。其在道也，曰餘食贅行，物或惡之，故有道者不處。（第二十四章）

持而盈之，不如其已；揣而銳之，不可長保。金玉滿堂，莫之能守。富貴而驕，自遺其咎。功成身退，天之道哉。（第九章）

名與身孰親？身與貨孰多？得與亡孰病？是故甚愛必大費，多藏必厚亡。知足不辱，知止不殆，可以長久。（第四十四章）

知人者智，自知者明；勝人者有力，自勝者强；知足者富；强行者有志；不失其所者久；死而不亡者壽。（第三十三章）

人之生也柔弱，其死也堅强；草木之生也柔脆，其死也枯槁。故堅强者死之徒，柔弱者生之徒。是以兵强則滅，木强則折。强大處下，柔弱處上。（第七十六章）

天下柔弱莫過於水，而攻堅强者莫之能勝，其無以易之。弱之勝强，柔之勝剛，天下

莫不知，莫能行。（第七十八章）

天之道損有餘而補不足，人之道則不然，損不足以奉有餘。孰能有餘以奉天下？唯有道者。（第七十七章）

聖人不積，既以爲人己愈有，既以與人己愈多。（第八十一章）

信言不美，美言不信； 善者不辯，辯者不善； 知者不博，博者不知。（第八十一章）

圖難於其易，爲大於其細，天下難事必作於易，天下大事必作於細。（第六十三章）

其安易持，其未兆易謀，其脆易破，其微易散，爲之於未有，治之於未亂。合抱之木，生於毫末； 九層之臺，起於累土； 千里之行，始於足下。民之從事，常於幾成而敗之。慎終如始，則無敗事。（第六十四章）

聖人常善救人，故無棄人； 常善救物，故無棄物。是謂襲明。（第二十七章）

老子的修養法

出生入死。生之徒十有三； 死之徒十有三； 人之生生而動，動皆之死地亦十有三。夫何故？以其生生之厚。蓋聞： 善攝生者，陸行不遇兕虎，入軍不備甲兵。兕無所投其角，虎無所錯其爪，兵無所容其刃。夫何故？以其無死地。（第五十章，共十六句，八十四字。）本章大旨言，人類最切身的利害就是生死問題，世上人貪生太過，反而自促其死。只有善於攝生之人可能免遭意外的危險，有能够終其……

營魄抱一，能無離乎？專氣致柔，能嬰兒乎？滌除玄覽，能無疵乎？愛民治國，能無爲乎？天門開闔，能爲雌乎？明白四達，能無知乎？（第十章，共十二句，四十八字。）本章可以算得身心修養法的綱領，前六句、後四句都是就身……

五色令人目盲，五音令人耳聾，五味令人口爽，馳騁畋獵令人心狂，難得之貨令人行妨，是以聖人爲腹不爲目。（第十二章，共六句，四十三字。）本章大旨，等於修養家所必須遵守的戒條。凡是做修養工夫者，都應該遵守。

含德之厚，比於赤子，毒蟲不螫，猛獸不據，攫鳥不搏。骨弱筋柔而握固，未知牝牡之合而峻作，精之至也；而嗌不嗄，和之至也。知和曰常，知常曰明，益生曰祥，心使氣曰强。物壯則老，是謂不道，不道早已。（第五十五章，共十七句，七十七字。）此章是以赤子爲標準，重在一個「和」字。尚未談到工夫如何做法。

天下有始，以爲天下母。既得其母，以知其子；既知其子，復守其母。歿身不殆。塞其兑，閉其門，終身不勤；開其兑，濟其事，終身不救。見小曰明，守柔曰强。用其光，復歸其明，無遺身殃，是謂習常。（第五十二章，共十九句，七十二個字。）此章言下手工夫。重在「塞其兑，閉其門」二句。要與參同契合參。

致虛極，守靜篤，萬物並作，吾以觀其復。夫物芸芸，各歸其根，歸根曰靜，靜曰復命，復命曰常，知常曰明。不知常，妄作凶。（第十六章，共十二句，四十五字。）此章言進一步的工夫，重在起首二句。

谷神不死，是謂玄牝，玄牝之門，是謂天地根。緜緜若存，用之不勤。（第六章，共六句，廿五字。）重點在末二句。

治人事天莫若嗇。夫唯嗇，是以早服。早服謂之重積德。重積德則無不克。無不克則莫知其極。莫知其極，可以有國。有國之母，可以長久。是謂深根固柢長生久視之道。（第五十九章，共六十四字。）

韓非子解「禍兮福之所倚，福兮禍之所伏」

人有禍則心畏恐，心畏恐則行端直。行端直則思慮熟，思慮熟則得事理。行端直則無禍害，無禍害則盡天年。得事理則必成功，盡天年則全而壽。必成功則富與貴。全壽富貴之謂福，而福本於有禍。故曰：「禍兮福之所倚。」

人有福則富貴至，富貴至則衣食美。衣食美則驕心生，驕心生則行邪僻而動棄理。行邪僻則身死夭，動棄理則無成功。夫內有死夭之難，而外無成功之名者，大禍也，而禍本生於有福。故曰：「福兮禍之所伏。」

淮南子人間訓言塞上之人失馬、得馬、折髀、免戰死一連串的故事，也可證明因禍得福、因福得禍，禍與福互相爲因果。

淮南子道應訓解老子第十五章「服此道不欲盈」

孔子觀桓公之廟有器焉，謂之宥巵。孔子曰：「善哉！予得見此器。」顧曰弟子取水。水至，灌之。其中則正，其盈則覆。孔子造然即猝然改容曰：「善哉，持盈者乎！」子貢在側曰：「請問持盈。」曰：「益而損之。」曰：「何謂『益而損之』？」曰：「夫物盛而衰、樂極則悲、日中而移、月盈則虧。是故聰明睿智，守之以愚；多聞博辯，守之以陋；武力毅勇，守之以畏；富貴廣大，守之以儉；德施天下，守之以讓。此五者，先王所以守天下而弗失也。反此五者，未嘗不危也。故老子曰：『服此道者不欲盈。夫唯不盈，故能敝不新成。』」

淮南子道應訓解老子第五十八章「其政悶悶，其民淳淳；　其政察察，其民缺缺」

澧水之深千仞，而不受塵垢，投金鐵鍼焉，則形見於外，非不深且清也，魚鱉龍蛇莫之肯歸也。是故石上不生五穀，秃山不遊麋鹿，無所陰蔽隱也。昔趙文子問於叔向曰：「晉六將軍其孰先亡乎？」對曰：「中行、知氏。」文子曰：「何乎？」對曰：「其爲政也，以苛爲察，以切爲明，以刻下爲忠，以計多爲功。譬之猶廓革者也。廓之大則大矣，裂之道也。」故老子曰：『其政悶悶，其民淳淳；　其政察察，其民缺缺。』

劉向列仙傳老子傳

劉向是西漢時人，生於公元前七七年，殁於公元前六年。

老子姓李，名耳，字伯陽，陳人也。生於殷時，爲周柱下史。好養精氣，貴接而不施。轉爲守藏史，積八十餘年，史記云「二百餘年」。時稱爲「隱君子」。謚謚，音「示」，死後稱號曰「聃」。仲尼至周，見老子，知其聖人，乃師之。後周德衰，乃乘青牛車去。入大秦，過西關。關令尹喜，待而迎之，知真人也，乃强使著書。作道德上下經二卷。

劉向列仙傳關令尹

關令尹喜者，周大夫也。……老子西遊，喜先見其氣，知有真人當過，物色而遮之，果得老子。老子亦知其奇，爲著書授之。後與老子俱遊流沙，化胡，服苣勝實，莫知其所終。尹喜亦自著書九篇，號曰關尹子。

按 列仙傳出世在葛洪的神仙傳以前，但非劉向所撰，料是後人託名。

史記老子傳至道德經是否老聃所著？諸篇載一九六二年八月道協會刊創刊號，老子的宇宙觀至劉向列仙傳關令尹爲陳攖寧手寫本。此篇當爲陳攖寧在宗教局講稿

太平經的前因與後果

陳攖寧

前言

太平經是正統道藏「太平部」中第一部經，也可以說是三洞四輔諸道經中最古的一部周秦諸子不算在內。原書共一百七十卷，殘缺甚多，現在所存者不滿六十卷太平經鈔在外，而且字句脱誤，篇幅錯亂，讀之尚未終卷，即感覺苦悶。五十年前一般的讀書人並不知有太平經這個書名；清朝乾隆、嘉慶年間的學者們雖喜歡考訂古籍，也未曾注意到此。唯一的原因，就是除了道藏而外，太平經別無單行本，而道藏又保存在國内少數的幾個大道觀中，不肯輕易供人閱覽，所以這部書就埋没無聞。自從公元一九二五年涵芬樓影印道藏出版後，太平經纔漸漸地受到研究家的重視。

用現代人的心理和眼光來看一千八百年以前的古道經，無論如何努力，總嫌格格不入。公元一九一二至一九一四年，我借住上海白雲觀，看原版道藏此時涵芬樓影印本道藏尚未出世，對於殘留的數十卷太平經不感興趣，僅粗枝大葉的瀏覽一遍，没有多費時間；一九四〇至一九四二年，第二次在上海看影印版道藏，又碰着太平經，勉强耐心翻閲過兩遍，仍是索然無味，只好把它放棄；　一九五九年住在北京中國道教協會，第三次看太平經，這次下了一個決心，不惜時間，不怕困難，從頭到尾細看，同時並參考有關的書籍，纔識認了太平經在歷史上和道教上的重要性。

今將管見所得，先寫出幾條大綱，然後再依次作補充的說明。

大綱

第一，太平經是個簡稱，是于吉的太平青領書和張道陵的太平洞極經兩種的混合物，作於東漢時代，比較其他道經最先出世。若要研究道教經典來源，此書應該首屈一指。

第二，東漢的太平經又脫胎於西漢的天官曆包元太平經，此書當初只有十二卷，因爲秘密相傳，日久年深，漫無稽考，傳經者各自運用手腕，逐漸地使它篇幅擴大，數量增多，遂成爲後來的一百七十卷之鉅著。

第三，西漢的天官曆包元太平經，又是根據秦漢之交燕齊一帶海上方士所傳授的資料而編寫出來的，他們的老祖師就是戰國時代以談天說地、名重諸侯的齊國稷下人騶衍。

第四，有了太平經，就產生了黃巾張角的「太平道」。東漢靈帝末年，張角等發動數十萬人起義其中大部分是窮苦的農民，雖不幸失敗，但間接的爲他人造成了機會。此後羣雄並起，共逐漢鹿，曹操更以受降黃巾爲終身事業發軔之始，魏、蜀、吳三國遂由此開基。

第五，有了太平經，就產生了天師張道陵的「五斗米道」。他的孫子張魯用五斗米道治理漢中，閉關自守，獨霸一方，不參預他方的混戰，別處受戰禍的難民都以漢中爲避難所。張道陵的曾孫張威，於西晉時遷居龍虎山，一姓傳統六十三代，歷史經過一千八百年，可謂宗教界中特殊的現象。

第六，太平道和五斗米道在本質上並無多大區別，但因地理上和人事上的關係，彼此結果遂大不相同。于吉往來都市，招搖過分，致遭孫策之忌，枉作犧牲，死得沒有價值；張道陵隱居深山，避免眾害，專心研究古代的修煉方法，並爲後世道教建立一個深遠的基礎。張角所發動的羣眾，都在平原，無險可守，容易被人擊破；張魯所佔據的地盤，形勢鞏固，易守難攻，暫時足以自保。張角以行道爲手段，以革命爲目的，推翻了封建統治的局面，結果曹氏篡漢，天下三分；張魯以政治爲手段，以行道爲目的，只謀地方一時期的安全，最後見機投降，專務道業。

大綱的說明

漢朝有三種太平經

道經創造的時代，大概都在魏晉以降，而三種太平經則出現於漢朝。

(一)天官曆包元太平經十二卷，傳經者爲西漢成帝時人甘忠可。根據前漢書第七十五卷李尋傳。成帝年代當公元前三二至前七年。

(二)太平洞極經一百四十四卷，傳經者爲東漢順帝時人張道陵。根據道教義樞第二卷七部義。順帝年代當公元一二六至一四四年。

(三)太平青領書一百七十卷，傳經者爲與張道陵同時的人于吉。根據後漢書第六十卷襄楷傳。

以上第一種天官曆包元太平經，在當時算是禁書，世難得見。東晉抱朴子內篇遐覽篇中只列包元經一卷，或是原書的殘餘； 第二種太平洞極經，在六朝梁陳間，孟安排作道教義樞時，尚未說它亡佚，到北宋真宗天禧年間，張君房作雲笈七籤時，纔說「今此經流亡，殆將欲盡」，後來就更無影蹤了； 第三種太平青領書，即是今道藏中殘缺不全的太平經，此書所言，不外乎天地、陰陽，五行、干支、曆數、氣運、災異、鬼神、仙真、男女、邪正、善惡、貧富、貴賤、壽夭，以及國家的治亂興衰、人事的吉凶禍福，並無後世道經中那些佛道混雜的名詞和荒誕無稽的論調，還保持了初期道教的樸素面目，也反映了當時社會一般的情況和人民渴望太平的心理。

兩種太平經之異同

張道陵的太平洞極經、于吉的太平青領書，都說是老君所授，而且都在東漢順帝時代出現。這兩種書的名稱和卷數雖不一致，內容大概是相同的。今考道教義樞七部義和雲笈七籤第六卷，有同樣的記述如下。

（一）「太平者，此經以三一爲宗。」此言太平經的宗旨，修身以精、炁、神三者渾而爲一，治國以天、地、人三者合而爲一，故曰「三一爲宗」。

（二）「然其卷數或有不同。」此言太平經的卷數或多或少，不是一律。

（三）「甲乙十部，合一百七十卷，今世所行。」此言于吉的太平經，全書分爲甲乙丙丁戊己庚辛壬癸十部，每部有十七卷，十部共爲一百七十卷，是當時所通行的。

（四）「按正一經云，有太平洞極之經一百四十四卷。」此言張道陵的太平經比較于吉的太平經少二十六卷。

（五）「甲乙十部，是周赧王時老君於蜀授瑯琊干吉「于吉」在道書上多作「干吉」，至漢順帝時，宮崇詣闕，上其師干吉所得神書百七十卷，號太平經。」此言于吉的太平經是老君所授。這是道書上慣用的神話，而且周赧王至漢順帝，其間相距四百多年，更不足信。我們只能以宮崇詣闕上書的時代爲憑宮崇上書事見後漢書襄楷傳末段。

（六）「洞極經者，漢安元年，太上親授天師，流傳茲日。」此言張道陵的太平洞極經也是老君所授。其實没有這麼一回事，都是人的手筆製造出來的。漢安元年是東漢順帝年號，即公元一四二年。

（七）「此之二經，並是盛明治道、證果、修因、禁忌、衆術也。」此言于吉的書和張道陵的書内容性質相同。

兩種太平經之混合

根據以上所引道教義樞和雲笈七籤之説，並參考後漢書襄楷傳，可知太平洞極經和太平青領書都出現於漢順帝時代。爲什麼到了北宋時就一存一亡？我想這兩種書的名稱雖然不同，卷數雖有多有少，實際上無甚區别。既有卷數多的一種行世，那個卷數少的一種就漸漸地歸於自然淘汰了。

明正統道藏中殘留的太平經提到「洞極」之說者，已有二十幾處，可以證明這兩種書名異而實同，今擇要列舉如下。

（一）「其爲道乃拘校天地開闢以來天文、地文、人文、神文，皆撰簡得其善者以爲洞極之經。」太平經第四十一卷第五十五章。

（二）「今天師言，乃都合古今河、洛神書善文之屬及賢明口中訣事，以爲洞極之經，乃後開闢以來災悉可除也。」太平經第八十八卷第一百二十九章。

（三）「使衆賢明共集次之，編以爲洞極之經，因以大覺賢者，乃以下付歸民間。」卷數、章數同上。

（四）「卷投一善方，始善養性之術於書卷下，使衆賢誦讀，此當爲洞極之經竟者。」卷數、章數同上。第一個「善」字與「良」字同義，所謂善方即良方；第二個「善」字與「繕」字同，即繕寫之義。

（五）「令其羣賢共定案之，……去其邪辭，以爲洞極之經。」太平經第九十一卷第一百三十二章。

（六）「願問天地何故一時使天下人共集辭策及古今神聖之文以爲洞極經乎？」卷數、章數同上。

（七）「故今天遺吾下，爲上德道君更考文教，吾都合之，從神文聖賢辭，下及庶人奴婢夷狄，以類相從，合其辭語善者以爲洞極之經，名爲皇天洞極政事之文也。」卷數、章數同上。

(八)「故施洞極之經，名曰『太平』，能行者得其福。」太平經第一百一十二卷第一百八十八章。

(九)「故教人拘校古今文，集善者以爲洞極之經。……故教訓人君賢者而勅戒之，欲令勤行致太平也。」見太平經鈔辛部。

(十)「故念吾爲真人作道，其大也則洞至無表，其小也則洞達無裏，尊則極其上，卑則極其下，……然吾乃爲太平之君作經。」「洞極」二字之義，此處說得很明白。見太平經第九十八卷第一百五十七章。

(十一)「右天怨地咎，國之害徵，立洞極經文。」太平經第九十一卷第一百三十二章。

(十二)「大集聚政事，考本天地之根，以除天怨地咎、國之害，立洞極經。」見太平經鈔己部。

除以上所引各條而外，太平經中含有「洞極」二字的文句尚不少，幾十卷殘經中已是如此，推測當日一百七十卷完整無缺的太平經演講「洞極」之說者必定更多，因此可知于吉的太平青領書和張道陵的太平洞極經這兩種書是分不開的。若非一書二名，就是于吉的書已把張道陵的書吞併在內而加以融化了。再者，張道陵一派，自稱「天師」，這個尊號當有來源。今觀現在殘留的太平經中，「天師」和「真人」互相問答之辭，隨處可見，足以斷定此經和張道陵有密切關係。

甘忠可創造太平經

前漢書第七十五卷李尋傳：「成帝時，齊人甘忠可詐造天官曆包元太平經十二卷，……以教重平夏賀良、容丘丁廣世、東郡郭昌等，劉向奏忠可假鬼神罔上惑眾，下獄治服，未斷，病死。賀良坐挾忠可書，以不敬論。後賀良等復私以相教。」哀帝建平二年公元前五年賀良等以左道亂政罪皆伏誅。我想其人雖死，其書未必能够完全消滅，由西漢成帝到東漢順帝，中間經過一百幾十年，十二卷的太平經逐漸發展爲一百七十卷，也是可能的。

還有關於傳經人和受經人的鄉里一事也值得研究。

（一）造十二卷太平經的甘忠可是齊人，西漢齊郡即今山東省臨淄縣一帶，東邊與壽光縣接壤。

（二）得一百七十卷神書的于吉是北海人，東漢北海國即今山東省壽光縣東北一帶近渤海處，西邊與臨淄縣接壤。神書即太平經，又名太平青領書。

（三）于吉得神書的地點是曲陽，即今江蘇省邳縣，西北面與山東省連界，漢時屬東海郡。

（四）詣闕上神書的宮崇是瑯琊人，漢之瑯琊即今山東省東南邊界近黃海處，海濱有瑯琊山，秦始皇曾在此山留住三個月之久。

（五）甘忠可的信徒，如夏賀良是重平人，丁廣世是容丘人，郭昌是東郡人。考前漢書地理志，重平縣屬渤海郡，容丘縣屬東海郡，東郡屬兗州，這些地方都在燕齊境內。

根據以上諸人鄉里關係，我認爲于吉的神書是脫胎於甘忠可的太平經，而甘忠可的書又是燕齊海上方士們所流傳的舊說從新改編，他們的老祖師就是戰國時代齊國稷下人騶衍。「騶衍」亦作「鄒衍」，稷下在今山東省臨淄縣城外。

騶衍五德論之繼承

（一）漢司馬遷謂騶衍「深觀陰陽消息，而作怪迂之變，終始、大聖之篇十餘萬言，……稱引天地剖判以來，五德轉移，治各有宜，而符應若茲。」節錄史記卷七十四孟軻傳。

（二）史記封禪書、前漢書郊祀志同言：「齊威、宣之時，騶子之徒論著終始五德之運。註云：今其書有五德終始，五德各以所勝爲行，秦謂周爲「火德」，滅火者水，故自謂「水德」。」又言：「騶衍以陰陽主運，顯於諸侯註云：今其書有主運，五行相次轉用事，隨方面爲服，而燕齊海上之方士傳其術，不能通。」

（三）西漢甘忠可遂繼承騶衍五德終始之說造太平經，「以言漢家逢天地之大終，當更受命於天」。後來夏賀良等復繼承忠可之說，對哀帝言：「漢歷中衰，當更受命，成帝不應天命，故絕嗣。今陛下久疾，變異屢數，天所以譴告人也。急宜改元易號，迺得延年益壽，皇子生，災異息矣。」引號內語句見前漢書李尋傳。

（四）東漢襄楷又繼承甘、夏之說，當桓帝延熹九年公元一六六年，詣闕上疏，言瑯琊宮崇所獻于吉神書「專以奉天地、順五行爲本，亦有興國廣嗣之術，而順帝不行，故國胤不興，孝冲、孝質，頻世短祚」。見後漢書襄楷傳。

總觀以上諸說，差不多是一個系統。騶衍當日既然著書十餘萬言漢書藝文志有「鄒子四十九篇、鄒子終始五十六篇」，遊說齊、梁、趙、燕各國，名震王公史記孟軻傳云：「王公大人初見其術，懼然顧化。」」，必有不少的傳人。甘忠可生長在騶衍故鄉，更容易覓取騶衍遺留的書籍而加以改造，因此天官曆包元太平經遂出現於世。甘忠可、夏賀良等死後，太平經一書必定被其他信徒們寶爲秘傳，私相授受。爲了配合時代的需要，書中不能不陸續地添入許多新資料。質雖未變，而量已大增。後來，東漢的于吉又生長在甘忠可的故鄉騶衍、甘忠可，同是山東臨淄縣人，于吉是山東壽光縣人，二縣東西連界，必是得着歷年以來逐漸增廣的太平經而更加擴充之，因此遂有一百七十卷之鉅著。

騶衍遺說之影響

西漢甘忠可、東漢于吉的書都是戰國時代騶衍的一脈相傳，除以上所列舉各項事證而外，在今日殘留的太平經中尚有蛛絲馬跡可尋。史記孟軻傳略述騶衍之說云：「中國者於天下乃八十一分居其一分耳。中國名曰赤縣神州。後來我國常自稱爲神州，本於此。赤縣神州內自有九州，禹之序九州是也，不得爲州數。中國外如赤縣神州者九，乃所謂九州也，於是有裨海環之裨海即小海。人民禽獸莫能相通者，如一區中者，乃爲一州。如此者九，乃有大瀛海環其外，天地之際焉。」史記這一段文章很不易懂，今特詳細的加以解釋：「騶衍說：『中國雖大，但和天下相比就覺得甚小，不過八十一分之一而已。中國叫作赤縣神州。中國境內原有九州，即當初大禹王所劃分的，雖有州的名稱，但不具備州的條件，不能算是九州。中國境外尚有八個州，也和赤縣神州一樣，連中國算，就是九個，這纔稱得起九州。九州之外有小海環繞。凡是叫作州的，必有界限，人類和獸類彼此兩方都不能交通，好似各在一區之中，若具備這樣條件，纔可以稱爲一州。九州皆是如此。若就大處說，九個州也自成一個大區，因有裨海在九州外面環繞，更不能和別處相通。像這樣有裨海環繞的大區也有九個，每一個大區內皆有九州，九九共有八十一州。八十一州之外再有大瀛海環繞，大瀛海之外已經是天和地相連接之處，其大無外，不可測量了。』」

以上僅是騶衍一家之說，在別種古書上都未曾見過。他所說天下有九個九州，共爲八十一州，中國是八十一州中的一個州，也與現實狀況不相符合。今觀太平經中却有類似騶衍的論調。如第九十三卷國不可勝數訣篇中云：「中部有八十一域，次其外復一周；天下有萬國，乃遠出到洞虛無表。」此處所謂「八十一域」，等於騶衍說的「八十一州」；此處所謂「次其外復一周」，等於騶衍說的「有大瀛海環其外」；此處所謂「洞虛無表」，等於騶衍說的「天地之際」。再者，司馬遷批判騶衍之書，謂「其語閎大不經，……然要其歸，必止乎仁義節儉君臣上下六親之施」。今觀現在殘留的太平經，其中有些辭句雖不免依託神人之言，然究其宗旨，仍注重倫常道德，倡導君明、臣忠、父慈、母愛、子孝、妻順、兄良、弟恭，人人樂善，以求天祐而致太平。統觀前後諸說，可見太平經是受了騶衍遺書的影響。

黃巾張角與太平經的關係

後漢書卷六十襄楷傳末段云：「初順帝時，琅琊宮崇詣闕，上其師于吉於曲陽泉水上所得神書百七十卷原註：「神書即今道家太平經也，其經以甲乙丙丁戊己庚辛壬癸爲部，每部一十七卷。」，號太平青領書，其言以陰陽五行爲家，而多巫覡雜語覡，音「錫」，有司奏崇所上妖妄不經，乃收藏之，後張角頗有其書焉。」據此，可知張角的太平道根源所在。

後漢書卷一百一皇甫嵩傳言，張角的徒眾「皆着黃巾爲標幟；……角稱『天公將軍』，角弟寶稱『地公將軍』，寶弟梁稱『人公將軍』」。這種標幟和稱號都是和太平經有關係的。襄楷早已說過：「宮崇所獻于吉神書，專以奉天地、順五行爲本。」按五行衰旺順序，火衰，土必代旺，漢朝是以火德王，漢運既衰，代漢而興者必是土德，土色黃，故着黃巾，以表示順五行之意。

太平經中又言：「天以道治，地以德治，人以和治。天地人三相得，乃成道德。天主生，地主養，人主成。上士法天，其道乎；中士法地，其德乎；下士法人，其仁乎。非此三統道、德、仁，非爲太平之君矣。」此外，言天地人三種關係者，在經文中觸目皆是，未能悉舉。張角弟兄三人以「天公」「地公」「人公」爲稱號，必是由太平經而來的。

黃巾起義

後漢書卷八靈帝紀：「中平元年春二月，鉅鹿人漢有鉅鹿郡，在今河北省界內張角，自稱『黃天』，其部師有三十萬按此句當作「其部帥有三十六方」。原文「師」「萬」二字錯誤，皆着黃巾，同日反叛。」此事在公元一八四年。

後漢書卷一百一皇甫嵩傳：「初鉅鹿人張角自稱『大賢良師』，奉事黃老道……遣弟子八人，使於四方，以善道教天下，十餘年間，眾徒數十萬，連結郡國，自青、徐、幽、冀、荊、揚、兗、豫八州之人莫不畢應東漢全國十二州，僅有益、涼、并、交四州未受波及，遂置三十六方，大方萬餘人，小方六七千，各立渠帥。……諸方一時俱起……州郡失據，長吏多逃亡，旬日之間，天下響應，京師震動。」

看史家記述黃巾起義，聲勢如此浩大，應該有所成就，但因缺少革命的經驗，結果不免失敗，而東漢王朝也從此一蹶不振，終至滅亡。張角等最初高舉義旗，代表廣大農民羣眾打倒封建惡勢力的願望，後來總算是實現了。

曹操與黃巾的關係

後漢中平元年公元一八四年曹操雖然帶兵打過黃巾，但以附隸在皇甫嵩軍隊之下，不起主要作用，事後只博得一個東郡太守官階。初平三年公元一九二年青州黃巾百萬，攻入兗州，曹操以少數兵力，出奇設伏，屢次制勝，受黃巾降卒三十餘萬、男女百餘萬口，收其精銳者，號爲青州兵此時張角弟兄三人已經死了八年，這些黃巾雖號稱張角的同黨，其實還是一般的饑餓流離的民眾。曹操本苦兵少，一旦得到這許多降卒，軍容突然大盛，因此遂由東郡太守躍陞爲兗州牧兗州即今山東省西北部連河北省西南部在內。東漢時兗州有國三、郡五、城八十、人口四百萬左右。東郡是兗州五郡中之一郡，東郡太守等於清朝的知府，兗州牧等於清朝的督撫。

後漢建安元年公元一九六年，曹操又進討汝南、潁川黃巾，收降其眾各數萬人，朝廷遂拜操爲鎮東將軍，封侯爵。此後步步高陞，爲司空、爲丞相、爲魏公、爲魏王。假使當時沒有黃巾，曹操就不能取得這樣地位以發展他的雄才大略。因此可以說，他一生的事業是黃巾所造成的。曹操對於當時的人民是有功或有罪，或功罪各半，這些問題與太平經無直接關係，本篇暫不討論。

建安二十五年公元二二〇年曹操歿，曹丕遂自稱天子，繼之劉備稱帝於蜀公元二二一年，孫權稱帝於吳公元二二二年，漢朝天下遂分裂爲三國。魏國共四十六年，蜀國共四十三年，吳國共五十九年，後來三國皆統一於西晉。此章詳情見後漢書靈帝紀、獻帝紀、三國魏志武帝操傳、文帝丕傳、蜀志劉備傳、吳志孫權傳。

有了太平經，而後纔有張角的「太平道」；有了「太平道」，而後纔有黃巾起義。黃巾自身雖無所成就，但反面的助長了曹操的威勢。有了曹操之掃蕩羣雄、挾天子以令諸侯，而後纔有曹丕之顛覆漢室、取帝位而代之。此事距張角等最初起義時不過三十六年，可見這部太平經在歷史上的重要關係。

張魯在漢中大行五斗米道

三國魏志卷八張魯傳：「張魯，字公祺，沛國人沛國即今江蘇省徐州北面的沛縣，祖父陵即張道陵，順帝時公元一二六至一四四年客於蜀，學道鶴鳴山中山在今成都西面大邑縣，從受道者，出五斗米因此當時稱爲「五斗米道」。陵傳子衡，衡傳於魯張魯是張陵之孫。魯據漢中即清朝陝西省漢中府所轄區域，自號師君，其來學者，皆教以誠信不欺，有病自首其過等於後世宗教家所謂懺悔之意，大都與黃巾相似原註引典略云：「東方有張角，漢中有張修，角爲太平道，修爲五斗米道，修法略與角同。」裴松之云：「張修應是張衡之誤。」愚按：「張衡是張道陵之子，即張魯之父，雖奉行五斗米道，但同時另有一人叫作張修，也是五斗米道。」後漢書靈帝紀：「中平元年秋七月，巴郡妖巫張修反，冠郡縣。」原註：「張修號爲『五斗米師』。」據此可見，張修和張衡本是二人，非誤。犯法者先加三原先經過三次寬免其罪，然後行刑。不置長史，皆以祭酒爲治在本道中有資格者名曰祭酒，用他們管理行政事務。諸祭酒皆作義舍於路義舍是給行路人休息的小屋，懸置米肉，以給行旅，食者量腹取足義舍內有米有肉，讓人儘量吃飽，不收費用，民夷便樂之百姓和夷人都感覺這件事很便利，大家都很歡樂。那時所謂夷人，即今日的少數民族。雄據巴漢，垂三十年巴是巴中郡，即今四川省北面的南江、廣元、昭化、劍閣、通江、巴中、蒼溪、閬中、南部等縣；漢是漢中郡，即今陝西省南面的佛坪、留壩、鳳、洋、沔、略陽、城固、褒城、南鄭、西鄉、寧羌、鎮巴等縣。垂三十年，即將近三十年，從公元一八八至二一五年，實際只有二十八年。韓遂、馬超之亂，關西民奔魯者數萬家事在漢獻帝建安十六年，即公元二一一年。關西謂函谷關之西，即河南、陝西二省交界處，該處難民逃奔到張魯所管轄的區域來避難，大家都認爲漢中是安全地方。」以上節錄張魯傳並後漢書劉焉傳，所以字句微有異同。詳情見二傳原文及裴松之、李賢二註中。

後漢書獻帝紀：「建安二十年公元二一五年秋七月，曹操破漢中，張魯降。」又張魯傳並劉焉傳皆言，張魯降後，曹操待以客禮，拜爲鎮南將軍，封閬中侯，邑萬户，魯五子皆封列侯萬户侯是侯爵中之最大者，其次幾千户或幾百户不等，每户應納的租稅皆歸封侯者所有，但土地和人民仍屬於國家。

五斗米道傳爲道教正一派

考南宋人所編纂的歷世真仙體道通鑑，得知張魯五個兒子的名字。他的第三子名盛，字元宗，「歷官奉車都尉、散騎侍郎，封都亭侯，嘗喟然歎曰：『吾先世教法，常以長子傳授，而諸兄皆不娶，可使至此遂無傳乎！』西晉永嘉中公元三〇七至三一二年，夜望大江之東有瑞氣徹天，謂其妻曰：『是可以成吾丹矣。』乃棄官南遊，至鄱陽郡即今江西省鄱陽縣一帶地方，望之曰：『近矣。』即山行五日，至一處，山嶺秀麗，登而喜曰：『吾得之矣。』山頂有真人丹穴井灶存焉，乃昔日煉丹修養之地，遂就其井灶左右結廬。居一年，妻盧氏來尋之，遂與同居此山，得一子。居九年，丹成，一日尸解而去。人呼其山爲『龍虎』，子孫多居山之東北」。龍虎山在今江西省貴溪縣西南，兩山相對，形勢一如龍昂，一如虎踞，有古時丹井丹灶及飛昇臺遺址；又有上清宮，俗名天師府。按望氣和成丹尸解諸說，疑是作者有意附會，恐不足信，但因原文是如此，不便删改，故照錄之。

龍虎山爲道教正一派發祥之地，自張道陵第四代孫張盛遷來此山後，世世安居，曾未移動，今已傳至六十三代。我國人的家世譜系常嫌中斷，無法稽考，若求一姓家譜相續不斷者，除山東省曲阜縣孔夫子後裔而外，就要數到張天師了。

五斗米道和太平經的關係

張道陵是東漢沛國人，這個地方即今江蘇省沛縣。再往東南，即是邳縣，漢時名爲曲陽，于吉的神書得於此處。沛、邳二縣相距很近，因此，張道陵的太平洞極經和于吉的太平青領書可能是一個來源，所以他們的道法也大概相同。關於「洞極」之說，在今日殘留的太平經中有不少的資料，本篇已擇要列舉如前，此外還有一件事更能够證明五斗米道和太平經的關係。

後漢書劉焉傳和三國志張魯傳二註中都說，張魯的政治「依月令春夏禁殺，又禁酒，流移寄在其地者不敢不奉」。今按春夏二季，生氣當令，禁止屠宰，是體天地好生之德，尚不難理解。但飲酒非殺生可比，何故也要禁止？就因爲他是一個篤實奉行太平經教義者，所以把飲酒、造酒都當作罪惡。

太平經第六十九卷有云：「人君好縱酒者皆不能太平，其治反亂，其官職多戰鬬而致盜賊，……故當斷酒。」

要修科儀戒律鈔卷十四飲酒緣此書在道藏洞玄部戒律類引太平經云：「真人問曰：『凡人飲酒洽醉，狂詠便作，或即鬬死，或相賊傷，或緣此奸淫，或緣茲高墮，被酒之害，不可勝記。念四海之內有幾何市，一日之間消五穀億萬斗斛，復緣此致害，連及縣官，或使子孫呼嗟，上感動皇天，禍亂陰陽，使四時五行之氣乖反。如何故作狂藥以相飲食，可斷之否？』神人曰：『善哉！但使有德之君教敕言，從今以往，敢有無故飲酒一斗者漢時一斗約等於今日的二升，笞二十笞，音「癡」，等於清朝刑罰打二十下小竹板子；二斗，杖六十飲酒二斗者，以大木棍打六十下；三斗，杖九十；一斛，杖三百。以此爲數，廣令天下，使賢人君子知法畏辱，必不敢爲。其中愚人有犯即罰，作酒之家亦同飲者造酒者與飲酒者同罪。』」

觀以上太平經文，可知張魯禁酒是有所根據，不是單憑自己意思創立教條。前已證明于吉的太平青領書和張道陵的太平洞極經是分不開的，現從禁酒這件事上着想，更能夠斷定兩種書是一個來源。所以張魯傳中說，魯的道法與黃巾相似，而典略所記載五斗米道與太平道種種作用，彼此也沒有多大差別。典略原文見後漢書劉焉傳註和三國志張魯傳註中所引。

張魯避免太平道的名稱

張魯的道既然和張角一樣，都是由太平經產生出來的，爲什麼張魯不用「太平道」這個名稱，而叫作「五斗米道」？ 原因就在於他的志願和張角不同。 張角領導數十萬黃巾起義，要想推翻漢朝的統治，而張魯只希望在當時全國混亂之中維持局部的安全。 張魯佔據漢中一塊地盤，實際上已不受朝廷節制，但表面上仍算是國家官員之一後漢書劉焉傳云：「朝廷不能討，遂就拜魯爲鎮夷中郎將，領漢寧太守，通其貢獻。」三國志張魯傳亦同此說，所以他要避免與黃巾同樣的名稱。 雖然他也奉太平經爲聖典，却不肯自己承認是太平道。 人家無法稱呼，只好撇開教義不管，按照事實代他取個名子，直叫作「五斗米道」； 或見其獨霸一方，就呼爲「米賊」； 或見其道中有「鬼卒」「鬼吏」之名，就稱爲「鬼道」「米賊」「鬼道」，皆見張魯本傳。 這些都是不體面的稱呼。 後世所謂「天師道」「正一派」「龍虎宗」幾種名稱，比較用得合適，而且好聽得多了。

五斗米道不是剝削

有人說，「五斗米道」取費太多，非一般人所能負擔，未免近於剝削。 我說，今日如果要論斷這件事，應先了解當時當地社會實際情況。

（一）漢朝升斗之量最小，不能和今日的量制同等相看。清朝名醫徐靈胎所作醫學源流論中有一篇論古今方劑大小，他說：「余親見漢時六升銅量，容今之一升二合。」按這個比例折算，可知漢時的量制等於今日的量制的五分之一，那時一升等於今日二合，一斗等於今日二升，五斗只有今日一斗，不爲過多。

（二）當時漢中居民超出十萬户以上，土地肥沃，物產豐富，百姓不憂貧乏，五斗米還能負擔得起。

（三）出五斗米也是聽各人自願，以此爲受道者入門的表信，或作爲祭酒們祈禱的酬勞，並非强迫行事。若真要剝削斂財，以張魯當日的威權，盡有其他各項抽捐加税的方法可行，不需要玩弄這種花樣。

（四）張魯治理漢中，特別注重太平經所謂生、養、施三德政中的一個「施」字。使諸祭酒皆作義舍於路旁，以便行旅。又把些米肉放在義舍中，任過客自由飽食，不取膳費。像這樣博施濟眾，當然是靠平日五斗米的儲蓄而來，否則從何處得到許多糧食？以上二、三、四項皆詳見劉焉傳和張魯傳並兩傳的小註中。

（五）我們把剝削罪名加在張魯身上，雖不合實際情況，若說他在那裏製造迷信，他就無可推託了。但要曉得一千七百年以前的社會，迷信是很難破除的。當時稍有一點作爲的人，都想利用他人的迷信來做自己所認爲應該做的事業。即如黃巾起義，也是張角利用太平道，纔能够發動數十萬羣衆，倡導革命先聲。張魯亦復如此，只是兩人目的不同而已。

孫策殺于吉

張魯同時的人勇於破除迷信者，即孫權之兄孫策。三國志孫策傳註引江表傳言孫策殺于吉一段故事，今照原文錄之如下。

「時有道士瑯琊于吉，先寓居東方，往來吳、會即今江蘇省吳縣和浙江省會稽縣，立精舍，燒香，讀道書，製作符水以治病，吳、會人多事之兩地人民多奉于吉爲師。策嘗於郡城門樓上集會諸將賓客，吉乃盛服于吉身上穿着華美的服裝，杖小函，漆畫之，名爲仙人鏵鏵即鐵鍬，上裝長木柄，可以掘地，後世遊方道士常有攜帶此物作挖掘藥草之用，名爲「方便鏟」。于吉那時又在長木柄的另一頭掛了個漆畫的小匣子，大概是他的藥箱，趨度門下，諸將賓客三分之二下樓迎拜之，掌賓者招待員禁呵不能止。策即令收之孫策令人捉拿于吉。諸事之者，悉使婦女入見策母，請救之。母謂策曰：『于先生亦助軍作福，醫護將士，不可殺之。』策曰：『此子妖妄，能幻惑衆心，遠使諸將不復相顧君臣之禮，盡委策下樓拜之，不可不除也。孫策廿三歲已封侯爵，所以他自視爲君，而視諸將士爲臣。于吉由樓下經過，諸將士撇開孫策不管，跑到下面去迎拜于吉，因此孫策懷恨，一定要殺他。』諸將復連名通白事，陳乞之。諸將士連名上呈文，請求赦免于吉。策曰：『此子已在鬼籙，勿復費紙筆也。』即催斬之，懸首於市。諸事之者尚不謂其死，而云尸解焉，復祭祀求福。一班信徒們還不認爲于吉是真死，說他靈魂借此脫離肉體成仙，大家又祭祀他，求他降福給各人。」

孫策手下這些將官，迷信的程度太深，原不足怪，而孫策本人雖自命爲破除迷信孫策訓將士，有「焚香、讀邪俗道書，此甚無益，諸君未悟」一段話，我看他也不徹底。他自從賭氣殺了于吉之後，心中總未免懷有鬼胎，時常見到于吉顯靈，因此神經錯亂，竟不得善終。本以破除迷信稱雄，結局仍然死於迷信。孫策傳註引搜神記云：「策既殺于吉，每獨坐，彷彿見吉在左右，意深惡之，頗有失常。後治創方差，而引鏡自照，見吉在鏡中，顧而弗見，如是再三，因撲鏡大叫，創皆崩裂，須臾而死。」

于吉真假的問題

有人說：「孫策所殺的于吉是冒名，不是真于吉，因爲他在東漢順帝時代已爲人師，再從那時算至建安五年，多則七十餘年，少則五十六七年。如果于吉尚存，當有一百多歲，恐怕沒有這樣長的壽命。」我認爲此說理由頗欠充分。世間活到百歲以外的人並非罕見,不能僅從年齡上辨別真假。于吉確實年齡究竟幾何,後人雖無法推測,但晉朝虞喜作志林時,早已論及此事。他說:「順帝時瑯琊宮崇詣闕上師于吉所得神書於曲陽泉水上,白素朱界,號太平青領道,凡百餘卷。順帝至建安中五六十歲,于吉是時已近百年,年在耄悼,禮不加刑耄是老,悼是幼,古禮刑罰不加於老幼……吉罪不及死,而暴加酷刑,是乃謬誅,非所以爲美也。」今按于吉得神書這件事,大家都以後漢書襄楷傳爲根據。後漢書是六朝劉宋時人范曄所撰,于吉死在東漢建安五年公元二〇〇年,後漢書成於劉宋文帝元嘉年間,已在于吉死後二百幾十年了。虞喜是西晉和東晉之間的人,距離于吉死時不過一百多年,他作志林時,范曄的後漢書尚未出世,志林所言必另有根據,比較更爲可信。當時文獻充足,考證便利,設若于吉真假有問題,虞喜是晉朝一個博學家,自能辨別清楚,不應該胸無主見、人云亦云。虞喜志林見三國志孫策傳裴註所引。

我們生在虞喜之後一千六百餘年,時代既不像晉朝和三國那樣接近,考證的資料也沒有當時那樣豐富。各種道書上雖也提到干吉即于吉,但惜所說並非一致,而且神話太多,不足以供考證。今日想要爲于吉作辯護,事實上很感覺困難。太平經固然是由于吉傳出,但于吉之死與太平經毫無關係,後人何必定要用李代桃僵之說來翻一千七百年前的舊案? 孫策是三國時梟雄之一,少年狂妄,目中無人,他只曉得「順我者生,逆我者死」，不懂什麼叫作仁慈和法律。虞喜偏拿古禮去責備他，謂于吉罪不至死，年老不宜加刑，這些都是隔靴搔癢之談。

道儒兩家對于吉的批判

宋末元初趙道一所編歷世真仙體道通鑑中的于吉傳「于吉」在道書上多作「干吉」，原文有一千餘字，首言干吉得太平經時乃「漢成帝河平二年甲午」公元前二七年。末言：「孫策平江東，進襲會稽，見士民皆呼吉爲干郎，事之如神。策招吉爲客在軍中，將士多疾病，請吉噀水輒差噴水到病人身上，病即愈。策欲迎獻帝討曹公時爲漢獻帝建安五年，即公元二〇〇年，使吉占風色占卜天氣如何，每有神驗，將士咸崇仰吉，中有百餘字，大意與搜神記相同，故不重錄。……策遂殺之。」編者在本傳後附以評語，今錄如下：「道德經曰：『夫佳兵者不祥之器，物或惡之，故有道者不處。』干吉乃致身軍旅之中，而爲孫策所殺，雖曰兵解也，然使干吉退藏於密，積行累功，又安知不證飛昇之品乎？後之學仙者當以處佳兵爲深戒。」同時，馬端臨作文獻通考，在神仙書目太平經項下有按語云：「按順帝至孫策據江東時，垂七十年，而于吉在順帝時已爲宮崇之師，則必非稚齒稚齒即幼年，度其死時當過百歲，必有長生久視之術，然亦不能晦跡山林以全其天年，而乃招集徒眾，製作符水，襲黃巾、米賊之爲，以取誅戮，則亦不足稱也。」

觀以上所引仙鑒和通考兩種批判，一是用道家的眼光來看于吉，說他違反老子佳兵不處之戒，致爲孫策所殺，雖曰尸解，未證飛昇；一是按儒家的立場斥責于吉，說他不能晦跡山林，而乃招集徒眾，自取誅戮，雖能長生，亦不足觀。這兩人意思都是怪于吉行爲失檢，而不怪孫策濫殺無辜，持論實非公允。關於年齡問題，在仙鑒上沒有提到，我們僅從西漢河平二年公元前二七年于吉得老君授太平經算至東漢建安五年公元二〇〇年于吉被害，已有二百二十七年了，他自己年齡最少應該有二百六七十歲。仙鑒作者趙道一，未嘗因爲年歲過高就說他是假的。通考作者馬端臨，測度于吉死時當在百歲以外，是從東漢順帝時代算起，只認爲他有長生久視之術，也不懷疑有第二人冒名，但說他「製造符水，襲黃巾、米賊之爲，以取誅戮」，好像死罪是不可避免的，這顯然是謬論，比較晉朝虞喜的見解差得遠了。

張角、張魯、于吉三人情況不同

就太平經的系統上說，于吉和二張雖共屬一個道門，但就他們所經過的事跡上看來，即知張角和張魯彼此所處的時局、所走的路線絕不相同，而于吉也不能和二張相提並論。

張角正當漢靈帝年代公元一六八至一八九年，朝廷昏亂，閹豎掌握大權閹豎即宦官，普通叫作太監；

黨獄鈎牽，忠良盡遭法網凡是反對宦官的人皆有罪，因一人之罪，牽連到父子、兄弟、親族、朋友、門生、屬吏，皆不能倖免，這樣辦法，當時稱爲「鈎黨」，因此被害者無數，詳情見後漢書黨錮傳及宦者傳。更加苛捐雜稅，層層盤剝；災荒饑饉，民不聊生。張角乘此機會，領導黃巾起義，手段在發動羣眾，目的在顛覆漢室，志願在順天應人。易經上說，革命是「順乎天而應乎人」。黃巾的標語是：「蒼天已死，黃天當立。」後來兖州黃巾又給曹操書曰：「漢行已盡，黃家當立，天之大運，非君才力所能存。」中平元年，黃巾起義，呂彊言於靈帝曰：「黨錮久積，人情多怨，若久不赦宥，輕與張角合謀，爲變滋大，悔之無救。」這次掀起全國革命高潮以後，張角等雖遭不幸，而黃巾反日見增多，其故有四：一，黃巾化整爲零，散布各處；二，黃巾潰敗後與其他革命集團合併，仍以黃巾爲號；三，有些集團本無革命思想，他們也冒名黃巾以壯聲勢；四，他股在當時原有許多自立名號，但外人弄不清楚，一概叫作黃巾。因此，黨錮傳中就說：「其後黃巾遂盛，朝野崩離。」

張魯在漢獻帝時所碰到的局面就兩樣了。漢運將要告終，梟雄同時並起，宦官已被殲滅，天子等於囚徒，戰禍經年累月，民間十室九空，幾人稱帝稱王，國內一團混亂。曹操自詩曰：「設使國家無有孤，不知當幾人稱帝、幾人稱王。」此語見三國魏志曹操傳裴註所引魏武故事中。張魯於此時佔據漢中，手段在以教爲政如張魯傳中所說：「其來學者，皆教以誠信不欺，有病自首其過。犯法者，先加三原，然後行刑。不置長吏，皆以祭酒爲治。」這些辦法，都是用宗教上的感化主義，代替政治上的措施，目的在保境安民，志願在繼承道教即張魯的祖父張道陵所遺傳的「五斗米教」，只求於萬方多難之中維持一片乾淨土，暫時不受糜爛之災，於願已足，別無其他的奢望。有四點可以證明：一，拒絕羣下尊稱『漢寧王』號；二，不欲堅守關隘抵抗曹兵；三，封藏寶貨倉庫留給國家；四，始終接受朝廷官爵名義。張魯於公元一八八年攻取漢中，原是奉了益州牧劉焉的意旨行事。劉焉死後，其子劉璋，闇弱無能，張魯不願承奉，璋遂殺魯母及魯弟，魯因此叛璋獨立。時在公元二〇〇年左右，後人就說張魯於此年佔據漢中，其實他在十年之前早已掌握漢中政權了，至公元二一五年方歸順漢朝，首尾共計廿八年，各義上仍是一個漢寧太守，並未自立別種稱號。

于吉平日的行爲和他遭難的經過，史無明文，只有孫策傳裴註所引江表傳提及此事，本篇已節錄於前。但裴註又引搜神記一段文章，比較江表傳所說，頗不一致。裴註三國志完成於南朝宋文帝元嘉六年公元四二九年，距離于吉之死不過二百二十九年于吉死在公元二〇〇年。當時裴松之自己就說：「江表傳、搜神記，于吉事不同，未詳孰是。」今日距離裴松之作註的時代又過了一千五百三十年，更難偏信一家之說，只好再將搜神記原文錄之如下，以充實參考資料。

搜神記曰：「策欲渡江襲許許即許昌，是漢獻帝都城，與吉俱行。時大旱，所在熇厲熇，音

「郝」。熇厲，即酷熱，策催諸將士使速引船，或身自早出督切孫策有時親自早晨出去切實督察，見將吏多在吉許這個「許」字作「處」字解，言將士和屬吏多在于吉之處。策因此激怒言：『我爲不如于吉耶？而先趨務之！』意謂：「我比不上于吉嗎？你們偏要先去奉承他！」便使收吉至「收」字作「拘拿」解，呵問之曰：『天旱不雨，道途艱澀，不時得過道路不能即時順利通行。此指水路而言，故自早出，而卿不同憂戚責罵于吉說：「你不和我們一同心焦。」，安坐船中，作鬼物態裝模作樣，敗吾部伍破壞我軍營紀律，今當相除不容許你存在。』令人縛置地上暴之叫人把于吉捆綁起來放在地上，讓烈日去晒他，使請雨。若能感天日中雨者，當原赦。不爾，行誅。日中即午時。若午時有雨，就可放他；若無雨，就要殺他。俄而雲氣上蒸，膚寸而合雲氣零碎集合，比至日中，大雨總至，溪澗盈溢，將士喜悅，以爲吉必見原大家認爲于吉可以免罪，並往慶慰往于吉處慶賀及慰問。策遂殺之。孫策言而無信，仍把于吉殺了。將士哀惜，共藏其尸，天夜，忽更興雲覆之夜間有雲蓋覆尸體之上，明日往視，不知所在不見其尸何在。」

看上段記載于吉當時經過的情況，雖與前文所引江表傳不同，惟因孫策手下一班將士十分信仰于吉，遂招惹孫策的憤嫉，必欲殺之以洩憤，這些情況在兩種記載上差不多是相同的。今日就事論事，孫策固然是擅用威權，濫殺無辜，而于吉當時偏要和孫策部下諸將士們混在一起，究竟他心中抱着什麼目的，想要做些什麼事情，我們無法推測。因爲他表面披上了神秘的外衣，不像張角、張魯等行跡光明、容易使人理解，所以不能把他和二張作比較的論斷。但是于吉和太平經也有直接的關係，而且死非其罪，史家又無明文詳敘其事，故不嫌煩瑣，將孫策傳裴註所引兩種不同的記載先後並錄於此，以備觀覽。原文字句有簡古之處，酌加語體解釋，希望後來的讀者得到一些便利。

載一九六二年八月道協會刊創刊號

對於太平經合校的意見

陳攖寧

前言二，作者疑現存的太平經鈔甲部是後人所僞補，說那些文字和全書内容不相協調，不相類似。這樣分析，是很正確的。既然如此，就應該存疑，不可拿僞鈔來抵補太平經的缺文，把它列入卷一至卷十七之數。退一步說，即使鈔的「甲部」真是太平經原文，也不宜如此編訂，因爲一卷至十七卷經文必定有很大的數量，太平經鈔甲部未免過於簡略，名實不符。

愚見以爲，太平經鈔、聖君秘旨、太平經佚文這三種最好是各個獨立，不使它混雜在經文缺卷之内。太平經原缺卷數多少，仍照舊不動，只將經中字句錯誤之處校正即可，不必勉强去補。校勘時宜注重有關係的字眼和句讀，其他如字句上雖有異同而文義上並無出入者，可以從省，不必一一寫於校勘記中，這樣就能够減少排版時的麻煩。

此書稿本樣式，因爲要寫校勘記，把下横頭留得太長，無校勘記的葉數甚多，完全空白。既浪費紙張，又不美觀普通版本都是上横頭長、下横頭短，此書恰恰相反。愚見以爲，校勘記可放在經文每一個小段落之後，不要放在下面，則下横頭就能够縮短不少；①②③等號碼字也可放在某行某字之下，不要放在某行某字右邊；上横頭也不標記卷數、葉數、行數。

如此，就可以節約紙張，並可減少排版的工夫和時間。若定要符合涵芬樓所影印的道藏本葉數、行數，那就無法改動了。

前言二，根據洞霄圖志「閭丘方遠鈔太平經之說」，遂疑續仙傳和雲笈七籤所謂「銓太平經」之「銓」字是「鈔」字之誤；猶龍傳所用的「詮」字，又是「銓」字之誤。愚按：「銓」「詮」二字皆不誤。「銓」是選取之後而排列其次序，如「銓選」「銓次」等義。太平經原爲一百七十卷共三百六十章，閭丘方遠僅選取其中一小部分，仍依「甲」至「癸」先後次序輯爲三十篇，因此，記載這件事的續仙傳上就用「銓」字，而不用「鈔」字。若用「鈔」字，必須「節鈔」二字連用，纔容易使人明了。否則，防讀者要疑問，三百六十篇經文，爲什麼只鈔三十篇呢？

那末，太平經鈔這個「鈔」字能用否？我想是能用的。「鈔」字原有全鈔與選鈔兩種習慣的用法。如某某文鈔、某某詩鈔，凡「鈔」字放在下面的，即含有選擇意思，不需要把全部都鈔下來；又如鈔某某文集、鈔某某詩集，凡「鈔」字放在上面的，即是全鈔而不是節鈔。所以，我們一見「太平經鈔」這個書名，就知它是節鈔，不管它是多少卷數。若改名「鈔太平經」三十卷或二十卷，我們就不免要疑問：所鈔的是一百七十卷中的那幾卷呢？其餘的爲什麼不鈔呢？

「詮」「銓」二字可以通用，就像「抄」「鈔」二字通用一樣，並非錯誤。「詮」字本不作「詮釋」之義，故說「詮太平經『爲』三十篇」。若把「詮」字當作「詮釋」之義看，這一句中間的「爲」字就講不通了。至於清代陳鱣的續唐書所載「太平經三十篇，吳道士閭丘方遠詮」，這個「詮」字放在下面，就很不合適；假使換一句話說，「閭丘方遠詮太平經三十篇」，把中間那個「爲」字除去，也是不對。因爲這兩種句法很難表現出選鈔或節鈔太平經的意思，只好當作解釋太平經來體會了。

太平經佚文引玄天大聖真武本傳神咒妙經一段，我認爲不是太平經中所應該有的。這段降伏龜蛇的神話，論其品質，尚在靈書紫文之下。靈書紫文既不足以冒充太平經鈔甲部，可知真武本傳更沒有資格躋於太平經佚文的行列。最好把這一條删掉，以免魚目混珠。「魔」「魔王」等字樣是由於佛經的影響。太平經出世最早，不應該有佛經的名詞在內。

太平經著錄考「唐釋法琳辨正論」項下附有按語云：「『受』當作『授』。」愚謂，「受」字不誤。原文意思是言干室「受」，不是言老君「授」。原文讀法是「干室以疾病致感老君」爲一句，「感」字下不宜點斷。

陳攖寧寫於北京中國道教協會

一九五九年六月下旬

陳攖寧手寫本

道教知識類編初集

陳攖寧　編著

蒲團子按　道教知識類編初集，一九六三年至一九六四年出版的道協會刊第二、三、四期署名「本會研究室」，一九九七年一月中國道教學院編印本署名爲「陳攖寧編著」。中國道教學院教研處爲中國道教學院編印本撰寫的道教知識類編初集前言云：「一九六二年，中國道教協會創辦『道教徒進修班』。當時，没有適合的現成教材可用，中國道協第二屆會長、著名道教學者陳攖寧先生便親自組織、指導本會研究室工作人員着手進行編寫。陳先生對最先起草的道教知識類編初集的内容與文字，作了大量的修改和加工。實際上該稿完全是按照陳先生的策劃、意旨寫成的。在教學過程中，深受學員們的贊賞。按原計劃本還要繼續寫下去，但可惜的是因當時政治運動頻繁而不得不中輟了。現在重讀此稿，仍覺内容充實和比較準確，對道教院校教學工作有重要價值。故特重印，供道教院校師生學習和參考。」

編輯大意

道教知識類編初集主要是爲本會設立的道教徒進修班編寫的一本教材。培養道教徒知識分子，這在道教歷史上還是創舉。因此有關道教專業課的各種教材都要臨時編寫，没有現成材料可以利用。本稿是根據道教徒進修班第二學年教學計劃編寫的，給學員講解道教基本知識，以便他們在這個基礎上循序漸進地學習其他高深的科目。

本稿的編寫，也是爲道教徒提供他們應當懂得的道教常識。現有的名山、宫觀大都分布在風景秀麗的地區，保存着不少歷史文物。因而前去遊覽和訪問的國内、國外各界人士，他們希望了解道教的一般情況。對於答覆來訪者的詢問，本稿也可以給各地道友一些幫助。

本稿的編寫，採用名詞、術語釋義的方式，分爲道教名人、教理教義、道經道書、道派、道教神名、仙名、道術、道稱、宫觀和名山等十大類，叙述道教知識。如果這部稿子想做得完全，估計道教專門名詞、術語當有幾千條，字數可能超出一百萬，不是目前所能辦到的。但是我們抱有這種願望，因此把現在已經寫成的稿件作爲初集，將來時間允許，二集、三集也許能够繼續下去。

編寫本稿，又是爲道教研究積累一些資料。本會研究工作開始不久，對於道教史料和學術方面的許多問題尚待繼續研究。這部稿子在資料的搜集上以及觀點的說明上都不够完備，倘有缺點和錯誤，希望讀者隨時指正。

一、名人事略

茅盈

西漢，咸陽陝西省咸陽縣人。高祖茅蒙，字初成，在東周末，拜鬼谷先生爲師，隱居華山，修煉成道；曾祖茅偃，仕於秦昭王之世，有功業於當時；祖父茅嘉，仕於秦莊襄王朝，秦始皇即位，嘉屢立戰功，歿後，始皇命以相國之禮葬於長安龍首山；父茅祚，志在農畝，不願出仕按此時已到西漢前期。祚有子三人，長子茅盈，字叔申；次子茅固，字季偉；少子茅衷，字思和。

茅盈生於漢景帝中元五年公元前一四五年，自幼好道，十八歲棄家入恒山即今山西省渾源縣北嶽，在山中採藥爲食，並讀老子道德經及周易傳；二十四歲遇師，學服氣法；再過二十年，又遇上仙授以妙道；四十九歲離師返家按此時爲漢武帝天漢四年，即公元前九七年，父母尚存。

至漢宣帝時，二弟皆官居要職，茅固爲執金吾官名，茅衷爲西河太守。漢元帝初元五年公元前四四年四月三日，茅盈在家中宴會賓客六百餘人，次日即與親族告別往句曲山山在今江蘇省句容縣境，自茅氏弟兄於此成道後，遂改名「茅山」，臨行時對人言：「真仙貴在隱跡，不宜炫耀，吾所以不默遯者，蓋欲以此道勸誘二弟之追慕醒迷也。」事後，二弟聞之，各辭官回鄉里。按：茅盈於四十九歲出山回家，到此時已經過了五十三年，入茅山時當爲一百零二歲。二弟年齡當亦不小。茅固、茅衷在家學習茅盈之遺書，久而無所得，遂決計入山尋兄，面求密訣。漢元帝永光二年三月六日渡江，見兄於東山。茅盈對二弟言：「年老不能學昇霄大術，汝等將來只可作地仙。」茅固、茅衷乃住山依法修煉，竟獲成就。

本地居民，感三茅君之德，有詩歌爲證。其詞曰：「茅山連金陵，江湖據下流。三神乘白鵠，各治一山頭。甘雨灌旱稻，陸田苗亦柔。妻子咸保室，使我無百憂。白鵠翔青雲，何時復來遊。」除此而外，茅蒙當日在華山成道時，民間也有一首歌謠。史記秦始皇本紀：「三十一年十二月更名『臘』曰『嘉平』。」集解引太元真人茅盈內紀曰：「始皇三十一年九月庚於，盈曾祖父蒙按本傳作「高祖父蒙」，相差一代乃於華山之中，乘雲駕龍，白日昇天這是古代傳說的神話，由來已久，故照錄之。先是其邑謠歌曰：『神仙得者茅初成，駕龍上昇入泰清，時下玄州戲赤城，繼世而往在我盈，帝若學之臘嘉平。』始皇聞謠歌而問其故，父老具對：『此仙人之謠歌，勸帝求長生之術。』於是始皇欣然乃有尋仙之志，因改『腊』曰『嘉平』。」

按：茅氏弟兄三人與道教茅山派大有關係，他們的歷史尚在張道陵以前，不能不詳爲叙述。晉葛洪神仙傳卷九雖有茅君一篇記載，僅四百七十八字，人無名號，事無年代，不足以資考證。今只以太元真人東嶽上卿司命真君傳爲根據，此傳共有三千二百六十字左右，文章格調似是晉代人手筆。劉宋人裴駰史記集解所引茅盈内紀一段，也見於此傳中，不知是一是二，孰先孰後。但可决定内紀出世必在集解以前，至晚也是東晉人的作品。

張道陵

三四至一五六年。道教的創教者。原名張陵。東漢沛國豐今江蘇省豐縣人。他通達五經，曾入太學，明帝時公元五八至七五年做過巴郡江州令，後棄官隱於江西龍虎山修道。順帝公元一二六至一四四年時和弟子前往四川鶴鳴山一作「鵠鳴山」，永和六年公元一四一年作道書二十四篇，自稱「太清玄元」，並用符水咒法爲人治病。奉其道者，須出五斗米，因此在當時稱爲「五斗米道」。傳說他晚年煉丹成功，服了半劑，便昇仙而去。道教徒尊張道陵爲「天師」，其後子孫承襲他的道法，居龍虎山，世稱「張天師」。

（補充一）道陵，字輔漢，爲留侯子房張良八世孫，於東漢光武帝建武十年公元三四年正月十五日生於吴地天目山。七歲讀道德經二篇，十許遍而達其旨，於天文地理，河、洛圖緯之書皆極其妙，通習墳典凡是古書都可稱爲「墳典」，所覽無遺。從學者千餘人，天目山南三十里、西北八十里皆有講誦之堂東天目山在浙省臨安縣境，西天目山在浙省於潛縣境。後舉「賢良方正直言極諫科」此是漢朝選舉人才的科目之名，中之即「合格」之意，清朝叫作「中舉」。東漢明帝永平二年公元五九年拜巴郡江州令江州在今四川省巴縣，時年二十六歲。久之，退隱北邙山在今河南省洛陽縣境，朝廷徵爲博士，不起。和帝即位，徵爲太傅，封冀縣侯，三詔不就，時爲永元四年公元九二年，遂自河洛入蜀。以上根據南宋末趙道一所編歷世真仙體道通鑑卷十八張天師，這一篇記載共有七千八百字左右，今只摘錄其中與人事有關者一百幾十字，神話及與上文重複者皆不錄。

（補充二）陵與弟子入蜀，住鵠鳴山，得正一盟威之道，能治病，百姓奉之爲師。弟子户至數萬，即立祭酒古代社會上一般年高有德、爲衆所尊敬者，都叫作「祭酒」，這不是道教中專用的名詞，分領其户，有如官長。並立條制規條制度，使諸弟子隨事輪出米絹器物紙筆樵薪等。領人修復道路，不修復者，皆使疾病。陵又欲以廉耻治人，不喜施刑罰，使有疾病者皆疏記生身以來所犯之罪，乃手書投水中，與神明共盟約，不得復犯法，當以身死爲約。從此以後，所違犯者皆改爲善矣。以上根據晉葛洪神仙傳卷四張道陵。原傳共一千三百字左右，神話及與前兩段重複者皆不錄。

（補充三）張道陵精思西山，太上親降，漢安元年公元一四二年五月一日授以「三天正法」，命爲天師，又授「正一科術要道法文」。其年七月七日又授正一盟威妙經，重爲三天法師正一真人見雲笈七籤卷六。又，太上以漢安二年公元一四三年正月七日中時，下二十四治：上八治，中八治，下八治，以付天師張道陵奉行布化。見雲笈七籤卷二十八。按「二十四治」就是在各處分設二十四個行道布化的機構，所以後世又叫作「二十四化」。那些地點都在山中，不在城市，大多數是在蜀漢境內。

張道陵住世一百二十三歲，於東漢桓帝永壽二年仙去公元一五六年。道法子孫相傳，至今已有六十三代。按：張天師的年齡，各種道書及四川省志、徐州府志所記載皆同，大概不會錯誤。惟原本有「乘駕龍車，白日昇天」之說，荒誕無稽，故改用「仙去」二字。

魏伯陽

生卒年不詳。東漢煉丹術家。會稽上虞今浙江上虞縣人。傳說他曾和弟子三人入山煉丹，丹成，爲了考驗弟子，自己首先服丹而死，另一弟子服丹也死，其餘二人不敢服丹，即便出山。二人去後，他和已死的那個弟子便起而仙去。他著有參同契三卷，假借周易爻象以論作丹之意，爲後世學道者所宗。說見葛洪神仙傳。

神仙傳原文是「伯陽作參同契五行相類凡三卷」。今考參同契書中只有「三相類」之說，彭曉註本又有「五位相得而各有合」一種表解，但皆非魏伯陽所作的書名。

（補充一）真人魏伯陽不知師授誰氏，得古文龍虎經，盡獲妙旨，乃約周易撰參同契三篇，演丹經之玄奧，密示青州徐從事，徐乃隱名而註之。至後漢孝桓帝時，公復傳授與同郡淳于叔通，遂行於世。說見五代時彭曉所作周易參同契通真義序。

（補充二）浙省上虞縣西南二里有金罍山，上有道觀，即魏伯陽故宅。西晉太康年間，得金罍於井罍，音「雷」，裝酒的器具，遂名爲「金罍觀」。上虞縣志：「金罍山高數丈，魏真人選勝修煉，著參同契於此；旁有丹井，井竇上九下一。」又云：「縣南十里許，有百樓山，迭嶂重巒，山半平廣數十畝，魏公亦曾卜居。」

于吉

後漢琅邪今山東臨沂北人，一作「干吉」，或作「干室」。相傳他在曲陽泉水上得神書，衍成一百七十卷，名太平青領書一稱太平經。漢順帝時公元一二六至一四四年，他的弟子瑯邪人宮崇，曾進獻此書於朝廷，不合統治者的心理，遂禁止流通。後來張角獲得此書，奉行其道。

一說，三國時，于吉往來江東吴地，燒香讀道書，用符水爲人治病，時人多崇奉他，孫策忌而殺之。事在東漢建安五年公元二〇〇年。

（補充一）于吉遭難時的情況，在三國志孫策傳裴註所引江表傳、志林、搜神記各書中說得很詳細，道協會刊第一期七一至七五頁已經轉載，可供參考，故不重述。

（補充二）凡與道教有關的各書，如太平經複文序、神仙傳、洞仙傳、猶龍傳、歷世真仙體道通鑑和別種道書，都把「于吉」寫成「干吉」，而得太平經這件事，則大概相同。洞仙傳是隋唐以前的作品，也說「干吉」被孫策所殺，體道通鑑干吉傳亦同此說，但以「兵解」二字聊爲掩飾。

（考證）「琅邪」這個地名尚有問題。考前漢書地理志，琅邪郡包括五十一個縣，其中有一個縣也叫「琅邪」；後漢書郡國志，琅邪國包括十三個城，其中有一個城也叫「琅邪」。琅邪若是指一縣或一城而言，就是今山東省諸城縣東南一帶近海處，該地因海邊有琅邪臺而得名；若是指一郡而言，範圍就廣了，但琅邪郡雖統轄五十一縣，其首縣名「東武」，仍在今山東省諸城縣境；若是指一國言，其都城名「開陽」，在今山東省臨沂縣境。琅邪，一作「瑯琊」。

左慈

生卒年不詳。東漢末方士。字元放，廬江今安徽省灊山縣人。曹操招致方士，左慈與甘始、郤儉皆至魏國，並爲軍吏事見三國志魏志華陀傳註引文帝典論及東阿王辯道論。某日，曹操宴會賓客，想吃吳松江鱸魚，左慈便以銅盤貯水，用竹竿於盤中釣出一鮮鱸魚。操嫌魚少不足以供客食，更釣，又得一條。座客皆大驚異。事見後漢書左慈傳。他常以幻術戲弄曹操，操屢欲殺之，皆不得逞。繼而，他又往荊州謁劉表，復到江東見孫策，二人都惡其幻術惑眾，但無法加害。最後入霍山煉九轉丹，遂乃仙去。以上節錄葛洪神仙傳。

葛洪的從祖葛玄，由左慈處得受太清、九鼎、金液三種丹經。見抱朴子內篇卷四。左慈亦善於辟穀，曹操欲試其術，令斷穀食將一月，而顏色不衰。見抱朴子內篇卷二所引陳思王釋疑論。

附註　陳思王即曹丕之弟曹植，字子建，爲三國時代的大文學家，初封東阿王，後改封陳王，殁後謚曰「思」，故世人又稱他爲「陳思王」。

葛玄

字孝先，三國時句容今江蘇省句容縣人。生於東漢桓帝延熹七年公元一六四年，幼而好學，十三歲博通古今，十五六歲名振江左指揚子江下游地方。性喜老莊之道，不願仕進，遇左元放左慈授以九丹金液仙經及煉炁保形之術，入天台山修煉山在浙東天台縣境。年十八九於仙道已有所得，遂周旋於括蒼羣山總名，在浙東仙居、縉雲一帶、南嶽即衡山，在湖南省衡山縣境，羅浮在廣東省博羅、增城二縣境諸山，尋求煉丹之地，後由玉笥山在江西省峽山縣至閤皂山在江西省清江縣境，認爲此處最佳，即於此建立靈寶法壇。當時吳主孫權及太子孫登皆仰慕其名，待以客禮，從之問道，故嘗往來吳國都會。嘉禾二年孫權的年號，公元二三三年正月辭太子出京，往閤皂東峯建卧雲庵，築壇立灶，謝絕人事，專煉九轉金丹，三年丹成。

他已往數十年，凡住過二十二處名山修煉，皆未見功效，惟於閤皂方得成就，因此感慨而作流珠歌云：「流珠流珠，役我形軀。奔馳四海，歷覽羣書。披尋不悟，情思若愚。焚遍金石，燒竭汞珠。貲財蕩盡，拊膝長吁。吾年六十，功效躊躇。賴師指授，元氣虛無。窈冥中起，恍惚中居。真陰真陽，一吸一呼。先存金鼎，次認玉爐。離火激海，坎水昇虛。玉液灌溉，洞房流酥。天機真露，萬類難如。真人度人，要大丈夫。天長地久，同看仙都。念茲在茲，語吾記吾。」

吳赤烏七年公元二四四年八月十五日午時仙去，世壽八十一歲。道教中尊稱爲「太極左仙公」，北宋徽宗崇寧三年公元一一〇四年封爲「沖應真人」，南宋理宗淳祐六年公元一二四六年加封爲「冲應孚佑真君」。弟子中有張泰、孔龍、鄭思遠、釋道微等，晉抱朴子葛洪是其姪孫。原傳共計七千七百餘字，所有一切神話及道教經懺符籙等事，又五言詩三首，皆一概不錄。

許遜

晉代道士。字敬之，汝南今河南汝南縣人，家住南昌。他二十歲時學道於吳猛，後舉孝廉，拜爲旌陽縣今湖北枝江縣北令。後棄官東歸，周遊江湖，以道術爲民除害。傳說東晉寧康二年公元三七四年在南昌西山，舉家四十二口拔宅飛昇。宋代封爲「神功妙濟真君」。世稱「許真君」或「許旌陽」。

（補充）生於三國時吳大帝赤烏二年公元二三九年。少時從人打獵，射中一母鹿，鹿胎墮地，母鹿猶舐其子，不久而死，許愴然感悟，即折棄弓矢，永不打獵。因立志向學，博通經史，尤嗜道術。聞豫章南昌吳猛得丁義神方，乃往師之，盡傳其秘。後訪名山棲真之所，得逍遥山金氏宅，遂徙居之原註：今逍遥福地玉隆萬壽宮是也。日以修煉爲事，不求顯達。嘗買一鐵燈檠即燈架，發現黑漆剝落處露出真金，次日即送還原售主，鄉里皆仰慕其高風。朝廷屢加禮命，不得已於西晉太康元年公元二八〇年任蜀郡「郡」字宜刪去旌陽縣令，時年四十二歲。就職後，去貪鄙，除煩細即廢除煩擾百姓的瑣碎規條，脱囚累即開脱無罪受累之囚犯，吏民悦服，咸願自新。凡聽訟必先教以忠孝慈仁勤儉之道，具載文件，言之甚詳。又恐路遠者難以家喻户曉，因擇平素有德望之耆老，使其勸化，故爭訟之風日銷，竟至於無訟。鄰縣流民慕其治績，咸來依附，境内户口日見增多。後知晉室將亂，乃辭官東歸。啟程時，送者蔽野言送行的人太多，郊野都布滿了。有隨至其家願爲服役而不返者，乃於宅東隙地結茭以居茭是乾草，謂結草爲屋以住人，狀如營壘，多將自己原姓改姓「許」，故號「許家營」。其在蜀者感恩懷德，則立生祠畫像，奉之如神明，遺愛深入人心如此。及東晉亂離，江左頻遭災禍，惟許所居周圍百餘里甚平安。至孝武寧康二年公元三七四年八月一日上昇，世壽一百三十六歲。原傳共六千三百字，今只摘錄人間事實，所有神話如鎮蛟斬蛇、行符咒水、拔宅飛昇等類，一概不錄。

（考證）晉書地理志蜀郡轄六個縣，其中無旌陽縣；南郡轄十一個縣，旌陽縣亦在其內。但晉時南郡屬於荆州，即今湖北省境，不是四川省。歷世真仙體道通鑑許真君傳爲什麼稱「蜀郡旌陽縣」，而他書又稱「蜀旌陽縣」？因爲在三國時，南郡劃歸劉備所管，算是蜀國境界之内，一般文人習慣，喜用舊地名，所以仍舊稱「蜀旌陽縣」。轉了幾手以後，又加上一個「郡」字，遂稱「蜀郡旌陽縣」。另有一說，「旌陽縣屬漢州，後詔改爲德陽縣以表真君之德及民也」。按後漢書郡國志，廣漢郡原有德陽，故晉書地理志廣漢郡亦有德陽，可見晉代的德陽縣名是沿用漢代的舊名，不是新改的。「旌陽」改爲「德陽」之說，見於許真君傳「棄官東歸」句下小註中，不知何據。

葛洪

東晉道教理論家、醫學家。字稚川，自號抱朴子。丹陽句容人，葛玄的姪孫。少好神仙導養之法，從葛玄的弟子鄭隱受煉丹術，又博覽羣書，精通醫學。司馬睿爲丞相，用爲掾，後任諮議、參軍等職。因以往有軍功，賜爵關內侯。咸和初公元三二六年，被召爲散騎常侍兼大著作的官職，他固辭不就，一心想去煉丹，聞交趾出產丹砂，求爲勾漏今廣西北流縣令。攜子姪經過廣州，爲廣州刺史鄧嶽欵留他住羅浮山，從事著書和煉丹生活，後來就在山尸解。

（補充）晉書卷七十二葛洪傳：「洪少好學，家貧，躬自伐薪以貿紙筆即親自砍柴賣給人家以換取紙筆等物，夜輒寫書誦習夜間常常抄書誦讀和温習，性寡欲，無所愛玩，爲人木訥木是樸實，訥是不會花言巧語，不好榮利。後師事南海太守鮑玄即鮑靚，字太玄，玄以女妻洪道書上稱爲「鮑姑」。洪博聞深洽謂葛洪所學極博，又能深入理解，江左絕倫江東一帶地方無人能够及他，著述篇章，富於班、馬他寫作的書籍文章比漢朝的班固、司馬遷還要豐富。」據晉書葛洪傳及抱朴子自序，將他的著述名目和卷數列舉如下：抱朴子內篇二十卷，抱朴子外篇五十卷，神仙傳、隱逸傳、良吏傳、集異傳各十卷，移檄章表三十卷，碑誄詩賦一百卷，金匱藥方一百卷，抄經史百家言三百一十卷，肘後備急方四卷，以上共計六百五十四卷。此外，尚有抱朴子養生論、大丹問答、葛洪枕中記、稚川真人較證術、抱朴子神仙金汋經、葛稚川金木萬靈論各篇，皆見於道藏中。本傳又言，葛洪在羅浮山與廣州刺史鄧嶽書云：「當遠行尋師，克期便發。」嶽得信，急趕到山中，而洪已坐化，遂不及見。時年八十一歲。按：葛洪生歿年月無考，是否八十一歲，也有問題。

寇謙之

三六五至四四八年。南北朝時代北魏著名道士。字輔真，上谷平昌人。南雍州刺史寇讚胞弟。早年好道，學張魯之術，經年没有見效。後來他從仙人成公興入嵩山修道七年，到神瑞二年公元四一五年十月，託言太上老君從天下降，授他「天師」之位，並賜以雲中音誦新科之誡二十卷，令他依此改革三張僞法，又傳授他導引、服氣的口訣。泰常八年四二三年，又有老子的玄孫李譜文傳授他錄圖真經和劾召鬼神等法，並囑他輔佐北方的太平真君云云。

始光元年四二四年，他獻道法於北魏太武帝，得宰相崔浩之助，太武帝詔請他入朝，在魏都平城今山西省大同縣東，建立天師道場，稱爲「新天師道」。魏太武帝到壇前受符籙，自稱爲「太平真君」，並改元爲「太平真君元年」。從此北魏各朝皇帝即位，照例都要往道壇行受符籙的儀式，而道教在北魏也一直受到崇奉和利用。太平真君九年公元四四八年五月，寇謙之羽化，年八十四。詳見魏書釋老志。

（考證）宋賈善翔寇天師傳和趙道一歷世真仙體道通鑑寇謙之傳皆說謙之是「上谷平昌人」。今考前漢書地理志上谷郡只有昌平縣，但無平昌縣；後漢書郡國志上谷郡無昌平縣，亦無平昌縣；魏書地形志上谷郡亦無平昌縣，另有兩個平昌郡、九個平昌縣，皆與上谷郡無關。以上二傳所謂「上谷平昌人」，地名恐有錯誤。關於寇謙之記載，最早的要算魏書釋老志，僅言他是南雍州刺史寇讚之弟，但未言是何處人。查魏書卷四十二寇讚傳，只說寇讚「上谷人」，再查北史卷十七寇讚傳，亦同此說，皆無「平昌」二字。考西漢上谷郡所轄十五縣，其中有昌平、居庸、軍都、涿鹿四縣，皆在今北京市的西北部，疑所謂上谷「平昌」者，即上谷郡「昌平」縣之誤。若不言縣只言郡，西漢上谷郡治在沮陽，就是今日北京市區以外西面的懷來縣境界。

以上郡縣古今地名考證，對於寇謙之雖無關重要，但在歷史研究工作上我們是應該這樣做的。

陸修靜

四○六至四七七年。南朝劉宋著名道士。字元德，吳興東遷今浙江省吳興縣東人。元嘉末公元四五三年，在京都賣藥，文帝命左僕射徐湛宣詔他，他固辭而去。後南遊廬山，在瀑布巖結廬幽棲。泰始三年公元四六七年，宋明帝令江州刺史請他入京問道，並於北郊天印山建造一座崇虛館款待他。此時他廣集道經，加以整理甄別，鑒定其中經誡、方藥、符籙等一千二百二十八卷，分爲三洞，奠定了道藏的初步基礎。撰三洞經書目錄，爲最古的一部道藏目錄。又編著道教齋戒儀範等書一百餘卷，道教儀式因此完成。他在京羽化，由弟子奉葬於廬山。劉宋王朝下詔以他的廬山故居爲簡寂觀，謚「簡寂先生」。宋徽宗宣和間，封爲「丹元真人」。

（考證）按雲笈七籤及歷世真仙體道通鑑皆言陸修靜歿於劉宋元徽五年公元四七七年，壽七十二歲。據此推算，應該生於東晉義熙二年公元四○六年。但自唐宋以來相傳廬山故事，謂釋慧遠送客，照例不過虎溪，有一日送陶淵明、陸修靜出來，在路上談得很契合，竟把舊例忘記了，不知不覺的走過這條溪，三人相與大笑。因此後代畫家遂有「虎溪三笑圖」，描摹一僧一道一俗忘形之交的風趣。這個故事如果是真，也很有意味，可惜是後人捏造的。今考慧遠歿於東晉義熙十二年公元四一六年，壽八十三，而陸修靜此時剛十一歲，斷不能與老和尚做朋友。

陶弘景

四五六至五三六年。南朝齊、梁時的道教學者、醫學家、藥物學家。字通明，自號華陽隱居，又稱貞白先生，丹陽秣陵人。生於南北朝時期宋孝建三年公元四五六年，歿於梁武帝大同二年公元五三六年，享年八十一歲。他的一生，經歷了南朝的宋、齊、梁三個朝代。

他曾從陸修靜的弟子孫遊嶽學道家符圖經法。二十歲以前，任南齊諸王侍讀。仕齊拜左衛殿中將軍，後來歷遊名山，尋訪真逸，於陰陽、五行、風角、星算、山川、方物、醫術、本草等無不通曉。後隱居句容句曲山即茅山，從事丹道，並勤於著述。梁武帝時，禮聘不出，但朝廷大事多向他諮請，時人稱爲「山中宰相」。

他的思想脫胎於老莊哲學和葛洪的神仙道教，並雜有五行家和佛教觀點。對曆算、地理、醫學等都作過一定的研究。曾整理神農本草經，增加新藥和當時的化學藥物，寫成本草經集註現存燉煌殘本，後世編纂本草書籍者，都據爲藍本。此外，他造有渾天象，著有真誥、真靈位業圖、登真隱訣、藥總訣等書，共計二百餘卷。

（考證）陶弘景一生經歷過三個武帝。從一歲至九歲，是南朝劉宋孝武帝時代，到二十四歲公元四七九年宋亡。二十五歲後，仕於南齊；三十七歲時，脫朝服掛於神虎門一作「神武門」，辭官歸隱，是南齊武帝永明十年壬申歲公元四九二年。他往各處名山洞府尋師訪友，搜集道書，皆三十七歲以前之事。梁武帝即位，是天監元年公元五〇二年，此時陶弘景已四十七歲，他入山已有十年了。在梁朝又經過三十五年，始終沒有做官，於梁武帝大同二年公元五三六年三月十二日去世。他歿後十三年，梁武帝纔被侯景困死於臺城。研究陶弘景歷史，若不把這三個武帝分析清楚，恐難免錯誤。當時所以稱爲「山中宰相」者，因他以山林隱士的身份，受朝廷特別知遇，向來少有，使人人羨慕不置，故送他一個清高而又名貴的頭銜，並非真在山中做梁朝的宰相。

（補充）弘景一生雖歷宋、齊、梁三朝，只在齊朝任過閒散官職，如「振武將軍」「左衛殿中將軍」「奉朝請」等名目，都是虛銜，實際做的是諸王「侍讀」，即是教王子讀書兼管一切文墨事件。他做得厭倦了，故決意辭官，入山修道。在廿九、三十、三十一歲這三年中早已拜孫遊嶽爲師，算是陸修靜再傳弟子。陸的著作雖多，全副精力專用在闡揚道教，而陶則博覽兼通，無所不備。如蕭綸所撰碑文說：「淮南鴻寶之訣淮南王劉安有鴻寶苑秘書，言神仙事，隴西地動之儀漢張衡發明地動儀器，能測知隴西地震，太乙遁甲之書太乙九宮和奇門遁甲，九章曆象之術天文算術，幼安銀鉤之敏晉索靖，字幼安，善書法，筆畫如銀鉤，允南風角之妙風角即候八方之風占吉凶，允南不知何人，太倉素問之方漢淳于意，爲太倉令，精醫術，中散琴操之法晉嵇康，爲中散大夫，善彈琴，咸悉搜求，莫不精詣；羿射、荀棋、蘇卜、管筮，一見便曉，皆不用心；張華之博物晉張華撰博物志，馬鈞之巧思三國時馬鈞有巧思，曾發明翻車，後世叫作水車，劉向之知微知微即知機。劉向預知王氏代漢，弘景亦預知梁武帝太清三年之事，葛洪之養性弘景仙學是葛洪一派，兼此數賢，一人而已。」這些話都符合事實，並不誇張。

梁書卷五十六侯景傳：「先是丹陽陶弘景隱於華陽山，博學多識，嘗爲詩曰：『夷甫晉，王衍任散誕，平叔魏，何晏坐談空。不意昭陽殿，化作單于宮。』大同五三五至五四五年末，人士競談玄理，不習武事，至是侯景果居昭陽殿。」南史卷七十六陶弘景傳：「弘景妙解術數，逆知梁祚復没，預製詩云詩同上，秘在篋裏，化後即羽化，門人方稍出之。」南史又云：「帝使造年曆，至己巳歲而加朱點，實太清三年也梁武帝死於是年。」

南史云：「父爲妾所害，弘景終身不娶。」華陽陶隱居内傳亦云：「先生既冠，而不肯婚。蓋一生不邇於聲色也。」

關於年齡一事，蕭綸所撰碑文言「春秋八十有一」是對的；南史、梁書及歷世真仙體道通鑑皆云「卒時年八十五」，這個數字顯然錯誤。

正統道藏「騰」字號有真靈位業圖，「臨」字號有養性延命錄，大家都認爲是陶弘景所作。但他的姪子陶翔撰華陽隱居先生本起錄中並無這兩種書名，我們不敢相信是弘景自己的手筆。

孫思邈

（？）至六八二年。唐代道教學者，醫學家。華原今陝西省耀縣東南人。通老、莊、百家之說，擅長陰陽推步，尤精於醫學。他長期居於終南山和太白山，曾和高僧道宣友善。隋文帝、唐太宗、高宗都曾請他出去做官，他一概固辭不就，而願山居著述，並爲羣眾治病，後人尊稱他爲「藥王」。宋徽宗崇寧二年公元一一〇三年追封他爲「妙應真人」。著作有千金要方、千金翼方、攝生論、福壽論、保生銘、存神煉氣銘、攝養枕中方等書行世。

（補充）節錄舊唐書卷一百九十七方技思邈傳：「七歲就學，日誦千餘言，洛州總管官名獨孤信人名見而歎曰：『此聖童也，但恨其器大難爲用也。』周宣帝時在位僅一年，公元五七八年，思邈以王室多故，隱居太白山在陝西省眉縣，最高處四千一百一十三公尺。隋文帝輔政隋文帝即楊堅，當時爲北周宰相，後篡位稱帝，乃徵爲國子博士官名，其職務等於今日大學教授，稱疾不起託辭有病，不就職。嘗謂所親曰：『過五十年當有聖人出此是預言，暗指唐太宗，吾方助之以濟人。』及太宗即位貞觀元年，公元六二七年，召詣京師，嗟其容色甚少，謂曰：『故知有道者誠可尊重。』將授以爵位，固辭不受。顯慶四年公元六五九年高宗召見，拜諫議大夫官名，又固辭不受。上元元年公元六七四年辭疾請歸自言有病要回山，特賜良馬及鄱陽公主邑司以居焉高宗不許他久住山裏，故把舊日的公主府第賜給他住。……思邈自云『開皇辛酉歲生』，至今年九十三矣。按：隋開皇二十年是年是庚申，即公元六〇〇年。次年改仁壽元年，纔是辛酉，即公元六〇一年。原文所謂「年九十三」，不知算到何年爲止？儘量的算到他臨終那一年永淳元年，即公元六八二年，也不過八十二歲，這顯然是錯誤的。詢之鄉里，咸云數百歲人這也不合實際，未免虛誇，話周齊間事，歷歷如眼見，以此參之，不啻百歲人矣這句話太覺儱侗。……太子詹事官名盧齊卿，童幼時請問人倫之事問自己將來的前途如何。思邈曰：『汝後五十年，位登方伯州長，吾孫當爲屬吏我的孫子應在你手下做一個小官，可自保也你須要自己保重。』後齊卿爲徐州刺史，思邈孫溥，果爲徐州蕭縣丞丞是官名，位在縣令之次。思邈初謂齊卿之時，溥猶未生思邈當初對齊卿說那番話的時候，溥尚未出世，而預知其事，凡諸異跡，多此類也。永淳元年公元六八二年卒。」新唐書卷一百九十六隱逸，也有孫思邈傳，內容比舊傳大致相同，但較爲簡略。

（考證）孫思邈卒於唐高宗永淳元年，新唐書和舊唐書所記載是一致的。歷世真仙體道通鑑卷二十九孫思邈傳言「永徽三年公元六五二年二月十五日解化，年百有餘歲」，比永淳早三十年，與正史記載不合，今只以新、舊唐書爲憑。惟思邈生於何年，各書皆未言及，關於他的確實年齡尚有問題。舊唐書雖記載「思邈自云『開皇辛酉歲生』」，奈事實上有矛盾。開皇是隋文帝年號，辛酉是開皇二十年的後一年公元六〇一年，如果真是這年生的，算到唐太宗即位時貞觀元年，公元六二七年，只有二十七歲，爲什麼新唐書說他「年已老而聽視聰瞭，帝歎曰『有道者』，欲官之，不受」？舊唐書也說，太宗「嗟其容色甚少」，假使是二十七歲的人，容色甚少，何足爲奇？況且他在隋朝以前早已隱居太白山了，隋文帝當初在北周輔政，尚未稱帝時，就要請他出來做官了，「開皇辛酉歲生」這句話如何講得通呢？

經過種種考證，現在敢斷定他說的那句話是半真半假，「辛酉」是真的，「開皇」是假的。所謂「辛酉」，是西魏文帝大統七年之辛酉，即公元五四一年。何以知道？因爲獨孤信曾讚美他是聖童。考獨孤信在公元五五七年被宇文護所逼死，思邈與獨孤信相見，必是五五七年以前之事。從公元五四一年他出生時算起，到二人相見時，他不過十幾歲，所以獨孤信稱他爲童。再從五四一年算到北周宣帝時公元五七八年，他已有三十八歲，正是宜於在山中過隱士生活的年齡，若是青少年，未必會隱居山中。隋文帝楊堅在北周輔政時，想請他出山做博士，也適合時宜。若年紀太輕，恐不足以名震權貴。他於北周宣帝時對人說：「過五十年當有聖人出。」從周宣帝公元五七八年算到唐太宗即位公元六二七年，正是五十年，此時他的年齡已有八十七歲從五四一至六二七年，所以舊唐書云「嗟其容色甚少」，新唐書云「年已老而聽視聰瞭」。以上凡史家所記載的事實都能夠講得通，故可斷定他是生於公元五四一年辛酉歲。從五四一年算到永淳元年六八二年，可知孫思邈真年齡爲一百四十二歲。

道協會刊編者按　孫思邈固然是道教名人，也是古今醫學界中傑出之士，他的著作大部分收在正統道藏內。千金方是唐代醫書第一流著作，並且流傳到海外，今日研究中醫者仍視爲要典。關於他的年齡一事，向來就沒有弄清楚，九十餘歲，百餘歲，一百數十歲，數百歲，史書及道書所言極不一致，可謂遺憾。幸而舊唐書尚有「思邈自云『開皇辛酉歲生』」這句話，纔能算出他的確實年齡。新唐書因這句話與他已往事跡不符，就把它刪除了。不知他所說的話是半假半真，這個「辛酉」不對，再往上推六十年換一個「辛酉」就對了。爲什麽他要說開皇年間生？因爲唐高宗不許他回山，定要留他住在都城裏，大眾若知他年齡甚高，慕名來訪者必多，苦於應接不暇，故少說幾十年，以免驚世駭俗。爲什麽指明「辛酉」？因爲他要使後來人有線索可尋。假使他當日不說「辛酉」，只說開皇某年生，我們到今天還算不出他究竟是多少歲數。現在可以確定，不是這個「辛酉」，必是上一個「辛酉」。至於他歿的年歲，南唐沈汾續仙傳和宋末元初趙道一歷世真仙體道通鑑皆說是唐高宗永徽三年公元六五四年，又與新、舊唐書相矛盾。舊唐書上說：「顯慶四年公元六五九年，高宗召見，拜諫議大夫，又固辭不受。上元元年公元六七四年辭疾請歸，特賜良馬及鄱陽公主邑司以居焉。」新唐書亦同此說。這都是永徽三年以後的事，如果他已經死了，這些話便無着落，所以我們只承認「永淳元年」，而不相信「永徽三年」。

司馬承禎

六四七至七三五年。唐代著名道士。河內温今河南省温縣人，字子微，號白雲子，從嵩山道士潘師正受傳符籙和辟穀導引服餌的方術，住居天台山。武后、睿宗、玄宗迭次召見他，玄宗並從他親受法籙，請他居王屋山陽臺觀，又命他以三種字體書寫老子經刊正文句。歿後謚號爲「貞一先生」。所著有天隱子、服氣精義論、坐忘論、道體論等，皆見於道藏中。

（補充）南唐沈汾續仙傳司馬承禎傳：「盧藏用早隱終南山，後登朝，居要官，見承禎將還天台，藏用指終南山曰：『此中大有佳處，何必天台？』承禎徐對曰：『以僕所觀，乃仕途之捷徑耳。』藏用有慚色。」今查唐書司馬承禎傳中無二人對話，惟盧藏用傳中有之。因此後世文章家遂借「終南捷徑」這句話以諷刺人們利用機會而取得進身之階者。其餘事跡散見各家傳記中，不能備錄。

（考證）新唐書、舊唐書、續仙傳、歷世真仙體道通鑑這四種書皆言「年八十九」，但並無生卒年月，惟衡嶽志和茅山志言「開元二十三年卒」公元七三五年。按八十九歲推算，當生於唐太宗貞觀二十一年公元六四七年。

杜光庭

八五〇至九三三年。唐代道士。括蒼人，一說縉雲人。字賓聖，號東瀛子。他原習經史，工於詞章，唐懿宗設萬言科，他投考未中，入天台山爲道士。僖宗時，召他充麟德殿文章應製。後隨僖宗避難至蜀，遂久留成都不返。王建據蜀時，賜號爲「廣成先生」，進戶部侍郎。終老青城山。所著有常清靜經註、道德真經廣聖義、道門科範大全集、洞天福地記、廣成集等。

（補充）光庭嘗謂：「道法科教，自漢天師及陸修靜撰集以來，歲月綿邈時間久遠，幾將廢墜。」遂考真僞，條例始末此二句意謂，辨別真假，定出條例，首尾依次說明。鄭畋薦其文於朝，僖宗召見，賜以紫服象簡，爲道門領袖。當時推爲「扶宗立教，海內一人」。中和初公元八八一年，從僖宗入蜀因黃巢攻破長安之故，遂在青城山白雲溪結茅而居。唐昭宗大順二年公元八九一年西川節度使地方官最有權威者，等於清朝的總督王建據成都，後十二年公元九○三年封蜀王，再後四年公元九○七年朱全忠篡位，唐亡梁興，王建遂在蜀稱帝，聘光庭爲皇子師，並謂之曰「昔漢有四皓即商山四皓，是漢高祖時代四個年老的隱士，不如吾一先生足矣」。光庭不樂居宮中，乃薦許寂、徐簡夫自代。王建治蜀初，用張格爲相，大小事每令諮稟一切政務，王建每令張格請教於杜光庭。蜀相徐光溥，志學之年十五歲時亦曾執弟子禮。蓋光庭非止善辭藻辭藻即詩賦文章和道教青詞等類，實有經濟之才。王建死，其子王衍襲位，尊光庭爲傳真天師兼崇真館大學士。

（考證）光庭生於唐宣宗大中四年公元八五○年，二十四歲以前試科舉不中，遂入天台山爲道士山在今浙江省天台縣境，距離他的家鄉不遠，其師應夷節乃陶弘景第七代弟子，光庭算是第八代。他隨唐僖宗入蜀時，年已三十二歲；王建霸蜀，是唐昭宗大順二年，他已四十二歲；王建稱帝時，他已五十八歲；後唐起兵滅蜀，王衍投降，前蜀告終，孟知祥爲西川節度使時公元九二五年，他已七十六歲；孟知祥霸蜀時公元九三三年，他已八十四歲，遂於本年十一月羽化；次年公元九三四年孟知祥稱帝，是爲後蜀，杜光庭已不在世間了。總的說來，他前半生與唐朝有關係，後半生與前蜀關係最深，後蜀可謂與他無緣。

正統道藏內有杜光庭的作品十五種：道德真經廣聖義五十卷、常清靜經註一卷、錄異記四卷、神仙感遇記五卷、道教靈驗記十五卷、天壇王屋山聖跡記、洞天福地嶽瀆名山記一卷、墉城集仙錄六卷、廣成集十七卷、道門科範大全集八十七卷，此外關於道儀等類的書尚有五種，連上十種共計一百九十卷左右。

二、教義教理

第一部分　教理概論

老子道德經是道教的聖典

凡是一種宗教，必有一種信仰。有信仰，必有所以信仰之理由。用語言文字來說明這個理由，使人們能夠了解而容易入門者，這就是宗教家所謂「教理」。某一宗教根據本教中經典著作，扼要的並概括的提出幾個字或幾句話作爲信徒們平日思想和行動的準則，而且對於全部「教理」都可以契合，不顯然發生抵觸者，這就是宗教家所謂「教義」。

道教最高的信仰就是「道」。第一部講「道」的書即老子道德經。後來道家和道教中許多名人著作都根據老子這部書而加以充分的發揮，或給予象徵的演化。假使當初没有道德經，後人也就不可能無原由的憑空創造出一個道教。這個教我們若僅從表面形式上看，誠不免「迂誕譎怪」隋書經籍志對道教的批評、「雜而多端」文獻通考關於道教的按語。如果脱去它的外衣，觀察它的本質，儘管派別分歧，茫無系統，其間仍然有它自己獨立的精神一貫到底，兩千五百年來未嘗斷絕，由此可見老子哲學思想之偉大。老子時代雖不可考，惟自古以來都承認老子與孔子同時，而且年齡此孔子較長。孔子時代，大家知道很清楚，就是生於公元前五五一年，歿於公元前四七九年。從孔子生年算到現在，已有兩千五百一十四年，所以老子到現在也有二千五百多年。至於道教中傳說「老君住母胎八十一年，於商朝武丁九年降生」，到現在已有三千幾百年了。這些話無人相信，我們不能把它作爲根據。

道家和道教是分不開的

先秦、西漢的「道家」和東漢以後的「道教」，兩者面貌不同，如何能夠結合？就是因爲他們有一個共同的信仰。信仰什麼？就是老子之道。東漢張道陵創教以前，只有「道家」而無「道教」。但「道教」的思想萌芽早已潛伏在「道家」諸子之內，後來纔逐漸得到發展。自從「道教」產生以後，「道家」之書除了僅有的幾種古籍而外，並無新的著作流傳，我們就盲目的認爲它的繼承人永遠斷絕了嗎？其實不然。

歷三國、兩晉、南北朝、隋、唐、五代、宋、元、明、清，整個的「道教」完全被「道家」哲學精神所籠罩。其中知識分子包括在朝、在野、方內、方外一切信仰的人士，凡關於治國修身之道，他們都崇拜老子；關於隱逸全真之道，他們都倣法莊子莊子在道家的資格等於儒家的孟子，儒家則孔孟並稱，道家則老莊並稱；關於神仙變化的傳說，他們都根據列子的幻想而擴大之，更加捉影繪聲、描摹盡致（列子書中穆王、湯問二篇，漢劉向已說它「迂誕恢詭，非君子之言」，但劉向也不能不承認列子是道家。）在這樣情況之下，偏重於理論性的「道家」和偏重於宗教性的「道教」，彼此打成一片，實際上已分不開了。

歷代以來，道教界儘管受盡了儒家的排斥和外界的譏笑，而道教自己半入世、半出世的作風，竟立於不敗之地，其原因何在？就是它的教理教義深入人心，遍及社會各階層，適合羣眾所需要之故。我們今日研究道教，對於這個重大的社會問題必須認識清楚，否則，就不能批判的接受。詆毀者固然是隔靴搔癢，讚美者亦未必恰如其分。已往學者們總是弄不明白，「道家」哲學思想爲什麼混雜於「道教」的宗教信仰中，「道家」的老子爲什麼變成「道教」的天尊。他們常常著書立說，企圖把「道家」與「道教」分開，使太上老君坐不穩三清寶座，但惜徒費紙筆，那些文章並無絲毫效果。因爲他們既不懂社會羣眾心理，又不察道教歷史根源，只算得一個書生的見解而已。

太平經繼承老子遺教

東漢出世的太平經爲道教中第一部經典，託名老君（即老子的尊稱）所傳授，這雖是道教慣用的一句門面話，但其書受老子影響很深，我們無法可以否認的。今略舉幾條例證如下。

（一）老子第四十二章說：「道生一，一生二，二生三。」太平經鈔戊部就說：「元氣恍惚自然，共凝成一，名爲天也； 分而生陰成地，名爲二也； 因爲上天下地，陰陽相合施生人，名爲三也。」

（二）老子第四十章說： 「反者道之動。」太平經第五十八篇就說： 「反其華還就實，反其僞還就真，末窮者宜反本，行極者當還歸，天之道也。……極上者當反下，極外者當反內，陽極反陰，陰極反陽。」

（三）老子第七十七章說： 「天之道損有餘而補不足，人之道則不然，損不足以奉有餘。」太平經第一百三篇就說： 「財物乃天地中和所有，以共養人也。 此家但遇得其聚處，本非獨給一人，其有不足者，悉當從其取也。 愚人無知，以爲終古獨當有之，不肯周窮救急，使萬家乏絕。」

（四）老子專講道德，「道」字和「德」字在五千文中，共計有一百二十字之多。 太平經原有一百七十卷，現在的殘本只有五十七卷，而其中「道」字和「德」字已多得不可數計。假使原書完整無缺，「道」「德」二字在全部書中必定比殘本中所有者還要多出兩三倍。 所以，我們認爲這部太平經就是老子道德經的繼承者。

（五）文章是有時代性的。 道德經是對東周時代列國諸侯王說法，太平經是對東漢時代一般老百姓布教； 道德經文章很古雅，理論很高深，太平經則避免那些高深的哲理，專揭露當時社會的病態，文章也就通俗化了。兩部書的格調雖然大大不同，它們想救世的宗旨都是一致的。太平經託名爲老君所傳授，並非毫無理由。

魏伯陽是老子的信徒

道教中第一部講煉丹的書是東漢魏伯陽的周易參同契，後人稱它爲「萬古丹經王」，其中有許多字句都是借用老子的成語。例如「引內養性，黃老『自然』」「無平不陂，道之『自然』」「施化之道，天地『自然』」「陰陽相飲食，交感道『自然』」「以類輔『自然』，物成易陶冶」「『自然』之所爲兮，非有邪僞道」。以上有六個「自然」，都是根據老子「道法自然」這一句最高的教義而來。又如「以無制有，器用者空」，此即老子所謂「有之以爲利，無之以爲用」。又如「反者道之驗，弱者德之柄」，即是從老子「反者道之動，弱者道之用」變換出來的。其他如「含德之厚，歸根返元」「抱一毋舍，可以長存」「上德無爲，不以察求；下德爲之，其用不休」「知白守黑，神明自來」「先天地生，巍巍尊高」，這些字句都是發源於老子，凡是讀過老子道德經者自能夠看出，不必一一說明。我們不敢肯定魏伯陽的煉丹法指內丹而言即是老子的修養法，但說他是老子的信徒，總不會錯誤吧。

葛玄、葛洪都屬於老子系統

三國時代的葛玄即抱朴子葛洪的叔祖父傳出一卷常清靜經，標題爲「太上老君說」，雖不免近乎神話，但經中也是發揮老子「清靜」兩個字教義。又如經中云「大道無名，長養萬物」「吾不知其名，强名曰道」以及「上德不德，下德執德」，這些話都以老子道德經爲根據的。清靜經後來被列入玄門早課之一，出家道士每天都要唸誦。

東晉葛洪撰抱朴子內篇，專講神仙之術，不大信仰老、莊。他在釋滯篇中說：「五千文雖出於老子，然皆泛論較略，其中不肯首尾全舉其事，但誦此經而不得要道，直爲徒勞。至於文子、莊子、關令尹喜之徒，雖祖述黃老，但永無至言。」再看他在暢玄、道意兩篇開端，對於道的理解，完全由淮南子原道訓而來。淮南又是西漢以前道家學說之總滙。東漢高誘作淮南叙，謂「此書旨近老子，爲大明道之言」。葛洪雖想獨樹一幟，分路揚鑣，但是他論道談玄，既未能越出淮南的範圍，也就不能脱離老子的系統。所以，他只好自己承認抱朴子內篇屬於道家了。

老子與太上老君

兩晉以來，道教中人奉老子爲教主，遂尊稱爲「太上老君」。考劉向列仙傳及葛洪神仙傳中的老子傳，皆未有這個尊號，惟抱朴子中已把「老子」和「老君」混而爲一。如抱朴子雜應篇：「老君真形見，則起再拜，老君真形者，思之：姓李，名聃，字伯陽……」又如抱朴子地真篇「老君曰：『惚兮恍兮，其中有象；恍兮惚兮，其中有物』」這四句，本是老子原文，此處改作「老君曰」，可見葛洪撰抱朴子時，「老君」尊號在道教中早已普遍流行，否則，他不會把這個尊號寫在書上。抱朴子中雖有「老君」二字，但如「太上老君」四字連在一處的名稱，尚未曾見到，或者又是後來增加的。

南北朝時，北魏嵩山道士寇謙之，自言遇見「太上老君」下降，賜他雲中音誦新科之誡二十卷，並授以天師之位，教他除去三張僞法，清整道教。後又遇老君玄孫李譜文，賜他錄圖真經六十餘卷，教他轉佐北方太平真君。當時北魏太武帝對於寇謙之甚爲信仰，新天師道遂大行於世。詳情見於魏書第一百十四卷釋老志。今按：寇謙之的道和張道陵的道雖有所不同，但新舊兩派天師道都奉老子爲教主，可見他們仍屬一個系統。「太上老君」尊號見於正史者，也從此時開始。

「太上」二字是至高無上之義，也就是說没有比這個更高上的了。老子自己在道德經中早已說過：「太上，下知有之；其次，親之譽之。」左傳也說：「太上有立德，其次有立功。」禮記又說：「太上貴德，其次務施報。」所謂立德、貴德，正合於老子無爲而治的教義，故曰「太上」；所謂立功、施報，也並非不好，但已博得人民的愛戴和歌頌，比較「自然」之道，只能算是第二義，故曰「其次」。現就教理教義而論，道教中人把「太上」這個尊號奉給老君，我們認爲是很恰當的。

老子書盛行於隋唐時代

隋書經籍志云，道士講經，「以老子爲本，次講莊子及靈寶、昇玄之屬」，「其受道之法，初受五千文籙，次受三洞籙」。又云：「今之受道者，經四十九年始得授人。推其大旨，蓋亦歸於『仁愛清靜』。積而修習，漸致長生。」按：所謂「五千文籙」當然與老子有關係。「仁愛清靜」這四個字也是出於老子書中。如道德經第八章「與善仁」，第三十八章「上仁爲之而無以爲……故失德而後仁，失仁而後義」，第十章「愛民治國，能無爲乎」，第十三章「愛以身爲天下」，第十五章「孰能濁以靜之而徐清」，第四十五章「清靜爲天下正」。即此可見，道教的真實信仰，還是注重在老子道德經，其餘一切不過宗教儀式而已。所以，我們今日談及教理教義，仍以老子學說爲中心思想。

老子一書，唐朝最爲盛行，非但道教中人必須誦習，就是教外的一般讀書人也要研究，否則即不能應科舉考試。唐中宗令貢舉人都習老子，唐玄宗開元二十一年，詔貢舉加試老子策全國各地方文學有資格之人被選拔來京應試者，叫作「貢舉人」；策是應試文各種體制中之一種；就老子書上義理出題目考試他們，他們做的文章叫作「老子策」。又令士庶家藏老子一本凡是讀書人家都應該有一本老子。開元二十五年，置崇玄學於玄元皇帝廟在老子廟中講老子之學。開元二十九年，求明道德經及莊、列、文子者。天寶十四年，頒御註老子並義疏於天下。以上皆正史所記載，可見唐朝皇帝信仰老子之教到如何程度。

以下再看幾位道教名人之言。

道教名人信仰老子之教

唐睿宗問道於司馬承禎。對曰：「『爲道日損，損之又損，以至於無爲。』此是道德經第四十八章原文。夫心目所知見，每損之尚不能已，況攻乎異端而增智慮哉？」帝曰：「治身則爾，治國若何？」對曰：「國猶身也，故『游心於淡，合氣於漠，順物自然，而無容私焉，則天下治矣。』此是莊子第七篇中原文，承禎借用之。」後來南宋人趙道一爲司馬承禎作傳，附以評語曰：「此誠得太上之深旨。道德經云：『我無爲而民自化，我好靜而民自正，我無事而民自富，我無欲而民自樸。』即此義也。」

唐明皇問道於吴筠。對曰：「深於道者無如老子五千文，其餘徒費紙札耳。」復問神仙冶煉法此指長生變化及金石外丹之事。對曰：「此野人事，積歲月求之，非人主所宜留意。這是山林閒散之人做的事，還要經多年辛苦勤求，不是皇帝所應當研究的。」唐宣宗問長生術於羅浮山人軒轅集，集只以「徹聲色，去滋味」等語相告。這種話似乎平淡無奇，但也是根據道德經「五色令人目盲，五音令人耳聾，五味令人口爽」「爽」字作「傷」字解這三句教義而來，很合於養生之道，可惜皇帝聽不懂。

宋太宗問陳希夷曰：「若昔堯舜之爲天下，今可至否？」陳對曰：「土階三尺，茅茨不剪，其跡似不可及，然能以『清靜』爲治，即今之堯舜也。」這幾句話的意思是說，社會是向前發展的，在數千載之下，若要回復到數千載之上那種簡陋的生活狀況，教皇帝住泥土地、茅草屋，當然是不可能。惟治國之道，在精神不在形式，儘管外界繁華日新月異，只要人主心中不爲它所迷，仍能够保持內部思想的純潔，這就是老子「清靜爲天下正」的教義。雖然是宋代的皇帝，也可以比美於古代的堯舜了。

公元一二二一年，邱長春西往雪山見成吉思汗時，首先勸他「若要統一天下，必在乎不嗜殺人」。這句話也是根據老子教義而來。道德經第三十一章早已說過：「夫樂殺人者，則不可以得志於天下矣。」邱長春的意思和老子的意思完全相同。

悟真篇巧妙的運用道德經

第一部煉內丹的著作參同契引用老子道德經中的字句，前面已經說過。還有與參同契齊名的北宋張紫陽所撰悟真篇專門修煉家常以參同、悟真並稱，其中引用道德經的成語更多。

今將悟真篇七言絕句和道德經有關的各首詩列舉如下。

第十首：「虛心實腹義俱深，只爲虛心要識心。不若煉鉛先實腹，且教守取滿堂金。」道德經第三章：「是以聖人之治，虛其心，實其腹。」又第九章：「金玉滿堂，莫之能守。」

第十二首：「道自虛無生一氣，便從一氣產陰陽。陰陽再合成三體，三體重生萬物昌。」道德經第四十二章：「道生一，一生二，二生三，三生萬物。萬物負陰而抱陽，沖氣以爲和。」

第二十三首：「用將須分左右軍，饒他爲主我爲賓。勸君臨陣休輕敵，恐喪吾家無價珍。」道德經第三十一章：「偏將軍居左，上將軍居右。」又第六十九章：「用兵有言，吾不敢爲主而爲客……禍莫大於輕敵，輕敵幾喪吾寶。」

第三十九首：「要得谷神長不死，須憑玄牝立根基。真精既返黃金室，一顆明珠永不離。」第四十首：「玄牝之門世罕知，休將口鼻枉施爲。饒君吐納經千載，怎得金烏搦兔兒。」道德經第六章：「谷神不死，是謂玄牝。玄牝之門，是謂天地根。」

第四十一首：「異名同出少人知，兩者玄玄是要機。保命全形明損益，紫金丹藥最神奇。」道德經第一章：「此兩者同出而異名，同謂之玄，玄之又玄，眾妙之門。」

第四十四首：「恍惚之中尋有象，杳冥之內覓真精。有無從此自相入，未見如何想得成。」道德經第二十一章：「惚兮恍兮，其中有象；窈兮冥兮，其中有精。」又第四十三章：「無有入無間。」

第五十一首：「萬物芸芸各返根，返根復命即常存。知常返本人難會，妄作招凶往往聞。」道德經第十六章：「夫物芸芸，各復歸其根；歸根曰靜，是謂復命；復命曰常，知常曰明；不知常，妄作凶。」

歷代以來凡是講修煉工夫的書籍引用老子之說者，多至不可勝數，今只將其中最有權威的著作參同契和悟真篇兩種舉出，即足以代表一切。由此可見，道教中專門修煉法也是受老子學說所支配。

張三丰用老子哲學講玄關

元末明初張三丰，是大家久已聞名的。他有一篇道要秘訣歌，完全把老子第一章最高深的哲學理論運用到實際修煉工夫上面，比較參同、悟真容易明白，今特轉錄於此。

道要秘訣歌：「道要歌，效用多，不知道要必遭魔。看玄關，調真息，知斯二要修行畢。以元神，入氣海，神氣交融默默時，便得一玄真主宰。將元氣，歸黃庭，氣神團結昏昏際，又得一玄最圓明。一玄妙，一玄竅，有欲觀竅無觀妙。兩者玄玄眾妙門，異名同出誰知道。看玄關，無他訣，先從竅內調真息。氣靜神恬合自然，無極自然生太極。古仙翁，常半語，天機不肯完全吐。或言有定在中央，或言無定自領取。到如今，我盡言，此在有定無定間。有定曰竅無曰妙，老君所說玄又玄。指分明，度有情，留與吾徒作賞音。聞而不修爲下士，超凡入聖亦由人。初學者，實難行，離了散亂即昏沉。鬆不得兮緊不得，貴在緜緜與勿勤。可參看老子第六章。用工夫，牢把握，須將神氣分清濁。清是先天濁後天，後天窩裏先天出。掃開陰濁現清陽，閉塞三寶居靈谷。這靈谷，即竅兒，竅中調息要深思。一息去，一息來，心息相依更相偎。幽幽細細無人覺，神氣沖和八脈開。照此行持得妙竅，玄關何必費疑猜。」此歌是根據口口相傳的字句寫下來的，比較已往木刻本三丰玄要篇上所載大不相同，因爲這種工夫與老子哲學有關，故把它在此處公開發表，以證明老子之道無往而不適宜。

繼承和發揚道教優良傳統

老子是我國古代第一流的哲學家。他的哲學理論先從整體宇宙觀出發，然後將「自然」之道、「治國」之道、「修身」之道三者都歸納於一個共同的自然規律中，在理論上並沒有三種看法。後之學者如果能夠懂得他所說的道理，就可以「達則兼善天下，窮則獨善其身」此二句借用孟子成語，在人生短短的數十年間，不至於感覺前路茫茫、進退失據、壽夭莫測，我命由天，這就是「道家」處世的哲學精神和「道教」超世的修煉方術結合一起、互相爲用的優越性，也就是我們所謂「道教優良傳統」。

以上所引孟子兩句話見於孟子尺心篇第九章，這本是儒家的教義，今借用來講道教，也未嘗不可。

所謂「達則兼善天下」，指的是身在朝廷，凡有措施，澤惠遂能普及於百姓。例如西漢初期曹參爲齊相時，實行黃老清靜無爲之術，齊國大治，後爲漢惠帝丞相，仍復如此，影響到竇太后文帝之后，景帝之母也好黃帝、老子之言，漢景帝也不能不讀老子之書，因此釀成文景兩朝四十年太平氣象。唐初名臣魏徵，早年曾做過道士，又撰過老子義五卷，當然算是道教中人。他爲官時，直言敢諫，前後上疏二百餘封，糾正了當時政治上及唐太宗行爲上許多錯誤，所以貞觀政治在唐朝二百幾十年中比較最好。

所謂「窮則獨善其身」，不是說生活困難，是說沒有際遇，不能大行其道，只好隱居山林，將治國之道變爲修身之道。例如孫思邈眞人，由北周末至唐初，隱居太白山，數十年不出，專門研究醫學，完成了唐代第一部偉大的醫學著作千金方和千金翼方，永遠流傳於後世，本人活了一百四十歲左右；陳希夷先生，由五代至宋初，隱居華山，研究易卦象數之學及修養工夫，享壽一百一十八歲，他的學術皆有繼承之人。

我國歷史上諸如此類者甚多，此處僅舉數例以見大概。

道德經上有許多話都是「吾道一以貫之」借用論語里仁篇孔子一句成語，不管它是講「自然」之道或是講「治國」之道，後人也可以把它當作「修身」之道去體會，並且可以在自己身中用工夫實際試驗。如魏伯陽的參同契、張平叔的悟眞篇、張三丰的道要秘訣歌，都是這樣去理解老子。宋元以降至於清代流傳的許多道書，每喜歡把老子哲學與修養方術聯繫起來，講得頭頭是道，教外的研究家就不同意那種說法，以爲盡屬牽强附會，失却老子本義。我們今日準備鑽研道教中全部學術，自不宜先有成見，而且這類書籍也確實不少，在道教中早已算得一個學派，他們的書上理論和身上工夫是分不開的。後人未曾做過這樣工夫，對於那些書恐難輕下批判。老子本義究竟如何，古今迄無定論。我們從道教優良傳統上着想，還是保存這一派的學說，留待世間愛好「長生久視之道」者自己去探討和證驗。

老子第五十九章：「是謂深根固蒂長生久視之道。」

第二部分　教義分釋

道

道德經中所說的「道」是道教的理論基礎，雲笈七籤以道德部爲第一部，道教義樞也以道德義作爲開宗明義第一義。道教爲什麽要以「道」名教呢？就是因爲他們對於老子之道，一要研究，二要信仰，三要繼承，四要發揚。所以道典論中說，道士者，要「以道爲事」。

「道」字通常當「道理」講，但老子所說的「道」並不同於一般的道理。他自己說：「爲學日益，爲道日損，損之又損，以至於無爲，無爲而無不爲矣。」又說：「反者道之動，弱者道之用。」相反地，他說：「保此道者不欲盈。」又說：「物壯則老，是謂不道。」概括地來說，他的「道」是以「清靜爲宗，虛無爲體，柔弱爲用」的一種「道」。

他所謂「道」就是他的宇宙觀。他認爲「道」是天地「萬物的本源」，又是「宇宙的原動力」，也是「大自然的規律」。道德經第二十五章說：「有物混成，先天地生，寂兮寥兮，獨立而不改，周行而不殆，可以爲天下母，吾不知其名，字之曰道。」淮南子原道訓引申了老子的這一意思說：「夫道者，覆天載地，廓四方，柝八極，高不可際，深不可測，包裹天地，稟受無形。」將「道」說成爲天地萬物的本源。淸靜經根據了老子以上的話，解釋「道」字說：「大道無形，生育天地；大道無情，運行日月；大道無名，長養萬物。」唐吳筠在玄綱論中也說：「道者，何也？虛無之係，造化之根，神明之本……萬象以之生，五行以之成。」則將「道」說成了宇宙的原動力。老子又說：「道生一，一生二，二生三，三生萬物。」玄綱論從而解釋說：「生生成成，今古不移謂之道。」將「道」又說成爲大自然的規律。

「道」是老子的宇宙觀，又是他的方法論。他將「道」運用在許多不同方面。他的社會思想主張「無爲而治」；他的人生觀是「清虛以自守，卑弱以自持」見漢書藝文志諸子略；他的修養方法是要「深根固蒂，長生久視」。他認爲，以「道」爲準則，通過一定的修煉，人就可以返本還原，和大自然之「道」同一體性，而處於永恒不變的境地。這也就是老子所說的「谷神不死」。後來的仙學就是在他這一思想基礎上成長起來的。

道教的根本信仰就是老子的「道」。他們說修道，所修的也就是這個「道」。所以，在後來道教中，「道」字還當做「導」字或「通」字講。河上公在道德經註中說，「道」就是「導執令忘，引凡入聖」的意思；自然經中則說，「道」是「導末歸本」的意思：他們皆訓「道」爲「導」。消魔經中說，「道」能「通生萬法，變通無壅」，又訓「道」爲「通」。不論訓「導」訓「通」，他們的目的則是爲了要「令忘」「入聖」「歸本」「生法」。更徹底說，也就是希望取得同老子一樣的和「道」同一體性的後果。

「道」在道教中既是他們的理論基礎，也是他們的根本信仰。他們將大自然現象的「道」予以人格化，變成了「老君」。在葛仙翁葛玄五千文經序中說：「老君體自然而然，生乎太無之先，起乎無因，經歷天地，始終不可稱載，窮乎無窮，極乎無極也。與大道而輪化，爲天地而立根，布氣於十方，抱道德之至純。」「老君」後來又變成道教中的三清尊神「元始天尊」「靈寶天尊」「道德天尊」，成爲他們信仰中的最高尊神。所以，道教中有「太上老君一炁化三清」之說。

道德

道教中以「道」「德」並稱，以「道」和「德」作爲一個事物的兩個不同面，兩者是整體和局部、一般和特殊的關係。道教義樞道德義中說：「道德一體，而具二義，一而不二，二而不一。」所以在道經中，「德」字有時作「道的本體」講，有時作「道的特性」講，有時作爲「道的總體表現」講。道德經中所說的「上德」「玄德」「常德」「道尊而德貴」的「德」，都指的是這個「德」。老子在解釋「上德」時說：「上德不德，是以有德……上德無爲，而無以爲。」解釋「玄德」說：「長之畜之，成之熟之，養之復之；生而不有，爲而不恃，長而不宰。」解釋「常德」說：「常德不忒，復歸於無極……常德乃足，復歸於樸。」又說：「道生之，德畜之。」即或以「道」「德」並稱，或以「德」解釋成爲「道」的某一方面。所以自然經中說，「德」就是「得於道果」的意思；太平經中說，能够「成濟衆生，令成極道」的就是「德」；唐玄宗在道德經御註序中說，「道之在我」就是「德」。

道教中以「道」和「德」作爲他們信仰、行動的總準則。他們既要修道，還要積德，所以「道」和「德」同爲道教的教理教義中基本原則。老子哲學中其他的理論觀點，如「清靜」「無爲」「抱一」「知足」等，也都是從「道」「德」的基本原則中引申和發揮出來的。

「德」字一般常被解釋爲「優點」或「特點」。如中國儒家即以「孝、悌、忠、信、禮、義、廉、耻」等都歸於「德」字的概念中。在道教中，有時也採用這樣的解釋。如道德經說：「下德不失德。」此處所謂「德」字，即指的是社會上做人的優點。又如抱朴子說「非積善陰德，不足以感神明」「樂人之吉，愍人之苦，賙人之急，救人之窮，手不傷生，口不勸禍，不自貴，不自譽，不嫉妬，不佞諂，如此乃爲有德，受福於天」，以及後世道書中無數的「積功累德」之說，這些都是老子所謂「下德不失德」，只就人類社會相互間的關係而言，並非指道教中最高的教義。若問最高的教義如何，那就是老子所謂「上德不德」「上德無爲而無不爲」。人們如果能達到這樣境界，「道」和「德」也就没有什麼分別了。

無爲而無不爲

在道德經中曾有兩處提到這句話。第三十七章說：「道常無爲而無不爲。」第四十八章又說：「爲學日益，爲道日損，損之又損，以至於無爲，無爲而無不爲矣。」兩處的意思是都肯定了「無爲而無不爲」就是「道」。所以，它既是「道」的本性，也是「道」的現象，同時又是「道」的作用。

在道教中，他們首先以「無爲而無不爲」作爲他們社會政治思想中的一個最高準則。莊子天地篇中說：「古之畜天下者，無欲而天下足，無爲而萬物化。」他在應帝王篇中又說：「游心於淡，合氣於漠，順物自然而無容私焉，而天下治矣。」是完全同意老子的政治思想的。列子黃帝篇中說，華胥之國是順自然而治的，他所說的「自然」事實也就等於「無爲而無不爲」。西漢初年，漢文帝和景帝公元前一七九至前一四一年曾以這種思想和主張來治理天下，實行清靜無爲與民休息的政治，使戰國以來嚴重的經濟破壞情況獲得好轉，成爲我國歷史上著名的「文景之治」。後來太平經中，更以「無爲而無不爲」作爲致太平的根本。它說：「上古所以無爲而治，得道意，得天心者。」又說：「垂拱無爲，棄不祥也。」它還將「無爲而無不爲」直接說成了「道」。它說：「王者行道，天地喜悅；失道，天地爲災異。」又說：「夫王者靜思道德，行道安身，求長生自養。」很明顯地，它所說的「道」就是老子的「道」，實在也就是「無爲而無不爲」。

同時，道教中還以「無爲而無不爲」作他們處世哲學中的主要原則。淮南子原道訓中說：「所謂無爲者，不先物爲也；所謂無不爲者，因物之所爲。」文子上仁篇中說：「夫道退故能先，守柔弱故能矜，自身卑下故能高人，自損弊故堅實，自虧缺故盛全，處濁辱故新鮮，見不足故能賢，道無爲而無不爲也。」

在道教個人修養方面，「無爲而無不爲」這句格言更適合於他們做清靜工夫的標準。老子自己在解釋「道常無爲而無不爲」時說：「侯王若能守之，萬物將自化，化而欲作，吾將鎮之以無名之樸。無名之樸，夫亦將無欲。無欲以靜，天下將自定。」他的意思是說，清靜工夫做到「無爲而無不爲」的境界時，即有萬象將萌的動機。爲了遏止這一動機，則應鎮之以「無名之樸」。「無名之樸」是什麼？就是「無欲」。「無欲」即是「清靜」。這裏所說的「天下」，是指人身中的小天地。後來道教中的清靜經就是進一步發揮了老子的這一原理。所以，就道教修養方法上說，「無爲而無不爲」也是他們取得「長生久視之道」的一種手段。

清靜

老子說：「清靜爲天下正。」在道德經中，「清靜」和「無爲」是兩個頗相類似的概念。同時，它和「寡欲」也有着一定的聯繫。它們都是「道」的部分表現。在後來道教中常以它和「無爲」或和「寡欲」作爲一個聯用的術語。如道書中常說「清靜無爲」，或說「清心寡欲」。

在道德經中，它和「濁」也是相對的名詞，並且還有着相生相化的關係。老子曾經說過：「渾兮其若濁，孰能濁以靜之徐清。」這兩句話指的是道家清靜工夫。他是說，靜功做到混然一氣的境界時，更繼續靜下去，即會生出光明。老子並認爲，這都是「道」的表現。清靜經中則更說得直截了當。它說：「夫道有清有濁，有動有靜。」指出「清」和「濁」是「道」的一種表現的兩個不同面。

所以，在老子的宇宙觀中，「清靜」是大自然最早的形態；在他的社會政治思想中，「清靜」則是他理想領導人物的政治風格；在修養方面，「清靜」則又指修養過程中的一種境界。在這最後的一方面，後來道教中是做了更多的發揮。他們的重要經典之一，即上面所說清靜經就是這樣撰著出來的。

在清靜經中說：「大道無形，生育天地；大道無情，運行日月；大道無名，長養萬物。」此處所說的「無形」「無情」和「無名」是都說明了「道」的「清靜」的現象。經中認爲，修養工夫主要就是傚法「道」的「清靜」。不但要「清靜」，而且要「常清靜」，要「真常應物，真常得性，常應常靜」。「常應常靜」就是「清靜」的最高境界，也就是做到了「道」的「無爲而無不爲」。「常清靜」在經中又叫「真清靜」，就是要「心無其心」「形無其形」「物無其物」，能夠「唯見於空」，並且「觀空亦空」，最後纔達到「湛然常寂」。

抱一

老子說：「載營魄抱一，能無離乎？」「抱一」是道教中最基本的修養工夫。簡單地說，就是在靜坐的時候要做到「神氣混然」的境地。所以，「一」就是「混然一氣」的意思。

「一」字一般解釋很多，但在道教中最主要的解釋是以「一」爲「形變之始」，也就是所謂「元氣」。他們似乎是把「一」當作物質來解釋的。莊子天地篇中說：「泰初有『無』，無『有』、『無』名，『一』之所起。」這和老子所說「道生一」的意思是一樣的。老子說「道生一」，莊子則說從「無」中生出了「一」。至於「一」究竟是什麼？莊子又說：「有一而未形，物得以生謂之德。」是說「一而未形」就是萬物的根源，它的「生生」作用便是「德」。他又說：「留動而生物，物成生理謂之形。」認爲由「一」的存在和變化產生了「物」，從「物」所生成的生理而有了「形」。總的來說，他以「一」為萬物的根源，是「形」之所始。列子天瑞篇中說：「太易者，未見氣也；太初者，氣之始也；太始者，形之始也；太素者，質之始也。」下文又說：「一者，形變之始。」他的說法和莊子是一致的，認為「一」是形變之始，也就是大自然演化過程中的一個階段。但他卻更具體地指出了「一」就是「氣」。

後來道教中對於「一」的解釋主要即是根據莊子和列子的說法，但進一步地肯定了「一」是「氣」。雲笈七籤卷五十六引元氣論說：「一者，真正至元純陽一氣，與大道同心，與自然同性。」卷六十一又引五厨經氣法說：「一氣和太和，得一道皆泰，和乃無一和。」在「一氣和太和」註中說：「一氣者，妙本沖用，所謂元氣也。沖用在天為陽和，在地為陰和，交合為泰和也，則人之受生皆資一氣之和以為泰和。」在「得一道皆泰」註中說：「得一者，言內存一氣以養精神，外全形生以為車宅，則一氣沖用與身中泰和和也。」他們將「一」說成「純陽一氣」，又將「一氣」說成「元氣」。至於老子所說的「抱一」，就是這裏所說的「內存一氣以養精神……」三句話的意思，所以「抱一」的主要教義是指道家修養法的基本工夫。

此外，「一」字在道教中也有時解釋為「道」，也有時解釋為「無為」，但都不能算是他們主要的解釋。同時，「一」字在道德經中不僅指修養工夫，也是老子政治思想中的一個重要概念。如他說：「侯王得一以爲天下貞」「聖人抱一爲天下式」。這兩個「一」字不能作「元氣」解。

「抱一」在莊子和太平經中則說成「守一」，他們的意思是大致相同的。不過，莊子之言簡而精，太平經之言則繁而雜。

抱朴

老子第十九章說：「見素抱樸，少私寡欲。」「樸」就是「樸素」的意思。說文說：「樸，木素也。」在道德經中，「樸」字也有時作爲「敦厚」來解釋。老子第十五章說：「敦兮其若樸。」

「樸」字的意義在道德經中有時也可當作「道」字解。如第三十二章云：「樸，雖小，天下不敢臣。侯王若能守之，萬物將自賓。」又有時說成「歸樸」。如第二十八章云：「常德乃足，復歸於樸。」莊子和列子中則說成「復樸」。莊子說：「明白入素，無爲復樸。」列子則說：「雕琢復樸，塊然獨以其形立。」莊子第七篇中也同樣有這兩句。它們的含義是差不多的，「樸」字都是指樸素之道而言。

「樸」字在道德經中有時用在修養方面，說的是做靜功時所要求達到的一種境界。如第三十七章云：「化而欲作……吾將鎮之以無名之樸。」這一章經文似乎是講治國之道，若把它作修身之道講，更切合於實際。他又將「樸」字作爲政治領導方面最理想的標準。如第五十七章說：「我無欲而民自樸。」政治的作用都是上行下傚，在上者如果能做到無欲的地步，民間風俗也就變爲淳厚了。上無欲，下亦無欲，無欲即是樸。老子這個教訓是針對着封建時代一班侯王們而言的，因爲他們都犯了多欲的毛病。

老莊這種歸真返樸的思想，後來則發展成爲道教的人生觀。東漢魏伯陽在他的參同契自序中說自己是「鄶國鄙夫，幽谷朽生，挾懷樸素，不樂權榮」。晉代嵇康也在他的幽憤詩中說：「託好老莊，賤物貴身。志在守樸，養素全真。」嵇康好道，他作了一篇養生論很有名，此詩又說「守樸」「全真」，但惜他能說不能行，後來被仇人所誣害，司馬昭把他殺了。可見，理論要結合實際，空談是無用的。魏伯陽自序末段有云：「委時去害，依託丘山。」他自己真能實行做到，所以他的結局比較嵇康竟有霄壤之別。

寡欲

老子說：「見素抱樸，少私寡欲。」同時，他還說過一些「無欲」「不欲」等和「寡欲」相類似的名詞。

在老子的修養方法中，對於「人欲」的節制，是認爲非常重要的。道德經第四十六章說：「罪莫大於可欲，禍莫大於不知足，咎莫大於欲得。」他這一認識，是從他的「道」中體會出來的。道德經第三十四章說：「大道氾兮，其可左右，萬物恃之以生而不辭，功成不名有，衣養萬物而不爲主，故常無欲，可名於小矣。萬物歸焉而不爲主，可名於大矣，是以聖人終不爲大，故能成其大。」他說，「道」的偉大是說不完的。從大的方面來說，是萬物歸焉而不辭；從小的方法來說，就是「無欲」。但聖人務小不務大，而結果却能成其大。他認爲，「道」的本來面目就是「無欲」，「無欲」的後果則是成就了「道」的偉大，所以主張「寡欲」。

後來，道教中對於老子的「寡欲」精神，主要是表現在他們的戒律中。較早的有「道民三戒」「錄生五戒」「祭酒八戒」「想爾九戒」「老君二十七戒」；後來又有「初真十戒」「中極三百戒」和「天仙十戒」，一共是三百二十戒。雖說「戒重於因，律重於果」，但它們是都儘量地發揮了老子「寡欲」的精神。

同時，在道教經典中，對「寡欲」也做了不少理論方面的解釋。雲笈七籤卷八十七太清神仙眾經要略中說：「夫民之生性，莫非氣煩，氣煩則嗜欲生焉。原夫嗜欲之本勢，不踰於口實五味，體充衣煖，男女偶適之間而已矣。」又說：「夫嗜欲之茂，好利而惡害，喜榮而忿辱……故其向榮也靡知足。其喜，故其觸辱也莫知已。」說明了「欲」的根源和它的弊害。在卷九十七部要語中說：「喜怒亂氣，嗜欲傷性……如水性欲清，泥沙污之；人性欲平，嗜欲害之，與性相害，不可兩立。」更進一步說出了「欲」對於「氣」和「性」的關係，也就是它在修養方面的弊害。

柔弱

老子說：「弱者道之用。」認爲「柔弱」就是「道」的作用。他在談修養方法的時候說：「專氣致柔，能如嬰兒乎？」在談論物理的時候說：「天下柔弱莫過於水，而攻堅强者莫之能勝，其無以易之！」在談到人的生理現象時說：「人之生也柔弱，死也堅强。」此外，他還說過：「柔勝剛，弱勝强。」又說：「天下之至柔，馳騁天下之至堅。」相反地，他則說「物壯則老」「强梁者不得其死」「勇於敢則殺」，是明確地指出了「柔弱」的功用和「剛强」的弊害。

在後來道教中，「柔弱」主要是用於他們的氣功修養方面。雲笈七籤卷九十一七部名數要記「十三虛無」條說「呼吸中和，滑澤細微謂之柔；緩形從體，以奉百事謂之弱」，卷五十九引墨子閉氣行氣法說「凡欲行氣，先安其身，而和其氣，無與氣爭。若不安和，且止。和乃爲之，常守勿倦也」，是非常細緻地說明了「柔弱」和「氣」的關係。在七部名數要記九守第九篇中又說「聖人持養其神，和弱其氣，平夷其形而與道沉浮。如此，則萬物之化無不偶也，百事之變無不應也」，是更進一步地强調了「和弱其氣」，也就是「柔弱」在修養方面的作用。

在道教戒律中，也以「柔弱」作爲他們的主要條例。他們一定要奉行「柔弱」：在道教五戒十善中，以「忍性容非」爲第四善；老君二十七戒中，以「行無爲，行柔弱，行守雌勿先動」爲最上三行；老君崇百藥中以「體弱性柔」爲一藥。相反地，他們以「剛强」爲戒：化胡經十二戒中說「戒之勿剛强，當可自屈折，强者必先摧，剛者必先屈」；老君說百病中認爲「以力勝人」「語欲勝人」都是百病之一。這又是他們在立身處世方面發揮了老子的「柔弱」思想。

不爭

是老子處世哲學中的一個重要準則。它是從「道」的某一特徵而體會出來的。老子說：「聖人之道，爲而不爭。」什麼叫「爲而不爭」呢？就是一切作爲都要順乎自然。他的「不敢進寸而退尺」，便是這個意思。同時，這也是他論證自然現象而獲得的認識。他說：「天之道，不爭而善勝。」又說：「上善若水，水善利萬物而不爭。」

至於他爲什麼要提倡「不爭」呢？這在上面已經說過，「不爭而善勝」。此外，他還說：「夫唯不爭，故無尤矣。」又說：「夫唯不爭，故天下莫能與之爭。」由此可見，他是以「不爭」爲手段，以「善勝」「無尤」和「莫能與之爭」爲目的。要達到這樣目的，就必須用這種手段。如道德經第六十八章說得更明顯：「善爲士者不武士即小軍官，善戰者不怒，善勝敵者不與，善用人者爲之下，是謂不爭之德。」這都是高人一着的作用。

在一部道德經中，「不爭」的精神隨處都有表現。如「知足」「知止」「不有」「不恃」「不自見」「不自是」「不自伐」「不自矜」，這些都是從不爭的思想所引申出來的。甚至於把「不敢爲天下先」，列入「三寶」之一，在文字上雖然換了一個說法，在精神上並未改變「不爭」的原則。

他這種「不爭」思想，又成爲後來道教人生觀中的重要特徵，它和「抱樸」「寡欲」有着互相關聯的意義。在道教戒律中，它也是一項最基本的條科。如道教十善中即規定着「四念容非忍性」「五念諫諍觸惡」，也都是「不爭」精神的體現和發揮。

精氣神

歷代以來，道書中講修養方法，總不能離開「精」「氣」「神」，並且認爲這三件事有一連串的作用，如所謂「虛化神，神化氣，氣化精，是順則生人；煉精化氣，煉氣化神，煉神還虛，是逆則成仙」。凡是內丹家言，在他們的口訣上或許有繁簡巧拙之不同，而在理論上並無多少差別。

我們看老子書中雖亦有「精」「氣」「神」這三個字，但每一個字是獨立的，不與其他兩個字發生關係。

如第二十一章：「窈兮冥兮，其中有精，其精甚真，其中有信。」此章只講「精」字，未曾提到「神」「氣」二字。

第十章：「專氣致柔，能如嬰兒乎。」第四十二章：「萬物負陰而抱陽，冲氣以爲和。」這兩章只講「氣」字，未曾提到「精」「神」二字。

第六章：「谷神不死，是謂玄牝。」第三十九章：「神得一以靈。」這兩章只講「神」字，未曾提到「精」「氣」二字。

老子書中有些地方確與修養工夫有關係，那是無可否認的。但古代修養法講的都是原則，並不像後人那樣具體地說明。如果把唐宋以來煉内丹之說解釋老子，恐未必能够名實相符。

再看莊子書上對於「精」「氣」「神」如何說法。

莊子達生篇：「夫形全精復，與天爲一。……形精不虧，是謂能移，精而又精，反以相天。」此則單講「精」。

又云：「至人潛行不窒，蹈火不熱，行乎萬物之上而不慄，是純氣之守也。」此則單講「氣」。

莊子刻意篇：「純粹而不雜，靜一而不變，淡而無爲，動而以天行，此養神之道也。」此則單講「神」。

除此而外，「精」「氣」「神」三個字分開散見於各篇中的尚不少，但未看出其間相互的關係，更未發現它們一連串的作用。雖然其中有許多至理名言足爲後世修養家所應該取法，苦於他的文章不容易使人領會，他的理論又不適合於晚近道書上制定的那一套公式，因此常被人們忽略過去，甚爲可惜。

老、莊書中雖有「精」「氣」「神」三種名詞，但未指出三者的產生孰先孰後。惟太平經聖君秘旨有云：「夫人生本混沌之氣，氣生精，精生神，神生明。」又云：「氣轉爲精，精轉爲神，神轉爲明。」照這個排列次序看來，是先有氣，後有精，再後纔有神。不管他說的對與不對，總算有了一個先後次序。還有，這三者相互的關係，在聖君秘旨中也曾說過。如云：「神者受之於天，精者受之於地，氣者受之於中和，相與共爲一。故神者乘氣而行，精者居其中，三者相助爲理。」又云：「欲壽者，當守氣而合神，精不去其形，念此三合以爲一。」這也就說明了三者之間互相依存的關係。後來梁朝道士孟安排所撰道教義樞法身義即根據此說，認爲氣、精、神是三義一源。無上玉皇心印妙經又進一步地加以發揮。如云：「上藥三品，神與氣精，恍恍惚惚，杳杳冥冥，存無守有，頃刻而成，迴風混合，百日功靈。……出玄入牝,若亡若存,緜緜不絕,固蒂深根。人各有精,精合其神,神合其氣,氣合其真。……神依形生,精依氣盈,……三品一理,妙不可聽。……」所言上乘修養工夫,比較聖君秘旨更爲透徹。

再者,精、氣、神有先後天之分,上乘修養工夫所講的都是先天,不是後天。各家道書中常說:「元精非交感之精,元氣非呼吸之氣,元神非思慮之神。」這也是道教的重要教義之一,爲世間學道的人士所當研究的。

載一九六三年三月道協會刊第二期

三、道派

方仙道

原先是我國古代的一個學術流派,它指的是戰國時期信奉「神仙家」和「陰陽家」學說的燕齊方士們。方仙道是中國早期道教的前身,它的發展和變化產生了中國道教。

「方仙」兩個字,在這裏我們有必要分別述說一下。

「方」是「方術」,同時也是「方士」的意思。「方術」本來指「一家之學」而言,莊子天下篇說「天下之治方術者多矣」，即是此義。後來，秦始皇相信神仙。史記秦始皇本紀說，當他知道盧生逃走了以後，曾大怒說：「吾……悉召文學、方術士甚眾，欲以興太平，方士欲以練求奇藥。」從此像練求奇藥一類的事件便叫作「方術」；練求奇藥的人便叫作「方士」。因此，後漢書方術列傳中的人物便是一些講求道術、擅長方技的人們了。他們即都是「方仙道」的流裔。

「仙」是說「神仙思想」。在古代的各家學派中，「神仙思想」是自成流派的。漢書藝文志中有「神仙家」。它說：「神仙者，所以保性命之真而游求於其外者也，聊以蕩意平心，同死生之域，而無怵惕於胸中。」但從方仙道來說，他們除了神仙家的學說而外，還應當包括陰陽家的學說在裏面。關於陰陽家，漢書藝文志說：「陰陽者，順時而發，推刑德，隨斗擊，假鬼神而爲助者。」

我國最早見於史籍的方士是萇弘。他是周靈王時候公元前五七一至前五四五年的人。史記封禪書說：「萇弘以方事周靈王。諸侯莫朝周，周力少，萇弘乃明鬼神事，設射貍首。貍首者，諸侯之不來者，依物怪欲以致諸侯。諸侯不從，而晉人執殺萇弘。」萇弘，衛人，周大夫。他不但是「方士」，同時也是「陰陽家」。漢書藝文志「陰陽家」二十一家，中有萇弘十五篇。

方仙道興起於戰國時期燕齊沿海一帶地方。據史記封禪書說，是由於當時的方士們看到騶衍以「陰陽主運，五德終始」學說受到諸侯們尊敬，顯赫於一時，他們也就競傳騶衍之術，所謂「形解銷化，依於鬼神之事」，逐漸形成了方仙道。騶衍是齊國稷下人，他是陰陽家，但也是方士，漢書楚元王傳中說他曾傳重道延命方。

方仙道的代表人物，據史記封禪書說，是宋毋忌、正伯僑、充尚和羨門子高，他們都是燕人。由於齊威宣王和燕昭王相信海上神山（蓬萊、方丈、瀛洲）中有仙人和不死之藥，大徵方士到海中去求仙，「方仙道」從此興盛起來。

秦始皇和漢武帝都是最相信神仙的人，其時也是方仙道最流行的時期。在秦始皇時候，像徐福、盧生、韓終、侯生、石生都是有名的方士。他們和早期方士們一樣，以海上神仙和不死之藥作爲號召。他們所要尋求的神仙是誰？其中盧生提出了是尋求羨門和高誓。在秦始皇這一次求仙活動中，最膾炙人口的是徐福故事。史記秦始皇本紀中說：「二十八年（公元前二一九年）……齊人徐市（福）等上書，言海中有三神山，名曰蓬萊、方丈、瀛洲，仙人居之，請得齋戒與童男女求之。於是遣徐市發童男女數千人入海求仙人。」在史記淮南王衡山王列傳中還說，秦皇帝對他「資之五穀種種、百工而行。徐福得平原廣澤，止王，不來。」又始皇本紀中說，他曾「請善射與俱」。徐福求仙的結果，則是詐取了五穀種子、技術人材，並配備了不少的武裝設備，做了海外移民活動，去而不返了。同時，方士盧生也向秦始皇建議說：「方中人主宜微行。」皇帝的行蹤是不應當讓人知道的。因而始皇便大興土木，修繕了我國歷史上以豪華著稱的阿房官同上書。這兩件事情，都是曾使秦國大耗財帑，竭喪元氣，博得更多民怨，而爲後來亡國的重要原因之一。

漢武帝時候著名方士有李少君、少翁、欒大、公孫卿等。他們所傳的「方」，大抵以求仙、採藥、辟鬼、望氣、煉丹、祠灶爲號召，其中尤以封禪祠祀爲重要方術。他們所不同於早期方士的，除了方術增多、範圍也更廣泛而外，更重要的，是提出黃帝來作爲方仙的旗幟。當時最受武帝信任的方士是欒大，曾被封爲五利將軍、樂通侯，還把公主嫁給了他。此時被遣入海求仙的方士多達數千人，他們所獻的奇方也竟以萬計。

武帝以後，西漢皇帝像宣帝、成帝、哀帝和王莽也多數相信方士。方士的流裔一直到東漢末年還很活躍，像于吉、張道陵、左慈、葛玄他們都是方士，同時也是早期道教中的重要人物。

至於「方」的內容，漢書郊祀志谷永上成帝言祭祀方術書中說：「……盛稱奇怪鬼神，廣崇祭祀之方，求報無福之祠，及言世有仙人服食不終之藥，長生輕舉，登遐倒景，覽觀玄圃，浮游蓬萊，耕耘五德，朝種暮獲，與山石無極，黃冶變化，堅冰淖溺，化色五倉之術者，皆奸人惑眾，挾左道、懷詐僞以欺罔世主。」武帝叔父淮南王劉安也是相信方士的人，曾招致賓客方士數千人整理了當時方士的傳方，集體撰著了專言神仙黃白之術的淮南中篇又名淮南枕中鴻寶苑秘書八卷，計二十餘萬字。但這部書在當時已經是禁書了，只有成帝時候的劉向因爲他父親劉德與治淮南王獄，曾看到這部書，並將它獻給宣帝。不料，結果却闖了大禍，幾乎殺身。在隋書經籍志中有淮南萬畢經及淮南變化術各一卷，唐書藝文志中有淮南萬畢術一卷，相傳即爲其書，但今並不傳。清人孫馮翼和葉德輝曾都有輯本，這便是秦漢以來方士們傳方的唯一遺留。

黃老道

是方仙思想和黃老之學的結合。黃老之學是中國道教的理論基礎，它發展成爲了黃老道。黃老道也就是中國早期道教的開始。

「黃老之學」是秦漢以來學術上的一個主要流派。「黃」指黃帝，它所代表的是古代神仙家和陰陽家思想。漢書藝文志神仙十家中，黃帝著述即占去四家，共六十一卷之多，陰陽家二十一家中有黃帝泰素二十篇，又陰陽家十六家中有黃帝十六篇。此外，還有鳳后、力牧、鬼容區等人作品，他們都是黃帝的臣子。

「老」指老子。老子所代表的是道家思想。道家和神仙家與陰陽家的思想是本有共同之處的。老子說：「深根固柢，是謂長生久視之道。」莊子中更談到不少神仙事例和道家修養方法。這都是古代神仙家思想在道家學說中的具體反映。史記太史公自序說：「道家因陰陽之大順，採儒墨之善，撮名法之要。」老子自己在道德經中也說：「萬物負陰而抱陽。」是道家學說中根本即包含了陰陽家的思想在裏面。因此，黃帝和老子學說後來便自然結合起來形成所謂「黃老之學」。

我國最早研究黃老之學的人，史記樂毅傳末太史公說，是河上丈人。河上丈人出處不詳，但我們可以推出，他和環淵、莊周都是直接繼承老子的人。他和齊國的一些稷下先生們差不多同時，也許還要略早一點。關於黃老之學的流傳脈絡，太史公說：「樂臣公學黃帝、老子，其本師號曰『河上丈人』，不知其所出。河上丈人教安期生，安期生教毛翕公，毛翕公教樂瑕公，樂瑕公教樂臣公，樂臣公教蓋公，蓋公教於齊高密、膠西，爲曹相國師。」後來由於竇太后（漢景帝之母）和景帝的提倡，又因爲曹參以清靜無爲學說在政治上得到了成功，黃老之學，於是大興。它和當時的儒家學說此起彼伏，數百年來，互不相下。漢初竇太后好黃老，黜儒學，武帝以後又尊儒術而抑黃老。後漢書仲長統傳中說：「貴清靜者，以席上爲腐談；束名實者，以柱下爲誕辭。」即是說明這兩個學派的鬬爭情況。當時以研究黃老之學而著名的人物有陳平、田叔、黃生、鄧章、鄭當時、司馬談等人。此時，方士們也喜歡研究黃老，如司馬季主、嚴君平等都是以方士身份而研究黃老之學的人。漢書王貢兩龔鮑傳說：「嚴君平卜筮於成都市……裁日閱數人，得百錢足自養，則閉肆下簾而授老子……依老子、莊周之旨著書十萬餘言。」他們不但研究黃老，並且還以老莊之書授徒。這是方士們和黃老之學結合的開始。

東漢初，佛教在中國流傳漸廣。後漢書楚王英傳說，英「誦黃老之微言」「尚浮屠之仁祠」，又交通賓客、方士，作「金龜玉鶴，刻文字以爲符瑞」。方士們又進一步利用黃老，使它和浮屠在當時社會中等同並列起來。東漢末期，延熹中公元一五八至一六六年桓帝事黃老道，開始祭祀老子。後漢書襄楷傳說，他還在宮中立黃老、浮屠祠。後漢書王渙傳又說，桓帝爲了相信黃老道的緣故，「悉毀諸房祠」。黃老道的名稱始見於此時，黃老之學也在此時正式發展成爲黃老道。隸釋卷三有延熹八年的邊韶老子銘，其中說，當時信道的人附會了老子「天地所以能長且久者，以不自生也」和「谷神不死，是謂玄牝」的話，說老子「離合於混沌之氣，與三光爲終始。觀天作讖，降升斗星；隨日九變，與時消息。規矩三光，四靈在傍；存想丹田，太一紫房。道成身化，蟬蛻度世。自羲農以來，世爲聖者作師」。〔註〕他們將老子進一步神化起來。御覽第一也引後漢王阜老子聖母碑說：「老子者，道也，乃生於無形之先，起於太初之前，行於太素之元。浮游六虛，出入幽冥。觀混合之未別，窺清濁之未分。」更將老子說成了「道」的化身。當時的黃老道是已經將老子作爲他們的教祖了。襄楷傳襄楷上桓帝書中說：「或言老子入夷而化胡。」更說明他們尊奉老子的目的，就是爲了想抵制佛教。

此時的黃老道，没有什麼組織，也没有什麼更多的宗教色彩，只是在崇奉黃老的前提下公認老子是他們理想的教祖，老莊之書便是他們的經典。他們就是這樣地在當時社會中自然形成了一個和佛教抗衡對壘的信仰集團，東漢末年所興起的太平道和五斗米道都是它的流派。這種情况從東漢桓帝時起，一直到南北朝期間止，許多人並不是天師道徒，但却應當說是相信道教的人。南史顧歡傳中說，顧歡「好黃老」；魏書釋老志中說，「太宗踐位，遵太祖之業，亦好黃老」。他們所信奉的即是黃老道。所以我們說，黃老道是中國早期道教的開始。梁劉勰在滅惑論中分道教爲三品，以道家的清靜之學爲上品。他所說的道家，事實也就是黃老道。

註　銘中「斗」字、「世」字原缺，此處根據混元聖紀補入。

太平道

是黃老道的支流，也是中國早期道教組織形態的一種。

「太平道」創始於漢靈帝時鉅鹿人張角。後漢書皇甫嵩傳說：「初鉅鹿張角自稱大賢良師，奉事黃老道，蓄養弟子，跪拜首過。符水咒說以療病，病者甚愈，百姓信向之。角因遣弟子八人使於四方，以善道教化天下，轉相誑惑，十餘年間，衆徒數十萬，連結郡國，自青、徐、幽、冀、荆、揚、兖、豫八州之人無不畢應。」三國志張魯傳註引典略說：「張角爲太平道。太平道：師持九節杖爲符祝，教病人叩頭思過，因以符水飲之，病或自愈者，則云此人信道。其或不愈，則云不信道。」後漢書襄楷傳說：「初，順帝時，琅玡宮崇詣闕，上其師于吉於曲陽泉水上所得神書百七十卷，皆縹白素朱介，青首朱目，號太平青領書，其言以陰陽五行爲家而多巫覡雜語。有司奏崇所上妖妄不經，乃收藏之。後張角頗有其書焉。」

根據以上三處資料，我們可以看出，太平道的開始，緣起於事奉黃老道。它的主要經典則是太平青領書。它的發展情況，是以善道教化、符水治病爲基礎，十數年間，徒衆數十萬，遍布八州。

太平青領書一般都認爲就是現在道藏中的太平經。它脫胎於西漢時齊人甘忠可的天官曆包元太平經，是戰國時代陰陽家騶衍學說的繼承，秦漢之際燕齊方士們就把它作爲傳授的資料。漢書李尋傳說，甘忠可詐造天官曆包元太平經十二卷，傳授夏賀良、丁廣世、郭昌等人，但由於劉向反對，說他「假鬼神罔上惑眾」，忠可以此死於獄中。哀帝時，由於李尋贊助，此書一度大行。後來，夏賀良等也終以左道亂政罪名伏誅，李尋亦獲重罪，此書遂成爲禁書，秘密地流傳在民間。日久年深，由於傳經者遞相增補，篇幅日繁，到了宮崇手中時，已變成一部一百七十卷的鉅著了。

關於太平青領書的內容，襄楷傳中說得很簡單。僅說：「專以奉天地、順五行爲本，亦有興國廣嗣之術。」又說：「而多巫覡雜語。」這與今日道藏中殘留的太平經內容也差不多，並不帶有革命意味。惟前漢書李尋傳引證了甘忠可天官曆包元太平經，「言漢家逢天地之大終，當更受命於天，天帝使赤精子下教我此道」。這樣話不見於今日殘本太平經中，但張角等黃巾起義時所宣傳的「蒼天已死，黃天當立」那種讖記式的標語，未必沒有來源，也許受了甘忠可預言的影響。

自從黃巾軍失敗以後，太平道在中原的龐大聲勢也同時受了打擊而一蹶不振。再過十餘年，最初傳授太平青領書的人于吉又出現於吴（江蘇吴縣）、會（浙江會稽縣）等地方，仍舊以符水治愈，吸引了許多徒眾，並且博得孫策手下諸將士的信仰，因此觸動孫策之怒，慘遭殺害，太平道後來遂無復興的機會。

五斗米道

它和太平道同爲黃老道的繼續，但由於後來不斷壯大與發展，使它不僅成爲早期道教的組織形態之一，更是中國道教的開端。

「五斗米道」創始於漢順帝時公元一二六至一四四年沛國人張陵。三國志張魯傳和後漢書劉焉傳中說，順帝時，張陵在四川鶴鵠鳴山中學道，「造作符書，以惑百姓，從受道者，出五斗米」，故世稱爲「五斗米道」。張陵死後，他兒子張衡、孫子張魯繼承他的事業。兩傳註並引典略說，熹平中公元一七三至一七七年，張衡據三國志張魯傳裴松之註說，原文張衡誤作「張修」在漢中傳道，受道的人叫做祭酒和姦令。祭酒主爲人講習老子五千文；姦令又叫鬼卒，主爲人治病，治病不用醫藥，是「加施靜室，使病人處其中思過」，並利用符水請禱，「書病人姓字，說服罪之意，作三通。其一上之天，着山上；其一埋之地；其一沈之水：謂之三官手書」。病家要出五斗米爲謝，因此，當時的人便稱他們爲「五斗米師」。張衡弟子很多，漢中人多「信行衡業」，請他們治病的人也更多，都「競供事之」。張衡死了以後，張魯繼行衡業，並多加增飾。在劉焉傳和典略中說，張魯以鬼道教民此句根據張魯傳，自稱「師君」。其弟子初入道的叫「鬼卒」，入道日久便叫「祭酒」。祭酒各有部衆，部衆多的，又叫「理頭」。在他掌握漢中之後，「不置長吏，以祭酒爲理」，又「皆校以誠信，不聽欺妄」，並「起義舍於路，懸置米肉以給行旅，食者量腹取足。過多，則鬼能病之」「犯法者，先加三原，然後行刑」「又依月令，春夏禁殺，又禁酒」「有病但令首過而已」。他這些措施所博得的結果，是「民夷信服」。

關於「五斗米道」的最早根源，早期資料中沒有記載，但我們可以相信而且是應當提出的有三點。

（一）張魯傳中說張陵曾「造作道書」，但沒有具體說出書名。魏書釋老志則說，張陵曾「傳天官章本千有二百……其書多有禁秘，非其徒不得輒觀。至於化金銷玉，行符敕水，奇方妙術，萬等千條，上云羽化飛天，次稱消災滅禍」。說他不但造着作書，並且還有許多方術。同時，他是「沛國豐人」，即現在的江蘇徐州豐縣地方。其地接近燕齊，所以他和海上方士們應當有着一定淵源的。我們相信他是燕齊方士的流裔。

（二）由於張衡曾以老子五千文作爲他們所奉行的主要經典，近代在燉煌又發現了六朝人所寫張陵撰著的老子想爾註，並且還是張衡傳本。這在當時情形來看，張氏父子應當是黃老道的事奉者。

（三）根據六朝人孟安排道教義樞七部義說，張陵曾傳太平洞極經。現在道藏本太平經中還有二十幾處引到洞極經的話。雖然洞極經的真僞是張陵自傳或後人僞託和它與太平青領書的關係，是于吉根據了甘忠可的包元太平經和張陵所傳的洞極經合成爲太平青領書，或後人將洞極經竄入于吉書中，現在還有待考證，但兩者可以肯定是有關係的。同時，張衡和張魯的一些措施中，如教人有病思過、置義舍、禁酒等，都和太平經經義相符。典略也說，「衡法略同張角」。因此，我們認爲五斗米道和太平道兩者當同出一源。

五斗米道的壯大和發展，是在張魯時期。這是由於他在軍事上、政治上的成功。後漢書劉焉傳說，益州牧劉焉「任魯以爲督義司馬」，張魯因此掌握了兵權，又有劉焉的後援，於是他先殺了漢中太守蘇固。既得漢中，復殺了別部司馬張修而並其部眾。劉焉死後，更襲取了巴郡，遂雄據巴漢之地，一直到建安二十年公元二一五年投降曹操爲止。前後二十八年。這一時期他在所據地盤範圍之內，曾大行五斗米道。他降曹以後，曹操對他也很好，「拜鎮南將軍，封閬中侯，邑萬户，將還中國，待以客禮，封魯五子皆爲列侯」。所以五斗米道並不因張魯失勢而中輟，並且隨着張魯的東遷，更廣泛流傳在江東一帶地方。到兩晉時期，它發展成爲天師道，盛行於當時的士大夫階層中。

五斗米道所持行的經典，根據正文記載，我們可以承認的，只有老子五千文，並相信太平經和它也有一定的淵源。

天師道

是五斗米道的繼續。在兩晉時期，它傳播到江東一帶地方。東晉末年，開始有了「天師道」的名稱。當時士大夫中，像王謝之家的貴族大地主多是世奉天師道的人們。

在張魯之後，繼行五斗米道的人是犍爲陳瑞。晉人常璩華陽國志說：「瑞初以鬼道惑民，其道始用酒一斗，魚一頭，不奉他神，貴鮮潔。其死喪產乳者，不百日，不得至道治。其爲師者曰祭酒。父母妻子之喪，不得撫殯入弔，及問乳病者。」他的徒衆很多，有一千多人，連巴郡太守唐定都是他的信徒。後來他的組織漸大，宗教儀式也更隆重起來，「作朱衣、素帶、朱幘、進賢冠」，自稱「天師」。當時益州刺史王濬見他發展得太快，勢力龐大，便借口「不孝」的罪名將他殺掉，「誅瑞及祭酒袁旌等，焚其傳舍」。

陳瑞被殺是西晉武帝咸寧三年公元二七七年，即孫皓天紀元年的事，犍爲一帶地方還屬於吳地。其時是張魯降曹後六十二年。此後，五斗米道即傳入三吳之地。

杜子恭是當時五斗米道中最著名的傳道師。宋書自序說：「錢塘人杜子恭，有道術，東土豪家及京邑貴望並事之爲弟子。」一直到他死後，他還很受當時人們的尊敬。南齊書孔稚珪傳說，稚珪的父親孔靈產「東出過錢塘北郭，輒於舟中遙拜杜子恭墓」。

杜家是世傳五斗米道的人。南齊書高逸傳說，他的後代杜運，運子道鞠，道鞠子京產，京產子棲，世傳五斗米道，並有時望。

杜子恭事跡，歷史記載不多，只有晉書孫恩傳說：「子恭有秘術，嘗就人借瓜刀，其主求之。子恭曰：『即相還耳。』既而刀主行至嘉興，有魚躍入船中，破魚，得瓜刀。其爲神效往往如此。」若問他的師承是誰，據洞仙傳說，他是張陵再傳，是陳文子的弟子，並承鎮南（即張魯）授法，典陽平治，謚曰「明師」。但這一段記載，若從時間上來考證，似乎不甚可信。

他的弟子，在歷史中曾見記載的有沈警和孫泰。沈警見沈約傳，是沈約的高祖。孫泰是孫秀族人。孫恩傳說：「恩叔父泰，字敬遠，師事錢塘杜子恭……子恭死，泰傳其術……誑誘百姓，愚者敬之如神，皆竭財產、進子女，以求福慶。」當時權貴中，像會稽王司馬道子（晉孝武帝弟）、廣州刺史王懷之、太子少傅王雅先都很相信他的道，連世子元顯也「數詣泰，求其秘術」。黃門郎孔道、鄱陽太守桓放之、驃騎諮議周勰都是他的弟子。後來，他「以爲晉祚將終，乃扇動百姓，私集徒眾，三吳士庶多從之」，陰謀叛逆，由於會稽內史謝輶的檢舉，他乃被會稽王道子所殺。他死後，弟子也是他姪子孫恩繼承了他的事業。孫恩死後，他另一弟子盧循，也是孫恩的妹夫又繼承了孫恩。他們這一次以宗教形態而組成的起義活動，一直到東晉安帝義熙七年公元四一一年纔爲劉裕所撲滅。

此外，兩晉時期著名的豪族王、謝之家也都和五斗米道有一定淵源。

晉書王凝之傳說：「王氏世奉五斗米道。」在孫恩發兵進攻會稽的時候，凝之正在做會稽內史，直到兵臨城下，他還要入「靖室請禱」，說什麽「已請大道鬼兵相助」，以是終於被孫恩所殺。此外，一時名士像殷仲堪和郄愔，他們都是王家親戚。世說新語說，仲堪曾娶王臨之女；晉書郄鑒傳說，王羲之是郄愔姊夫。他們也都是事奉五斗米道的人。

至於謝家和五斗米道的關係，鍾榮詩品說：「初錢塘杜明師夜夢東南有人來入其館，是夕，靈運生於會稽。其家以子孫難得，送謝靈運於杜治養之，十五方還。」說明謝家也是相信五斗米道的。但這裏所說杜明師，我們認爲應當是杜運，而不是杜子恭。

以上是兩晉五斗米道在當時士大夫階層中流播的情況。

「天師道」的名稱，在正史中最早見於晉書郄超傳、何充傳、殷仲堪傳。從此，天師道也就替代了五斗米道的名稱。它從東晉末期約在公元三八〇年左右，到北魏寇謙之改革天師道時止約在公元四四〇年，六十年間一直不斷在活躍地流傳着。隋書經籍志則說：「三吳及濱海之際信之踰甚。」

天師道的經典，歷史上沒有明確記載，但郄愔傳說，愔「與姊夫王羲之、高士許詢並有邁世之風，俱棲心絕穀，修黃老之術」。又魏書釋老志說，崔浩信道，「仰禱斗極，以延父命，求以身代，叩頭流血，步餘不息。性不好老莊之書，每讀不過十行輒棄之」。從這些話來看，似乎當時天師道中所奉行的經典，主要是老莊之書，所以兩晉以來的玄學風氣也就因之而風行一時了。

北魏太平真君年間公元四四〇至四五〇年，寇謙之新天師道在北方大行。魏書釋老志說他「清整道教，除去三張僞法」，又「顯揚新法，宣布天下」，並提出了雲中音誦新科之誡新的道教經典。繼寇謙之後，南朝陸修靜在宋明帝時約公元四六五年前後也對南朝道教做了進一步的整理工作。廣弘明集卷四說，陸修靜是「祖述三張，弘衍二葛、郄、張之士」，道教中的集大成者。他還編訂了三洞經書目錄，清理了魏晉以來道教中的新出經典。從此，由五斗米道發展而成長起來的天師道也就有了新的轉變。

道教經錄派

是五斗米道進一步的發展，是中國道教以經錄授受的開始，其流派爲唐代道教大宗。

道教中以經錄相授，始於東晉哀帝時楊羲公元三三〇至三八七年、許謐公元三〇五至三七六年，雲笈七籤經教相承部唐李渤真系說：「今道門以經錄授受，所自來遠矣。其昭彰尤著，使縉紳先生不惑者，自晉興寧乙丑歲公元三六五年衆真降授於楊君羲，楊君授許君翽，公元三四一至三七〇年，許謐第三子，許君授子玄文，玄文付經於馬朗。景和乙巳歲公元四六五年……陸君修靜南下，立崇虛館，真經盡歸於館；……陸授孫君遊嶽，孫君授陶君弘景，陶授王君遠知，王君又從宗道先生臧矜得諸勝訣云，經法秘典，大備於王矣。王授潘君師道，潘君授司馬君承禎，司馬君授李君含光，李君至於楊君，十三世矣。」

楊羲籍貫不明，真誥真胄世譜附楊羲傳和真系晉茅山真人楊君傳都說他似是吳人，來居句容。他是晉簡文帝在東府爲相王時府中的舍人，是許謐所推薦。許家原是事奉天師道的，真胄世譜說，許謐之兄許邁是祭酒李東的弟子。李東，阿曲人，曾「受天師吉陽治」，爲「左領神祭酒」。同時，他又是孫秀的孫女婿，和世奉天師道的王羲之更是莫逆之交，爲一同探研要道的朋友。他們的經錄出於扶乩，扶乩向來是天師道中用以降神的工具，所以道教經錄派完全是天師道的進一步發展。

許謐是當時乩壇供養者，楊羲是乩手，又是記錄，即傳達衆神意旨的人。真誥敍錄說：「凡三君手書，今見在世者，經傳大小十餘篇，多許掾許謐第三子寫；真受四十卷，多楊書。」這些經錄主要出於楊羲手筆。關於他傳寫經錄的情況，敍錄也說得很清楚：「楊書中有草行多儳黵者，皆是受旨時書，既忽遽貴略，後更追憶前語，隨復增損之也。有謹正好書者，是更復重起，以示長史耳。」叙錄又說：「二許應修經業，既未得接真，無由見經，故南真先以授楊，然後使傳。傳則成師。」所以前面真系說：「楊君授許君。」

這一事件的開始，實在是在興寧二年公元三六四年。叙錄真經始末說，是年「紫虛元君上真司命南嶽魏夫人下降，授弟子瑯琊王司徒公府舍人楊某，使作隸字寫出，以傳護軍長史句容許某謐並第三息上計掾某某翽」。次一年，他們就搞得熱鬧了。世譜楊傳說：「興寧三年乙丑歲，眾真降。」這裏所說的眾真，真系楊傳說是「上相青童君、太虛真人赤君、上宰西城王君、太元茅真人、清靈裴真人、桐柏王真人、紫陽周真人、中茅君、小茅君、范中侯、荀中侯、紫元夫人、南嶽夫人、右英夫人、紫微夫人、九華安妃，昭靈夫人、中侯夫人」。

他們的乩壇設立在京都就是建業，現在的南京和句容雷平山中即許謐的家宅和他的別墅中。

他們所傳授的經錄，叙錄中說，有上清經、黃庭經、七元星圖、靈寶五符、西嶽公禁山符、中黃制虎豹符等。其中，主要是上清經。雲笈七籤卷四上清經述中說，上清經共有三十一卷，是南嶽夫人魏華存即以上所說魏夫人降乩時所遺留下來的，裏面包括了太上寶文、八素隱書、大洞真經、靈書紫文、紫度炎光、石精玉馬、神虎真文、高仙羽玄等經，這些都是西城王君傳授給魏夫人的。此外，還有王君別授的黃庭經和正一真人張君別授的治精制鬼法，也都應當包括在上清經中。所以，上清經實際不止三十一卷。這一部分經典就是後來陸修靜三洞經書目錄中所說的「洞真部」經典。其中，黃庭經因爲曾有王羲之寫黃庭換鵝的故事和它曾見於晉唐小楷中，所以更是一部有名的道教經典。現在道藏中還有黃庭內景、中景、外景等經。

此外，楊羲還向許氏父子傳授了「三天正法」。這大概就是茅山志中所說的太上三天正法經。現在道藏正乙部中也有太上正一咒鬼經、太上正一法文經、太上三五正一盟威錄、太上正一延生保命錄等經，這些經典一般都說是張陵所傳，其實也都是出於楊、許等僞託。

以經錄相傳，造構道書的，在當時來說，也不止楊、許等一二人。就是在許謐家中，即還有晉陵人華僑，也是許家乩壇中負責傳達諸真意旨的一人。此外，葛洪的從孫葛巢甫也曾造構靈寶經，真誥敘錄說它並曾「風教大行」。

關於這一批經錄的流傳和推廣，是由於南朝初期的王靈期。敘錄中說：「復有王靈期者……詣許丞許翽之子，名黃民，字子文求受上經……乃竊加損益，盛其藻麗。……並增重詭信，崇貴其道，凡五十餘篇。趨競之徒，聞其豐博，互來宗稟。」當時流傳的區域，據敘錄說，「京師及江東數郡，略無人不有，但江外尚未多耳」。

這個道派一直延續到南北朝時宋明帝太始年間，經過陸修靜對於當時道教的整理工作後，它和天師道、葛洪金丹派都匯歸一流。在隋唐之際，從王遠知起，一直到晚唐五代時期的閭丘方遠和杜光庭止，脈絡分明，成爲唐代道教的大宗。

道教正乙派

是張陵後裔住在江西信州的一個支派。它從北宋時起，經歷代封建王朝的扶植培養成爲了一個和全真道教勢力均衡、南北相望的道教大宗。

東漢末年，張陵祖孫、父子創建了五斗米道，他們的流裔在魏晉時期分布於江東一帶，發展成爲了天師道。南北朝時候，天師道又經過了寇謙之和陸修靜的整理改革，它和當時的其他道派們都混歸一流。但張氏子孫中繼承祖業的還不乏其人。太平廣記中說：

「梁武初未知道，因陶貞白弘景詣張天師道裕，乃爲立玄壇三百所。」張道裕的名字，不見於漢天師世家，但他確爲張陵後代。他是張陵以後，歷史上最早的張姓天師。通考（六）說：「天寶六載以後，漢天師子孫嗣真教，册贈天師爲太師。」這說明了張氏世業一直到唐代還不曾衰歇。他們並且也自稱天師。同時，這也是封建王朝扶植天師世系的開始。但此處所指天師是誰，他居住的地方在那裏，通考上沒有明載。

道教正一派的根源，應起始於北宋時期的信州張正隨。真宗在大中祥符九年公元一〇一六年賜他爲「貞靜先生」。歷代通鑑輯覽卷七十三說：「初漢張魯子自漢中徙居信州龍虎山，世以鬼道惑眾。正隨，其後也。至是，召赴闕，賜號。王欽若爲奏立授籙院及上清觀，蠲其田租。自是凡嗣世者皆賜號。」〔註一〕元史釋老志說：「正一天師者，始自漢張道陵，其後四代曰盛，來居信之龍虎山。」〔註二〕天聖八年公元一〇三〇年又賜信州龍虎山道士張乾曜號「澄素先生」宋史真宗本紀。徽宗政和七年五月詔以張虛白爲「通元冲妙先生」宋史徽宗本紀〔註三〕。這就是龍虎山天師世系的開始。但因爲唐代尊奉李老君，宋代尊奉趙玄朗，他們對天師世系的扶植，不過只做了一般性地封贈而已。宋代對天師比較重視一些，也僅限於「嗣世者皆賜號」。此時，天師的任務主要就是傳授道錄和替人捉鬼拿妖。所以通鑑輯覽說，這還是五斗米道自漢以來所留傳下來的鬼道的本等。他們在宋代雖然世有封號，但並沒有組成什麼道派，只是在道教符籙方面自成系統，爲有名的「三山龍虎、閤皂、茅山符籙」之一。

在元代，由於偶然的機會，龍虎山天師得到了當時封建統治階級的非常寵信。至元十二年公元一二七五年四月，世祖「遣兵部郎中王世英、刑部郎中肖鬱持詔召嗣漢四十代天師張宗演赴闕」元史世祖本紀。宗演在漢天師世家中作三十六代。世祖爲什麼要忽然詔召張宗演呢？元史釋老志中說：「世祖已平江南，遣使召之。至，則命廷臣郊勞，待以客禮。及見，語之曰：『昔歲己未元憲宗九年，公元一二五九年，時世祖尚未即位，朕次鄂渚，嘗令王一卿往訪卿父。卿父使報朕曰，後二十年，天下當混一。神仙之言，驗於今矣？』因命坐賜宴，特賜玉蓉芙冠、組金無縫服，命主江南道教，仍賜銀印。」清熊賜履學統卷五十更說得奇突：「元世祖未得位時，常遣所信王先生者渡江爲間，不得達，留宿淮西者久之。欲歸，懼誅。念北人好鬼，可以計脱也。從農家錄得張氏妖書一册以獻，因謬言：『臣過江至龍虎山，見嗣漢天師張，有神術，能前知，爲鄉人尊敬信頌，共稱天師，語臣曰，殿下入正宸極而宋亡，宋亡而天下可一也。因以書授臣爲信。』世祖喜，心識之。後平宋，以爲信，召宗演自龍虎山至京，問之曰：『卿曩與王先生言，今驗矣！卿何道知之乎？』宗演貽愕，曾不知所出，不能對。世祖曰：『往吾所遣王先生，廣顙巨目長身，言與卿見於龍虎山，卿忘之耶？』宗演乃詭辭對曰：『是年，臣先臣嗣教，臣不知，今傳緒乃在臣。』世祖曰：『是而父耶？宜而之不知也。』」這實在不能不說是一出非常的喜劇。龍虎山天師從此獲得了掌握江南道教的大權，這是後來道教正一派所以能够壯大的根源。大德八年公元一三〇四年，成宗授張與材三十八代天師，宗演次子爲「正一教主，主領三山符錄」元史成宗本紀。「正一」的頭銜此時正式加到了龍虎山天師的頭上，這是道教正一派以「正一」命名的開始。當時的天師雖然已經負擔起管領江南道教的任務，在道派方面，則仍和全真、太乙、真大、茅山等一樣，同爲許多道派中的一個流派而已。

明代爲了「檢束天下道士」明會典，建立道錄司，制定「凡道士有二等，曰『全真』，曰『正一』」。從此，正一和全真即成爲中國道教中的兩個最大宗派了。明清以來，龍虎山天師照例是世有封贈的。

道教正一派從來没有什麽組織，也不習誦什麽經典。通鑑輯覽說他們「世以鬼道惑眾」，明史方伎傳則說「張氏自正常四十二代天師以來，無他神異，專恃符籙，祈雨驅鬼，間有小驗」。也許這就是歷代封建統治階級扶植培養他們的主要原因吧！

註一　宋會要：「大中祥符八年，召信州道士張乾曜於京師上清宮置壇傳籙度人。」乾曜是張正隨的兒子。漢天師世家中說正隨是二十四代，乾曜則爲二十五代。漢天師世家是第五十代天師明張國祥所修張氏牒譜，但牒中所記，多和正史出入很大，不足根據。

註二　傳勤家中國道教史考證，張盛是張魯之弟張衛的後代，並非張魯子。

註三　明王圻續文獻通考：「虛白，南陽人。」漢天師世家則以虛白爲二十六代天師，乃乾曜之子。

全真道教

是南宋時期北方新起的一個道教最大宗派。後來北宋張伯端所傳留的道派被稱爲道教南宗，全真之學即稱爲北宗。

全真道創始於金人王喆公元一一一二至一一七〇年。王喆，陝西咸陽大魏村人，本名中孚，字允卿，生於北宋政和二年。在他十四歲的時候，北宋亡國，咸陽一帶地方，初屬張邦昌公元一一二七年，後來又入劉豫之手公元一一三〇至一一三七年，最後淪陷於金人。他自幼讀書，通經史，曾入京兆府學。在劉豫統治時期，以「秦民未附，歲又饑饉」金完顏琦全真教祖碑，他家中遭遇到一次刧掠，財產蕩然。元李道謙甘水仙源錄卷一，說他此時還「獻賦春官，迕意西黜」，於是他即從此「脫落功名，日酣於酒」金麻九疇鄧州重陽觀記。後來盜案破獲，他家產恢復，天眷初公元一一三八年，再以「財雄鄉里」金劉祖謙終南山重陽祖師仙跡記。此時他更名德威，字世雄，又應武舉試，結果也失敗了。〔註〕教祖碑說：「天遺文武之進，兩無成焉。」他因此心意灰頹，益發沉緬於酒。他所著教化集中有悟真歌云：「豪氣衝天恣意情，朝朝日日長波醉。壓幼欺人度歲時，誣兄罵嫂慢天地。不修家業不修身，只恁望他空富貴。浮雲之財隨手過，妻男怨恨天來大。產業賣得三分錢，二分吃着一酒課。他每衣飲全不知，餘還酒錢說災禍。」說明他此時的苦悶是很深痛的。此外，近人陳教友在長春道流源流中根據元人商挺題甘河遇仙宮詩「子房志亡秦，曾進橋下履。……重陽起全真，高視仍闊步。矯矯英雄姿，乘時或割據。妄跡復知非，收心活死墓」認爲，他「且曾糾眾與金兵抗」，不過「金時碑記，有所忌諱，不敢顯言」罷了。

正隆四年公元一一五九年，他四十八歲，在甘河鎮遇到兩個形貌全同的人，授以要道口訣。他從此入道，並改名爲喆，字知明，號重陽子。此時他自己有遇仙詩。詩說：「四旬八上得遭逢，口訣傳來便有功。一粒丹砂色愈好，玉華山上現殷紅。」次年，在醴泉再遇異人，乃抛妻別子，去南時村穴居，榜其室云「活死人墓」。後又遷居劉蔣村，與和玉蟾、李靈陽等各築茅庵，結伴同修。大定四年一一六四年於甘河再遇一先生飲以仙醪。七年，他忽然焚去所居茅庵，出外雲遊。在山東寧海等地先後收了馬鈺、譚處端、邱處機、劉處玄、王處一、郝大通、孫不二等七個弟子，這在後來道教中稱爲「北派七真」。他在馬鈺家中時，曾築「全真庵」自住，這是他後來以「全真」名教的開始。八年，在文登建「三教七寶會」；九年，又先後在查山建「三教金連會」，福山建「三教三光會」，蓬萊建「三教玉華會」，掖縣建「三教平等會」，公開向羣眾傳教。

他的教是綜合了釋、道兩教的理論，並益以中國儒家的學說。四庫提要中說：「金大定中，王嚞聚徒寧海州，立三教平等會，以孝經、心經、老子教人諷誦，而自名其教曰『全真』。」教祖碑說：「先生勸人誦道德、清靜經、般若心經、孝經，云可以修證。」仙跡記說他：「凡接人初機，必先使讀孝經、道德經，又教以孝謹純一。」及其立說，多引六經爲證據。其在文登、寧海、萊州，常率其徒演法建會者五，皆所以明正心誠意、少私寡欲之理，不主一相，不拘一教也。」他自己詩中，在談修行時說：「心中端正莫生邪，三教搜來做一家。義理顯時何有異，妙玄通後更無加。」孫公問三教詩中說：「儒門釋户道相通，三教從來一祖風。悟徹便令知出入，曉明應許覺寬弘。」說明了他主張三教合一的理由。至於他爲什麼要兼修「釋」和「道」，他詩中也說過。答戰公問先釋後道詩說：「釋道從來是一家，兩般形貌理無差。識心見性全真覺，知汞通鉛結善芽。」問禪道者何詩說：「禪中見道總無能，道裏通禪絕愛憎。禪道兩全爲上士，道禪一得自真僧。」這些都是後來道教北宗主張性命雙修的根據。但也有人認爲，全真主旨根本還是出於老莊。元元和子長春觀碑說：「全真之教……大抵絕貪去欲，返樸還淳，屈己從人，懋功崇德，則爲遊藩之漸。若乃游心於淡，合氣於漠，不以是好惡内傷其生，可以探其堂奧矣。」陳教友在全真道教源流中認爲，王喆所以主張三教合一，也是老子治學方法的餘緒。他說：「道家採儒墨之要，史遷固言之矣，重陽以此爲學，即以此爲教。」他們都認爲，全真之學基本上還是宗老莊的。

至於「全真」兩個字的意思是什麼？他自己的詩中已經解釋過，「明心見性」就是全真。他在題「全真庵」的長歌中說：「氣血轉流渾不漏，精神交結永無津。慧燈內照通三耀，福注長生出六塵。」是更具體地解釋了「全真」兩個字。元徒單公履在沖和真人潘公碑中則將全真說成是「道」。他說：「渾淪圓周，無所玷缺，在山滿山，在河滿河，道之全也；極六合之內外，盡萬物之洪纖，雖神變無方，而莫非實理，道之真也。」將「全真」說成爲道的兩個不同方面。至於元虞集在非非子幽室志中說：「志之所存，求返其真，謂之全真。」則未免解釋得過於抽象了一些。

他生於宋徽宗政和二年壬辰歲十二月二十二日，歿於金大定十年庚寅歲正月四日，壽齡實數五十七歲多十三日，虛數算五十九歲。遺著有重陽全真集十三卷、重陽教化集三卷、重陽分梨十化集二卷、重陽金關玉鏁訣一卷、重陽授丹陽二十四訣一卷以上五種見道藏「太平部」、重陽立教十五論一卷見道藏「正一部」，但各書中不免有後人竄改或僞託之處，恐不能完全相信。

他死後，由弟子馬鈺繼承教業。馬鈺先在山東傳教，後來又返關中。在大定二十一年，全真教遭到當地官府的猜疑，經京兆府將他牒發還鄉。這是全真教受到封建統治的第一次打擊。他在不得已的情況之下，便將關中教事託付給邱處機，自己攜帶了十三個弟子重返山東行教。他此時曾有詩說：「玉杻金枷誓不擔，無心短帽與輕衫。修真勸善遭官難，除此前來已詰三。」又說：「腹內丹經免得擔，麻衣紙襖勝襤衫。我今拂袖返寧海，道伴雲襴十有三。」兩詩頗能說明他當時心中的悲憤和倉促登途的淒涼情況。二十三年，他在山東萊陽羽化。他死後，他的六個師弟繼續在各地傳教。後來由於金世宗對他們的信任，大定二十七年徵王處一「至燕京，居之天長觀。……明年……還山……復來徵。」元姚燧王宗師道行碑銘。二十八年，不但曾徵王處一，同時也詔徵了邱處機，讓他主持「萬春節醮事」，並和他在「壽安宮長松島講論至道」教祖碑。以是全真之教大興。金元好問紫微觀記說，當時相信全真的人很多，「南際淮，北至朔漠，西向秦，東向海，山林城市，廬舍相望，什百爲偶，甲乙授受，牢不可破」。又元人高鳴清虛宮重顯子返真碑銘也說：「十廬之邑，必有香火一席之奉。」以是在章宗明昌二年公元一一九一年，封建統治階級害怕他們造反，「懼其有張角斗米之變」紫微觀記，即以「惑眾亂民」的罪名「禁罷全真」金史章宗紀。但不久以後，章宗在承安、泰和間公元一一九六至一二〇八年又「屢詔玉陽王處一、長生劉處玄至闕下，賜居修真觀，以待召問」仙跡記。對玉陽更「賜紫，號體玄大師」王宗師道行碑。以是全真教在民間的勢力更「勢如風火，愈撲愈熾」姚燧重修玉清萬壽宮碑。

王喆弟子中最爲老壽的是邱處機。金末元初時，他還在山東傳教，元陳時可長春真人本行碑說：「師既居海上，達官貴人敬奉者日益多。」又說：「真祐甲戌公元一二一四年之秋，山東亂……時登及寧海未服，公請師撫諭，所至皆投戈拜命，二州遂定。」他在當時聲望動人，於此可見。

在公元一二一九年，他應元太祖成吉思汗邀請，「經數十國，爲地萬有餘里，歷時四載」元史釋老傳，在大雪山和成吉思汗會見。成吉思汗問以「長生久視之道……深契其言」元史邱處機傳，尊稱他爲神仙，「爵大宗師，掌管天下道教」元陶宗儀輟耕錄。他由大雪山回來之後，即住在當時燕京的太極宮原爲金代有名的「十方大天長觀」。此時，他因爲看到蒙古兵「踐蹂中原，河南北尤甚，民罹俘戮，無所逃命」邱處機傳。他便讓他的弟子們「持牒招求於戰伐之餘，由是爲人奴者得復爲良，與瀕死而得更生者，毋慮二三萬人」同上。全真道以是益發興盛起來。甘水仙源錄引元好問懷州清真觀記說，此時「黃冠之人，十分天下之二，聲焰隆威，鼓動海嶽」。元宋子真通真觀碑則說，此時天下之人對全真主學是「翕然宗之，由一以化百，由百以化千，由千以化萬，雖十族之鄉，百家之閭，莫不有玄學以相師授，而況通都大邑者哉」。處機死後，他的嗣教弟子在元代世居長春觀即「太極宮」改稱並代襲「道教大宗師」稱號，從此北方的全真便和南方的正一同爲中國道教中的兩個最大宗派了。

道教全真派又稱「道教北宗」。一般的傳說，它和宋代張紫陽的金丹派都源出鍾、呂，僅所在地區及修煉方法有所不同，因此就稱張紫陽一派爲南宗，王重陽一派爲北宗。他們認爲王喆在甘河和醴泉所遇到的異人就是呂洞賓和劉海蟾，金蓮正宗記、仙源像傳、七真年譜皆主此說。但有些學者則不同意這個說法。如元宋子真通真觀碑說「重陽祖師王公以師心自得之學，闡化於關右」，元徐琰郝宗師道行碑說「金季重陽真君不階師友，一悟絕人，殆若天成」，都不說他學有師承。近人陳教友在長春道教源流「道一」「道六」兩卷中，考證更爲詳細，肯定王喆學承鍾呂之說完全出於附會。他指出，南北分宗的根源，是在元憲宗八年公元一二五八年釋、道之爭，道教受到挫折以後，當時全真掌教大宗師張志敬爲了維持全真道教的地位和信譽起見，即託言王喆之學係出於純陽和海蟾，並請求封建統治階級對它們予以封贈。因此，在至元六年公元一二六九年元世祖便下詔贈教主「東華紫府少陽帝君」「鍾離正陽開悟傳道真君」「呂真人純陽演正警化真君」「劉真人海蟾明悟弘道真君」「王真人重陽全真開化真君」，令掌教張志敬執行。因此，即構成了王重陽師授於呂洞賓、劉海蟾的傳說，南北兩宗遂亦由此而分。

註　仙跡記說王喆在天眷間「又隸名武選」，所說與教祖碑不同。

真大道教

本名「大道教」。創始於金初滄州樂陵人劉德仁公元一一二二至一一八〇年，道號無憂子。他生於北宋宣和四年公元一一二二年，從小死了父親，六歲時遭遇到靖康之變，隨家徙居鹽山太平鄉。他幼時，「不喜與兒輩嬉，見螻蟻避而不履」元嚴實重修隆陽宮碑，「及長，讀書通大義」宋學士文集五五書劉真人事。

皇統二年公元一一四二年，即他二十一歲的時候，託言老子授書，創建了「大道教」。據說，是在「金皇統二年冬十一月，遲明既望，似夢非夢，有老人鬚眉皓白，乘青犢車至，授玄妙道訣而別，不知所之」同上。又一說，「一日晨起，有老叟乘犢車相過，摭道德經要言授之，曰：『善識之，可以修身，可以化人。』乃授筆一支而去」。兩個說法大致相同，不過一個說明是夢，一個則肯定爲事實。

他的教旨有九項：「一曰視物猶己，勿萌戕害凶嗔之心；二曰忠於君，孝於親，誠於人，辭無綺語，口無惡聲；三曰除邪淫，守清淨；四曰遠勢力，安貧賤，力耕而食，量入爲用；五曰毋事博弈，毋習盜竊；六曰毋飲酒茹葷，衣食取足，毋爲驕盈；七曰虛心而弱志，和光而同塵；八曰毋恃强梁，謙尊而光；九曰知足不辱，知止不殆。」同上。

主要都是根據了道德經中的意思。他教導弟子「去惡復善」道園學古錄五十崇應廣化真人岳公碑，要求「守本分，不務化緣，日用衣食，自力耕桑贍足之」元趙琳清大道延祥觀碑，「以耕耘蠶織爲業，四體不貪安逸」隆陽宮碑。在道家煉養方面，他也主張老子的「見素抱樸，少思寡欲，虛心實腹，守氣養神」元杜成寬改建先天宮記。對於「飛昇化煉之術、長生久視之事，則曰『吾不得知』」延祥觀碑。他平常也不拜奉神鬼，「唯以一瓣香朝夕懇禮天地」同上。

他傳教的同時，也替人治病，「鄉人疾病者，遠近來請治……效如影響焉」隆陽宮碑。但不用符藥鍼艾，全憑「默禱虛空以至獲愈」延祥觀碑。並替人驅狐役鬼。他驅役神鬼，不假符籙。先天宮記中說他「以無相驅役鬼神」。又善於劾召之術，「趙氏爲狐所祟，真人劾之，里中塋兆自焚，狐數百鳴嘯赴火死，人尤神之」書劉真人事。因此，相信他的人很多，「受其教戒者，風靡水流，散於郡縣」岳公碑。金大定十五年公元一一七五年詔居京城天長觀，賜號東嶽真人，大道教從此流傳更廣，「傳其道者遍中國」書劉真人事。

關於他的教，元史釋老志說，是「以苦節危行爲要，而不妄取於人，不苟侈於己」。吳澄草廬集二十六天寶宮碑說是「志在利人」。岳公碑則說他是宋室遺民，「豪傑奇偉之士」，「草木衣食，佯狂獨往」，所以便創造了大道教。他的教中沒有什麼宗教儀式。他母親死了，不過「喪祭一遵世教」書劉真人事。他死於大定二十年公元一一八〇年，享年五十九歲，前後行教三十八年。

他死後垂四十餘年，其教賡續不絕，在金正大六年公元一二二九年，大道教曾一度被禁止。其時正是金末元初兵戈俶擾的時候，大道教也就只得以隱晦自存，其詳不可得而聞了。他第五傳至酈希誠，元憲宗時詔居燕城天寶宮，賜大道教名爲「真大道」。六傳至孫德福，在至元五年公元一二六九年曾奉詔統轄諸路「真大道」，此時他們和全真、正一、太一等同爲當時道教中的主要支派。第八傳至岳德文，其教更盛，「西出關隴至於蜀，東望齊魯至海濱，南極江淮之表」岳公碑，觸處都有奉其教戒的人。僅江南一帶，即有奉教弟子「三千餘人，庵觀四百」同上。其教至元末不衰。

太一教

創始於金天眷中公元一一三八至一一四〇年道士蕭抱珍。抱珍，衛人衛在今河南衛輝一帶地方，以傳授「太一三無法錄」著名。元王鶚重修太一廣福萬壽宮碑說：「初，真人既得道，即以仙聖所授秘錄濟人，祈禳訶禁，罔不立驗。天眷初，其法大行。」他的教因此也就叫做「太一教」。「太一」兩個字是說「元氣渾淪，太極未判，至理純一」的意思。他開始傳教是在家中，後來因「所居湫隘，不可以竭香火齋潔之虔」，於是便在「州東三清院故址，葺茅而居」。此時相信他的人很多，「遠邇向風，受籙爲門徒者歲無慮千數」元王惲秋澗集六一韓君碣銘。金皇統八年公元一一四八年，金熙宗因他名聲很大，即使李琮將他驛召赴闕，悼后對他尤加禮敬，敕所居觀額以「太一萬壽」四字。他卒於金大定六年公元一一六六年，前後行教垂三十年。元憲宗二年公元一二五二年元世祖忽必烈尚居潛邸，曾敕封他爲「一悟真人」。

他死後，由弟子韓道熙仍襲蕭姓，在萬壽觀嗣教。大定九年公元一一六九年，金世宗敕在觀內建立「萬壽」額碑。因此，太一教「聲教大振，門徒增盛」秋澗集四七二祖行狀，達數萬人之多。其流布區域，「東漸於海」同上。至於太一教爲什麼傳播得這樣快，是由於他們教中傳道的任務並不僅限於嗣教者一人，其他弟子也多負此責。如蕭抱珍弟子中的侯澄即曾得到抱珍「便宜行化」的許可王若虛滹南遺老集四二侯公墓碣，在趙州和真定兩地建立太一堂，「奉持香火，以符藥濟人」。後來這兩個太一堂改稱爲「太清觀」和「延祥觀」。所以，太一道就這樣很快流傳開來，得和全真、真大同爲當時北方道教中的主要流派。

抱珍四傳至蕭輔道抱珍再從孫，世祖曾以「安車來聘」秋澗集三八清蹕殿記，並賜號「中和仁靖真人」。

五傳李居壽。元史釋老志說：「至元十一年公元一二七四年，建太一宮於兩京，命居壽居之，領祠事，且禋祀六丁，以繼太保劉秉忠之術。〔註〕十三年，賜太一掌教宗師印。」他的名字曾五見元史世祖本紀，其寵遇之厚，可想而知。六傳李全祐，七傳蔡天祐，在元代道教中都是極有聲望的人。其教至泰定間公元一三二四至一三二七年不衰。

註 陳垣南宋初河北新道教考卷四太一篇：「劉秉忠至元十一年卒。危太樸素文集八送郭真人還玉笥山序言：『是時，常山劉文正王，以沉機大略，最爲親幸，且通秘術。用兵之際，役使鬼神，多著奇效。乃作祠宇於宛平之西山、開平之南山，以祠太一六丁之神，俱號靈應萬壽宮。』靈應萬壽宮，即釋老傳所謂『太一宮』。宛平、開平，即釋老傳所謂『兩京』。」

附記 本類「真大道」「太一教」資料根據陳垣南宋初河北新道教考。

載一九六三年十月道協會刊第三期

四、道經道書

道藏

是我國道經、道書的一部大總集，其中包括了明代以前道教中的絕大部分經典。它是在歷代帝王的支持下由道士們自己彙集和編纂起來的。

道藏的內容，主要是由道家書、方書、道經和有關的傳記四大部分組成的。其中最早出現的是道家書，它就是諸子書中的道家部分。漢書藝文志中有「道」，三十七家」，大概爲先秦人著作。這些書是道教理論的來源，而老、莊更爲最重要的根據。其次是方書，包括面很廣，其中有古代神仙家、陰陽家和房中家的書，但晉葛洪抱朴子遐覽篇所收集的方書中也包括了許多道經在裏面。同時，一般的方伎書，像醫、卜、星、相之類，也應當說是方書。再其次是道經，最早的有漢代人著作，如于吉所傳的太平經。三國志張魯傳中說，張陵自己也曾造作道書，但多數道經則爲魏、晉、南北朝人所作。現在我們所能看到的最古道經僅有太平經殘本。又其次是和道教有關的一些傳記書，其中最古的大概要算山海經、穆天子傳、列仙傳之類的書了。此外，在道藏中還有些儒家書、雜家書和集部等書。儒書中最重要的是和易經有關的一些著述；集部所出較晚，大抵爲歷代修纂道藏時編入的。

道書目錄最早見於載筊的，當推抱朴子遐覽篇，其中列舉「經」類一百三十七種，共四百三十四卷；「記」類二十九種，共五十一卷；「法」類五種，共十五卷；「文」類四種，共十卷；「錄」類三種，共四卷；「集」類兩種，共二卷；「雜」類如養生書、昇天儀、微言、九宮、囊中要、大禁、奪筭律、立亡術、道要、道意、大覽、肘後等十二種，共一百五十卷；「圖」類十三種，共十三卷；「符」類共六百二十卷。統計以上九類，共有一千二百九十九卷這個數字比較確實，以往諸家所引遐覽篇，都不免錯誤。繼葛洪之後，劉宋陸修靜有三洞經書目錄，梁孟法師有玉緯七部經目，陶弘景有陶隱居經目，阮孝緒有仙道錄七錄外篇之二，北周時有玄都經目，隋書經籍志中有道書總目，初唐時道士尹文操也有玉緯經目。其中，最主要的則爲陸修靜的三洞經書目錄和北周的玄都經目。陸目共收集道經、道書一千二百二十八卷，其中實有的是一千九十卷，這些書大致說來，就是抱朴子遐覽篇所提到的一些方書，以及東晉以來楊羲、許謐、葛巢甫等人所傳出的經笈符籙。這一批書由陸修靜整理並編出目錄之後，劉宋皇帝將它存放在華林園中，一直流傳到唐初，它還大致完整，這就是開元道藏收集和編纂的主要根據。開元道藏本身也有目錄，它的名字叫三洞瓊綱，是在唐玄宗主持下，由道士張仙庭負責編纂的，其中所收集道經、道書爲三千七百四十四卷。

繼開元道藏之後，宋代曾五次興修道藏。第一次是在太宗時期，它是由徐鉉和王禹偁負責領導修纂的，他們根據唐藏並搜求了更多的民間道經、道書共七千多卷，去其重複，僅得三千七百三十七卷，這是宋初的第一部道藏。第二、三次重修都在真宗時期，並且都是由王欽若負責領修的。在大中祥符年間，先由王欽若等人根據宋初道藏增補了六百二十二卷，共爲四千三百五十九卷，並撰成篇目上進，賜名寶文統籙。後來在天禧年間又修補了一次，增爲四千五百六十五卷，以千字文爲函目，始於「天」字，終於「宮」字，共得四百二十五字，故稱爲天宮寶藏。第四次是在徽宗政和年間編出了萬壽道藏，一般又稱它爲政和道藏。第五次是在南宋淳熙間，名叫瓊章寶藏。但其中最有名的還是政和道藏，我國道藏也從此時纔有了正式刊本，它的卷數是五千四百多卷。金章宗根據宋藏，又編纂成大金玄都寶藏，計六千幾百卷。元初全真教道士宋德方等募緣再修道藏，也名爲玄都寶藏，其時道藏卷數已發展爲七千幾百卷了，後被焚燬，故卷數不全。明代在永樂年間曾修纂一次，但没有成功。正統年間又繼續修纂，編成了正統道藏，計五千三百零五卷，並刊行多部，分頒國內各大名山道觀中珍藏。現在北京白雲觀中還有當時的賜經碑存在。萬曆年間又刊布了續道藏，計一百八十卷。以上明代的正、續兩部道藏，共計五千四百八十五卷，它也就是我國現在所保存的明版道藏。民國十四年左右，上海涵芬樓又將明道藏影印了一次，除將原版縮小外，並將梵夾本改爲線裝本，因此，道藏在外面始有流傳。

現傳道藏的分類是三洞、四輔、十二類。

三洞即「洞真」「洞玄」「洞神」。它是根據陸修靜的三洞經書目錄承襲下來的。「洞」

字作「通」字解，即通真、通玄、通神之義。這些道經不是一個來源，當初各有它自己的傳授系統，所以分爲三洞。後來道經愈出愈多，系統早已混亂，道藏目錄仍用三洞名稱，那就毫無意味了。

四輔是「太清」「太平」「太玄」和「正一」。這在唐藏中是没有的。宋初修纂第一次道藏時還只有六部。宋晁公武讀書志中說：「道藏書六部：一曰『大洞真部』，二曰『靈寶洞玄部』，三曰『太上洞神部』，四曰『太真部』，五曰『太清部』，六曰『正一部』。」通志七十二說：「太玄經以諱故，崇文改爲太真。」所以，此處的「太真部」就是「太玄部」。後來王欽若等修纂寶文統籙時，纔根據了玉緯七部經目的分類法加上了現在道藏中所謂的「四輔」。這也就是在晁志所說的六部外，又加上了「太平部」。王欽若等爲此還曾編撰了三洞四輔經目。四輔中的經典，主要是收集了當時民間流傳的一些道經、道書，在原有三洞之外又做了一些補充。

十二類是本文、神符、玉訣、靈圖、譜錄、戒律、威儀、方法、衆術、記傳、讚誦、表奏。十二類在宋代以前原稱十二部，後來因爲這個「部」字和「三洞四輔」共稱七部的「部」字相同，七部指的是各書的系統，十二部指的是各書的性質，兩種名稱不宜混淆，所以就把「十二部」改稱「十二類」。道教義樞和雲笈七籤中關於十二類的解釋很多，閱者不容易明了，今再作簡單的說明如下。

第一，本文類。先出現道經，而後纔創立道教，經是教的本源，所有三洞經文都歸此類。

第二，神符類。「神」是神妙莫測，「符」是信如符契。所有三洞符籙都歸此類。

第三，玉訣類。「玉」是寶貴之物，「訣」是解決疑問。古人寫道經，常用金書，因此各道經的註解都叫作「玉訣」，取金玉兩相配合之義。

第四，靈圖類。「靈」即靈異，「圖」即畫圖。道經道書中凡是以圖爲名者，都歸此類。

第五，譜錄類。「譜」是譜系，「錄」是記錄。凡高真上聖的功德名位和應化事跡，皆歸此類。

第六，戒律類。「戒」是勸善止惡的告誡，「律」是應當遵守的條文。凡與戒律有關的經書及功過格等，皆歸此類。

第七，威儀類。「威」是氣象莊嚴，「儀」是齋醮儀式。道藏中這一類書很多，大約有六百卷左右。

第八，方法類。本意指設壇祭煉及身內修持各種方法，後來與「眾術類」混雜不分。

第九，眾術類。本意指外丹爐火、五行變化和一切術數，後來又與「方法類」各書相混雜。

第十，記傳類。如十洲記、冥通記、列仙傳、神仙傳、各種碑銘、各種山志等。

第十一，讚頌類。「讚」是讚美，「頌」是歌頌，如步虛詞、讚頌靈章、諸真寶誥等。

第十二，表奏類。「表」是表白願望，「奏」是上奏天庭。凡祈禱時所用的表文，以及宋明兩代文章中所謂「青詞」、近代道教中所謂「疏頭」，皆屬此類。

唐代以前道教經書，因爲有宗派系統，所以分成七部。自宋代而後，三洞四輔久已混亂，並非原有的面貌。明代重修道藏，仍沿用七部舊規。至於十二類的劃分，雖不能說它不對，但各類中所收之書，未必都合於定例，常常發現其中有許多錯誤。三洞項下各分十二類，已嫌重複，而四輔項下又不分類，更嫌蕪雜不清。凡是做研究工作者，如果想檢查某一種書，就得把全部道藏目錄都要翻遍，非但浪費時間，還恐怕難免遺漏。本會陳攖寧會長有鑒於此，曾根據道藏全書的內容、性質作了初步分析，將它分爲十四大類，即道家類、道通類、道功類、道術類、道濟類、道餘類、道總類、道史類、道集類、道教類、道經類、道戒類、道法類、道儀類等，並擬編寫一部新的道藏分類目錄提要，以供給後來學者們研究上的便利。但因這項工作繁重，不能草率從事，現在尚無暇進行。原版道藏共四千七百三十五冊，縮印本道藏共一千一百二十冊，包括一千四百七十六種書。

此外，道藏還有兩種節本。首先是宋代的雲笈七籤，它是北宋張君房等人根據天宮寶藏而編纂的，全書爲一百二十二卷，完全是北宋道藏的雛形。其中所節錄的經典原本，有些到後來已失傳了，所以它的存古之功不可埋沒。張君房自序中說，他是「掇雲笈七部之英，略寶蘊諸子之奧」。再者，清朝嘉慶年間公元一七九六至一八二〇年，蔣元庭又根據正統道藏選擇其中一部分，編成了道藏輯要，包括道書二百七十九種，共二百一十九冊，分裝二十八函。清光緒末期，因原版道藏輯要市上已經罕見，成都二仙庵道院又將它翻刻了一次，並有所增加。這也算是道藏的節本。其中還有一些在明版道藏以外的晚出的道書，可惜選擇不精，有用之書嫌少，無用之書嫌多。四十年前，上海某書局還出版了道藏精華錄，內容包括道書一百種，那些書也是由明版道藏和道藏輯要中選擇出來的，其實所選者並非全是精華，而道書精華亦不止於此。該書本屬營業性質，也就毋須苛求了。

道德真經

即老子，周老聃著。老聃之名，最早見於莊子書中，其他如禮記、韓非子、呂氏春秋、說苑各書中也多提到老聃。關於他的歷史，向來無確實記載，司馬遷的老子傳已難使人相信，漢劉向的列仙傳、晉葛洪的神仙傳上面都有老子的事跡，更不足爲憑。史記老子傳已轉錄於道協會刊創刊號；列仙傳見縮印本道藏第一三八冊；神仙傳不見於道藏，收在其他叢書中。

老聃的學說，據漢書藝文志說，是「出於史官」，是從歷史上的「成敗、存亡、禍福」中吸取了經驗教訓而得出的哲學理論。史記太史公自序則說它是各家學說的總和。他說道家之學，「其爲術也，因陰陽之大順，採儒、墨之善，撮名、法之要」，是集諸家之大成。但這樣說法似乎不夠完備，他還觀察並研究了宇宙間的自然現象，從自然規律中求得了更多的論證。如他談長生，就是從「天長地久」的道理而推想出來的。他在道德經中說：「天地所以能長且久者，以其不自生，故能長生。是以聖人後其身而身先，外其身而身存。」他說的「不爭」，則是研究了水的特性而獲得的結論。如他說：「水善利萬物而不爭。」又說：「江海之所以能爲百谷王者，以其善下之。」他談「柔弱」，則是根據了「萬物草木之生也柔弱，其死也枯槁」，因而發現了「堅强者死之徒，柔弱者生之徒」的道理。所以說，老聃的哲學是觀察了多方面的自然現象和社會現象，而得出他自己的結論。

道德經全部內容，主要是發揮作者對於「道」和「德」兩個名詞的涵義。又可以說，這兩個名詞也就代表了老子的哲學思想。

他所說的「道」既闡明了他的宇宙觀，也包括了他的人生哲學和修養方法的原理。

至於「道」究竟是什麼，研究老聃哲學的，各人所見不同，自古至今沒有定論。我們的領會則是：「道」就是「空」，就是太空的「空」，但在道德經中未曾看見一個「空」字，因爲他把「無」字代替了「空」字，這在本經中是有根據的。如第十一章說：「三十輻，共一轂，當其無，有車之用；　埏埴以爲器，當其無，有器之用；　鑿户牖以爲室，當其無，有室之用。」這一聯串的「無」字，意思都當「空」字講，並非絕對的無。這「道」是無形無象的存在於太空中，它和太空是分不開的。「道」是宇宙的本源，萬物化生是出於它的運動和變化，所以本經第二十五章說：「有物混成，先天地生，寂兮寥兮，獨立而不改，周行而不殆，可以爲天下母，吾不知其名，字之曰道。」第二十一章又說：「道之爲物，惟恍惟惚，惚兮恍兮，其中有象；　恍兮惚兮，其中有物；　窈兮冥兮，其中有精；　其精甚真，其中有信。」這裏很清楚地說明了「道」的一切。

至於什麽叫作「德」，「德」也就是「道」，不過「道」是它的總體，「德」是由「道」中分化出來的個體。萬物的化生都是得了「道」的微末一部分，它們所得的一部分就叫做「德」。如道德經第五十五章說：「含德之厚。」第五十九章又說：「是謂重積德。」所說的就是這個「德」。

老子對於「道」和「德」的解說，就是他的宇宙觀。將它運用在社會生活方面，就是他的社會政治思想。將它運用於身體內部，以控制人的生理過程生、老、病、死，得出了他的修養法。以上說明老聃哲學的全貌，也就是一部道德經的真詮所在。

道德經在先秦諸子中被列爲道家書。西漢初年，黃老之學大興，研究老聃學說的人從此多起來了，道德經在黃老學派中被視爲主要的經典。東漢桓帝時，黃老之學衍變成爲黃老道，他們此時神化了老聃，說老聃就是老君化身，道德經於是更渲染上了一層宗教色彩。道教中經典，最初他們自己創造出來的就是太平經。這部書比較漢魏以後繼續出現於世的許多道經完全兩樣，大概也受了老子的影響不少。

東漢張陵父子創立五斗米道，開始以老子五千文教導他的弟子，道德經從此成爲道教中必讀之書。到了唐代，唐玄宗又設立崇玄館，令館內諸生講習道經，並以道德經爲眾經之首，於是這部經就更普遍地受到道教徒們的尊奉和信仰了。從張道陵創教時算起，一千八百年來公認爲它是教中第一部經典。

道德經註本很多，其中時代較早而爲人所知的，則有漢河上公章句、漢嚴遵道德指歸和魏王弼老子註。這三種註本皆曾流行於唐代，但我國歷來學者大抵都否定河上公本和嚴遵本。唐劉知幾說，老子無河上公註，欲廢之而立王弼註；唐陸德明經典釋文老子道德經音義也只取王弼註，但以河上公作爲參考；惟司馬貞則主張二註並用，謂其各有所長。這三個人在當時都號稱博雅，但他們的見解並不一致。嚴遵的道德指歸雖收入道藏中，原書已殘缺一半，可置之不論；河上公老子註，文字既不似漢代人手筆，理解亦瑕瑜互見，似是南北朝時道流所依託；王弼註本亦未能使人滿意。現傳道德經註本中，最早的應當說是近代在燉煌所發現的老子想爾註二殘卷，它是南北朝人所寫的系師張衡傳本，據近人饒宗頤考證，註是張陵所著； 在羅振玉道德經考異中也有南北朝人寫本一種，只可惜如今皆非全璧了。 此外，比較完整的道德經古本，還有唐人碑刻，像玄宗開元二十六年的經幢，中宗景隆二年和昭宗景福二年的碑刻等，這些都要算是難得的古本了。 此外，像傅奕校定本、李榮註本等現在還都存在於道藏中。 這些古本大抵是篇章不分，或是只分篇而不分章的。

後來研究道德經的人，因爲道德經的理論可以運用在許多方面，仁智之見，有所不同，取捨之間，也就各有所異了。 清談家將它看成玄言，縱橫家將它看成權謀。 大用之，則爲國家施政方針； 小用之，則爲個人處世哲學。 更有把它當作兵書看的，如宋人所撰道德真經論兵要義述之類。 在道教中雖有一些人想發揮老子的修養法，而對於本書的認識不足，所說未免支離。 如白玉蟾的道德寶章、李清庵的道德會元，每喜用禪門的話頭附會老子，當然文不對題。 又如明陸西星的老子玄覽、清李西月的東來正義，都是用參同契、悟真篇金丹之說而隱約其辭的來解釋老子，也是費力不討好的一件事。 惟清代黃元吉所撰道德經講義，全部用修養法作註，雖亦不免有牽强附會之處，但比較尚屬可觀此書原名道德經註釋，是清光緒十年即公元一八八四年的作品，到了公元一九二〇年第二次翻印時，纔有人把它改名道德經講義。原作者是黃裳，字元吉，清代江西省豐城縣人。

古今有關於老子的撰述，現存於世者，重要的約有九十種左右連道藏所收五十種在內。如果專門從事研究工作，像這些書都應該注意，此處不能一一介紹。

南華真經

即莊子，戰國時蒙人莊周著。公元前三六九至前二八六年，據馬叙倫莊子年表。「蒙」是地名，屬春秋時宋國，故址在今河南省商丘縣。

據漢書藝文志記載，原書共五十二篇，但後來流傳下來的只有三十三篇，即內篇七、外篇十五、雜篇十一，其他十九篇均早已亡佚。又我國學者中有人認爲，其中只有內七篇是莊周原著，外、雜二十六篇則是老莊學派後學們的述作。明代的李贄和王夫之都主張此說，近人羅根澤對此也做過詳細考證，他們的說法已大致爲我國學術界所公認。

史記莊子傳說，他是楚國蒙人，曾爲蒙漆園吏，和梁惠王、齊宣王同時。「楚威王聞莊周賢，使使厚幣迎之，許以爲相。莊周笑謂楚使者曰：『千金，重利；卿相，尊位也。子獨不見郊祭之犧牛乎？養食之數歲，衣以文繡，以入太廟，當是之時，雖欲爲孤豚，豈可得乎？子亟去，無污我！我寧遊戲污瀆之中自快，無爲有國者所羈。終身不仕，以快吾志焉！』」此外，還有他在生活方面及與當時學者們講論學術的一些故事，則散見於南華經和其他子書中。

莊周的學說，基本上是繼承了老聃的思想。莊子傳說他：「其學無所不闚，然其要本歸於老子之言。」又說他作書目的也是爲了要「明老子之術」。這話是可以相信的。我們看莊子書中關於「道」的概念和老子所謂「道」，大體也差不多。如莊子大宗師篇中說：「天道，有情有信，無爲無形，可傳而不可受，可得而不可見，自本自根，未有天地，自古以固存。」這和老子第二十一章所說的「道之爲物，唯恍唯惚。……窈兮冥兮，其中有精。其精甚真，其中有信。自古及今，其名不去」，並沒有什麼兩樣。但莊子只强調了老子消極的一面，對其積極的一面，他似乎避而不談。而且他對於政治，更是抱消極的態度，「寧遊戲於污瀆之中自快，無爲有國者所羈」。又在南華經秋水篇中以神龜自喻，寧生而曳尾於途中，而不願死而留骨於廟堂之上。這種思想與老子道德經「貴以身爲天下，則可以託天下；愛以身爲天下，則可以寄天下」的意旨不相符合。莊子所言者是「窮則獨善其身」，而老子所言者是「達則兼善天下」，因兩人的生活環境不同，故其志趣遂大有差別。

他不同於老聃的另一個特點，就是他發揮了老聃的「長生久視」，成爲他自己的神仙思想。如逍遥遊篇中說：「藐姑射之山，有神人居焉，肌膚若冰雪，淖約若處於，不食五穀，吸風飲露，乘雲氣，御飛龍，而遊乎四海之外。其神凝，使物不疵癘而年穀熟。」這是我國文獻中對於神仙的最早的描寫。此外，他多處談到道家的修養功夫。如大宗師篇中說：「古之真人，其寢不夢，其覺無憂，其食不甘，其息深深。真人之息以踵。」後來道教在修養法方面，接受了莊周的思想。

南華經的外、雜諸篇，大抵是老莊學派後學們的作品。據現代哲學研究家的分析認爲，其中一部分是莊子後學所作，一部分是老子後學所作，一部分是楊朱學派的後學所作，一部分是宋鈃、尹文學派的後學所作。楊朱和宋鈃、尹文也都是老聃弟子，他們對於老聃學說的發揮，雖各有偏頗不同，但總來說，不失爲是一個學術體系下的產物。

南華經的編定成書，雖然是在西漢初期，但當時研究黃老之學的人們則只重「老」而不重「莊」，一直到了漢成帝時，從嚴遵起，纔開始以老莊並論。漢書王貢兩龔鮑傳說他「依老子、嚴周莊周之旨，著書十萬餘言」。繼嚴遵之學的是揚雄和班嗣。揚雄是他的弟子，班嗣則是揚雄的朋友。前漢書叙傳說：「嗣雖修儒學，然貴老、嚴莊之術。」這就是莊周學說流傳的開始。魏晉時期，玄談之風大盛，當時名士以老、莊、易爲三玄。魏正始公元二四〇至二四八年年間的何晏、王弼更是喜歡莊子學說的人。晉書王弼傳說：「魏正始中，何晏、王弼等祖述老、莊。」莊周的學說，從此大行。到了兩晉時期，又有了進一步發展。

此時，著名的道教家葛洪所撰抱朴子內篇第一篇就是暢玄。他所說的「玄」，其實就是老、莊所說的「道」，不過他更接近莊子一些，而且更具體地將「仙」和「道」聯繫到一起。他說，第一等通玄道的人，可以「乘流光，策逝景，出乎無上，入乎無下，逍遙恍惚之中，倘佯彷彿之表，嘸九華於雲端，咀六氣於丹霞，徘徊茫昧，翺翔希微」；次一等的「則能肥遯勿用，頤光山林，動息知止，無往不足，吟嘯蒼崖之間，怡顏豐柯之下，養浩然之氣於蓬蓽之中，與渾成等其自然，與造化均其符契，泰爾有餘歡於無爲之場，忻然齊貴賤於不爭之地，含醇守樸，無欲無憂」。這是不折不扣地接受了莊子的思想。他所說第一等得玄道的，實際上就是莊周所描寫的「藐姑射山之神人」；第二等通玄道的，則完全是南華經中所謂「真人」的印象。從這裏可以看出兩晉道教和玄學的關係，也可以說明莊周思想給予當時道教的影響。後來的道教家也非常重視莊子的。如唐代的名道士成玄英、孫思邈、李含光，宋代的陳景元、褚伯秀，他們都曾註過南華經，這些註本現在都還存於道藏中。在唐代的崇元館中，它和老子、列子、文子都是生徒們的必修課本，都是準以明經例考試的道教經典之一；它和文子、列子、庚桑子還曾敕稱爲「四子真經」舊唐書玄宗本紀。所以，南華真經在道教中的地位，一直被視爲僅亞於道德真經的一部經典。到了清朝，道教全真派中每逢戊日，定要講習道德、南華、文始、譚子、黄庭等經王常月初真戒入戒要規。

南華經註本，最早爲晉司馬彪本，它是二十一卷，五十二篇。據唐陸德明經典釋文序錄說，內篇七，外篇二十八，雜篇十四，解說三。它的篇數和漢志所說「莊子五十二篇」數字相符，所以它是南華經的最早註本，也是最完整的註本，可惜其書早已散失。它現有輯本兩種：爲孫馮翼輯，在問經堂叢書中；一爲茅泮林輯，在古逸叢書中。現存南華經最早的註本是晉郭象本，它的篇數爲三十三篇，即前面所說現有南華經的實在篇數。據世說新語說，向秀嘗爲莊子解義，惟秋水、至樂二篇未竟而卒。郭象見秀義不傳，便將它竊爲己註了。此外，歷代註南華經的人也很多，但都以郭本爲宗，所以在這裏也就不必多說了。至於所佚亡的十九篇，除解說三篇外，還有十六篇，其中有篇目可考的九篇，據關鋒同志考證，說是閼奕、意修、危言、游鳧、子胥釋文序錄、惠施北齊書杜弼傳、畏壘虛史記老莊列傳、馬捶南史文學傳、淮南王莊子要略清人俞正燮癸巳類稿等篇。近人馬叙倫的莊子佚文中還輯有閼奕、游鳧、子胥等篇佚文。

陰符經

又稱黃帝陰符經。經文很短，共有四百餘字。但據一般說，從「觀天之道」起，至「我以時物文理哲」爲止，是它的原文，僅三百餘字，所以悟真篇云「陰符寶字逾三百」。自「我以時物文理哲」以下一百餘字，說是後人增補。但這一段文字，是宋代以來即已經有了的。如朱熹在註陰符經時，即非常贊賞其中的「自然之道靜，故天地萬物生；天地之道浸，故陰陽勝」幾句話。他說：「四句說得極妙。」又說：「『浸』字下得最好。」也有人說，這一段最早見於柳公權書陰符宣和書譜有唐柳公權書陰符經。如黃帝陰符經註解引高氏緯略說：「蔡端明云：『柳書陰符經之最精者，善藏筆鋒。』」那麼，應當更早了。至於它究竟是多少字，因爲各家傳本不同，我們也不能肯定。

陰符經字數雖然不多，但一般傳本總將它分爲三篇或三章。大概是從「觀天之道」至「知之修煉，謂之聖人」爲上篇，又叫演道章，或稱神仙抱一演道章；從「天生天殺」至「小人得之輕命」爲中篇，又叫演法章，或稱富國安民演法章；從「瞽者善聽」至「昭昭者進乎象矣」爲下篇，又叫演術章，或稱强兵戰勝演術章。但某些傳本，也有不分篇章的。有的雖分篇章，却不用篇目，即篇目的名稱，也常有不同。

它的內容，各家看法並不一致，懸殊很大。有的認爲它是談道家修養方法的書，但其中又有談「道」和談「丹」之分；有的認爲它是縱橫家的書，所談都是權謀術數；也有人認爲它是兵家的書。比較來說，以第一種看法爲多，因爲在陰符經上篇中是很清楚地說出「知之修煉，是謂聖人」。可見它的宗旨所在，是說道家的修養方法，主要是「觀天之道，執天之行」，並認爲能夠做到這一點就可以「宇宙在乎手，萬化生乎身」，也就是掌握了長生久視的自主之權。宋代的學者，像周敦頤、程頤、程顥、朱熹他們都很喜歡陰符經，對這一部書十分推重。但當時也有一些學者則不同意他們的看法。如黃震說：「經以符言，既異矣；符以陰言，尤異矣。」又說它：「言用兵而不能明其所以用兵，言修煉而不能明其所以修煉，言鬼神而不能明其所以鬼神，蓋異端之士掇拾異說而本無所定見者，此其所以爲陰符歟！」是完全否定了這一部書。

陰符經的作者和他的出現時代，各家說法不同。唐李筌陰符經疏自序說，這一部書是他在嵩山虎口巖中所得到的寇謙之藏書，經文是黃帝所撰，經義是驪山老母所傳。宋人黃庭堅首先否定了這種說法。他在山谷題跋卷四中說：「陰符經出於唐李筌。讀其文知非黃帝書也。」朱熹在陰符經考異中也說：「陰符經恐是李筌所爲……只因他說起，便行於世。」但近代學者也有人認爲經疏是李筌所作，經文則不一定出於李筌之手，因爲有些較早於李筌的人，如吳筠在他的形神可固論中、歐陽詢在藝文類聚中都曾經引過陰符經的經文，同時他們還相信初唐的書法家褚遂良也確曾寫過陰符經。

李筌的身世，歷史記載不多，只有神仙感遇傳中說，他號達觀子，居少室山，好神仙之道，常歷名山博採方術。開元中爲江陵節度副使，有將略，嘗作太白陰經及中臺志。後入名山訪道，不知其所。但據他自己的進太白陰經表及太白陰經自序中說，他在肅宗乾元二年公元七五九年曾做過正議大夫持節幽州軍州事、幽州刺史並本州防禦史等官，在代宗永泰四年公元七六五年還做過河東節度使都虞侯。此外，他著作見於記載的還很多，除了上述三種而外，還有孫子註，見道藏太玄部孫子十家註中；青囊括一卷，六壬大玉帳歌十卷，並見崇文總目中；閫外春秋殘卷，見鳴沙石室佚書叢編中。

在我國道教中，對於陰符經也非常重視的，常將它和道德、南華視爲同等地位的道教經典。宋元名道士中，如王道淵、侯善淵、蹇昌辰、黄居真、任照一等皆曾註過陰符經，其書均見今道藏中。據金蓮正宗記說，王重陽在甘河鎮再遇異人所傳授給他的秘典，也就是陰符經。他的弟子劉處玄也曾經註過陰符。但他們大抵都不甚喜歡李筌註。如雲笈七籤中只收張果註，而不收李註。

（補充）關於陰符經的註解及雜著，在宋鄭樵通志上所載書目共有三十九種之多，明正統道藏所收的成書也不下二十種，後之學者縱然把這些註解都閱遍了，恐怕仍舊不能明白陰符經是怎麼一回事。戰國策言，蘇秦得「太公陰符之謀，伏而讀之」。而史記蘇秦傳則言「得周書陰符，伏而讀之」。隋書經籍志有太公陰符鈐錄一卷、周書陰符九卷，皆列入兵家一類中，此或是蘇秦當日所讀之書，但其書今已失傳。至於道藏中現存之陰符經，很容易看出它是專門修煉家言，與兵家無涉，凡以兵家的權謀術數作註者皆文不對題。其間亦有不談兵而泛論國家政治及人事得失者，都與陰符經的宗旨相去甚遠。宋儒朱熹雖不識陰符經作用，但也有幾句好評。而黃震的見解又不及朱子，對於此書的名稱尚未弄清楚，就盲目地加以詆毀，更難令人心服。

陰符經原文有三百餘字的，也有四百餘字的，何種版本爲可靠，今日已無從斷定。所幸其中要緊的話在各種版本上都一致保存，大體尚無妨礙。惟註解總嫌蕪雜，閱之徒亂人意。有些地方，經文並不難懂，如果看了註解以後，再和經文兩相對照，就覺得滿紙都是荊棘，不知它在那裏說什麼話。即如經文「君子得之固躬，小人得之輕命」，本意是說正派人得到這個法子，能够使自己身體堅固；邪派人得到這個法子，反而輕易促短自己的壽命。有些版本把「固躬」改作「固窮」，或許因爲論語有「君子固窮」之說，遂妄改之。但不思與上文「其盜機也，天下莫能見，莫能知」三句怎樣可以連在一起。「盜機」的作用和「固窮」的品格究竟有什麼相干？又如經文「天人合發」一句，本是修煉家的專門術語，註家不得其解，把它改作「天人合德」，一字之差，竟至點金成鐵。而且「天人合發」的「發」字是根據上文「天發殺機」「人發殺機」兩句而來，若把「發」字改爲「德」字，試問有何根據？又如「天發殺機，龍蛇起陸」，原文只有兩句，後來各種版本把兩句改成四句，而改法又不相同：（一）「天發殺機，移星易宿；　地發殺機，龍蛇起陸」；（二）「天發殺機，龍蛇起陸；　地發殺機，星辰隕伏」；（三）「天發殺機，星辰隕伏；　地發殺機，龍蛇起陸」。現在看他們所添改的四句都不及原來的兩句好，反而覺得累贅。原文是「天」與「人」相對待，不需要把「地」排列進去。他們把「天」「地」「人」三才並列，遂失却原文的意旨。原文「龍蛇起陸」是隱語，不是真有這件事，而他們當真地認爲龍蛇在地下潛藏不住，都跑到地面上來了，因此就憑自己的理想，加入「地發殺機」一句；　又因「天發殺機」沒有下文，變成孤立的句子，於是再用「星辰隕伏」或「移星易宿」以補足原文語氣，讀者更莫名其妙。又如經文「其盜機也，天下莫能見，莫能知」，而李筌的註本上則多了兩個「不」字，作「天下莫不能見，莫不能知」，這是顯然的錯誤，但李筌並未加以校正，而且將錯就錯地曲爲之說。原來是很容易懂的話，竟弄得非常難懂。所以，後人讀陰符經，最好不要看註解。

陰符經在唐以前尚未出現於世，據李筌自序云「得之於嵩山虎口巖石室中」，後人遂疑是李筌自作而自註之。但觀其註文與經文常多背謬，如果是他作僞，當不至於自相矛盾如此。而且經文格調有些像鬼谷子，又有些像周易繫辭，唐朝人不會做這種文章。先秦古籍完整者少，經過後人搜集綴述者很多，陰符經究竟出於誰的手筆雖不可知，但原作者最晚也是戰國末期的人。因爲戰國時代有這樣風氣，凡道家、術數家、方技家等撰著，每喜加上一個「黄帝」稱號，意思說，書中記載都是自古相傳的名言和經驗，希望讀者不要輕視，並非教人確信這部書真是黄帝所作。漢書藝文志所列各家書目，其中有二十一種書託名於黄帝，今只存黄帝内經一種，其餘各種都已亡佚。官家收藏之書，年代久遠，尚且不容易保存，何况私人的鈔本？黄帝陰符若非藏在嵩山石室中偶爾被李筌所發現，當早就和太公陰符、周書陰符同歸泯滅了。

太平經

是東漢于吉所傳太平青領書的簡稱。它是東漢方士們的著作，是最早的一部道經。據范曄後漢書襄楷傳說：「桓帝延熹九年公元一六六年，襄楷上疏曰：『臣前上琅邪宮崇受于吉神書，不合明聽。』復上書曰：『前者宮崇所獻神書，專以奉天地、順五行爲本，亦有興國廣嗣之術，其文易曉，參同經典。而順帝不行，故國胤不興。』」襄楷傳又說：「初，順帝時，琅邪宮崇詣闕，上其師于吉在曲陽泉水上所得神書百七十卷，皆縹白素、朱介、青首、朱目，號太平青領書。其言以陰陽五行爲家，而多巫覡雜語。有司奏崇所上妖妄不經，乃收藏之。後張角頗有其書。」同書唐章懷太子李賢註說：「神書即今道家太平經也。其經以甲乙丙丁戊己庚辛壬癸爲部，每部一十七卷也。」

此書最早見著錄者，晉葛洪抱朴子遐覽篇所載道教書目，其中有「太平經五十卷」，又有「甲乙經一百七十卷」。在西晉時期，太平青領書已經叫作太平經了。它爲什麼又有甲乙經之名呢？太平經是它的本名，甲乙經則因它分爲甲乙丙丁等十部而得名。至於五十卷和一百七十卷的卷數所以不同，料想當時就有兩種傳本。

現在道藏中的太平經就是太平青領書所流傳下來的殘本和五代時閒丘方遠太平經鈔的合編。但這裏所說的太平青領書是否全爲于吉所傳的原本呢？當然其中不免有後人改寫增竄的地方，可是大體上還保存着東漢晚期著作的本來面目。現傳太平經鈔中的第一章，即有人認爲是後人竄入的。又如太平御覽據涵芬樓影宋本及清人鮑廷博刊本卷六百六十六所引太平經中的神仙方士傳記，竟涉及到魏、晉、南北朝人，更顯然地看出其中有混亂之處。

太平經鈔即是太平青領書的節本，不過因爲太平青領書流傳日久，散失不全，在後來編纂道藏的時候，便將兩者合而爲一了。據宋賈善翔猶龍傳卷四說，今於正經外，「又有太平經鈔十卷，不著撰人名氏」。宋鄧牧洞霄圖志卷五則說：「先是太平青領書自漢于真人傳授，卷帙浩繁，複文隱秘，先生指閭丘方遠鈔爲二十卷，文約旨博，學者便之。」但前者說十卷，後者則說成二十卷，疑卷數有誤。

據本會陳攖寧會長考證，現傳太平經中還包括了部分的太平洞極經在裏面，全書中曾有二十幾處引到洞極經的話。

太平青領書的作者是誰？陳攖寧會長說，這一部書是脱胎於西漢的天官曆包元太平經，天官曆包元太平經又是根據秦漢之際燕齊一帶海上方士所傳授的資料而編寫出來的，此書當初只有十二卷，因爲秘密相傳，日久年深，傳經者各自運用手筆，逐漸地使它篇幅擴大，數量增多，遂成爲後來一百七十卷的鉅著。所以，我們在這裏也就不妨說它是東漢方士們的著述。

太平青領書的卷數，傳說不同，但較多的說法，則爲一百七十卷。其書分甲乙丙丁戊己庚辛壬癸十部，每部爲十七卷。現在道藏中的太平經共爲六十七卷，但其中還包括了太平經鈔十卷。所以，實存的太平青領書殘本只有五十七卷。

太平經的基本內容，前面襄楷傳襄楷疏中說，是「專以奉天地、順五行爲本，亦有興國廣嗣之術」。范曄說，是「以陰陽五行爲家，而多巫覡雜語」。神仙傳說，是「專論陰陽、否泰、災眚之事，有天道，有地道，有人道，云治國者用之，可以長生，此其旨也」。他們的分析，大致是對的。不過，這一部書內容龐雜，思想觀點常有一些自相矛盾的說法。總的說來，它是我國古代道家和陰陽家的餘緒，而更多地渲染了當時巫覡方士、圖書讖緯的色彩，因此就駁雜不純了。

太平經中關於「道」和「道德」的思想，繼承了老子的說法。如在太平經鈔乙部中說：「夫道何等也？萬物之元首，不可得名者。」又說：「道無所不化。」太平經鈔乙部又有幾處說：「君宜守道，臣宜守德，道之與德，若衣之表裏」「夫君貴道德，下刑罰；小人反，下道德，上刑罰」「夫王者靜思道德，行道安身，求長生自養」。這些都是道家的傳統觀念，太平經並沒有打破這個圈子。所以，有些近代學者們說，這一部書是上承老子遺教。除了「道德」而外，太平經更着重於老子所常說的「自然」和老子還未曾說過的「元氣」。如經鈔乙部中說：「元氣自然，共爲天地之性也。」又說：「故元氣樂即生大昌，自然樂則物强。」它認爲「元氣」和「自然」是天地的根本，萬物的昌强，都要以它爲轉移。所以又說：「元氣行道，以生萬物」「故元氣守道，乃行其氣，乃生天地」。將「元氣」和「道」說成並行不悖的兩種事物。此處所謂「道」似乎專指自然變化的規律而言。它所說的「元氣」，實際上不過是老子「道」的意思，也並非奇特。同時，它又將「神」和「道」兩者聯繫起來。如在太平經鈔乙部中說：「與道合同，錄身正神。」又說：「陽者爲道，陰者爲刑。陽者爲善，陽神助之；陰者爲惡，陰神助之。」在太平經中不少地方表現出宗教唯心論和有神論。

太平經的社會思想認爲天人一體，人的一切能够影響天道。人治不和，天必降以災禍，小至損傷疾病，大至滅國亡家，都與此有關。如太平經鈔乙部中說：「天人一體，可不慎哉！」又說：「太陰、太陽、中和三氣共爲理，更相感動，人爲樞機，故當深知。」又說：「作道治正，當如天行；不與人相應，皆爲逆天道。」

此外，太平經中還提到不少的道家修養方法，其中主要的就是「守一」。「守一」的名詞最早見於莊子，不過太平經中的「守一」是更濃厚地炫染了神道設教的色彩。如太平經聖君秘旨中說：「守一既久……羣神將集，故能形化爲神。」又說：「守一之法，凡害不害……百神千鬼，不得相尤。」

太平經的流傳，可以分爲兩個階段。(一)在黃巾張角的太平道興起以前，這部書一向是秘密相傳的。在歷史上可考的傳經人有甘忠可、夏賀良、帛和、于吉、宮崇等人，其中最主要的當然還是于吉，我們在前面已經談到他受經和演經的記載。三國志孫策傳註引江表傳說：「時有道士瑯琊于吉……往來吳會，立精舍，燒香，讀道書，制作符水以治病，吳會人多事之。」這裏所說的道書疑即是太平經。自黃巾失敗以後，太平經雖成了禁書，但我們相信它一直還流傳在民間，因爲抱朴子遐覽篇中曾有過著錄。(二)太平經的再度出現，是在南北朝時期。道學傳卷十五說：「梁初，崑崙山渚平沙中有三古漆笥，內有黃素寫干君即于吉所出太平經三部。……桓闓因就村人求分一部，還都供養，先呈陶弘景君。

陶君云：『此真干君古本。』」又，太平經複文序中也說：「南朝喪亂，太平不復行；暨梁，陶先生弟子桓法闓……於溪谷間得太平本文。」從此太平經再傳於世。

歷代以研究太平經而著名的，前後有二人。第一個是南北朝陳宣帝時候的名道士周智響。太平經複文序中說：「周智響善於太平經義，常自講習，時號『太平法師』。」第二個則是晚唐時期的閭丘方遠。這在前面已經談到，此處不再多述。這部書一直流傳到宋元時代，還是完整不缺的。宋史藝文志和元馬端臨文獻通考中都曾有著錄，而且還都是完整的一百七十卷。它的開始殘缺，大概是在明代。雖然白雲霽道藏目錄詳注著錄仍爲一百七十卷，但正統道藏中的太平經第一至第十卷則已非太平經原文，而爲太平經鈔了。此書的殘缺，應始於此時。清代賀龍驤刊印欽定道藏全書總目時，太平經仍存一百一十九卷。他在國朝坊刻道書目錄中還著錄了道藏以外的坊刻本太平經一百餘卷，可惜今已不見。只有正統道藏中的五十七卷本，是現存太平經的唯一傳本。

此外，在道藏中還有太平經聖君秘旨。它和太平經鈔一樣，也是太平經的節本，內容着重於太平經中修養法資料的收集。據太平經合校前言中說，疑還是閭丘方遠所選輯。此外，如雲笈七籤、要修科儀戒律鈔、道典論並其他各道書中也有一些太平經的佚文，值得參考。

黃庭經

爲我國早期道經之一。現傳黃庭經二種：一爲太上黃庭內景玉經，一爲太上黃庭外景玉經。另有太上黃庭中景經一種，疑爲後人著作，僅見道藏中。一般提到黃庭，大抵都不包括中景在內。

內、外景經中，首先出世的是外景，所謂黃庭經實在就是它的本名。後來因爲又出現了內景，外景的名字即從此替代了黃庭本名，所以黃庭經也就成爲兩者的總稱，又是它們的簡稱。

外景經在晉葛洪抱朴子遐覽篇中曾有著錄。抱朴子成書於元帝建武中公元三一七至三一八年，外景此時已有傳本。宋歐陽修在刪正黃庭經序中說：「世傳黃庭經者，魏晉間道士養生之書也。」所指的便是這一部書。又世傳此書係由晉代魏夫人名華存所留傳下來的。外景經的出世時間，大約在西晉初年。其書到了西晉末年已非常流行，如宋歐陽修即曾親眼見到永和十三年公元三五七年的黃庭石本。晉代著名的書法家王羲之也曾經寫過外景。這一部書的作者，在經文中說「老子閒居作七言，解說身形及諸神」，是託言老聃所著。但外景傳人之一的王褒，在唐釋道世法苑珠林卷六十九中，說他曾撰洞玄經。我們疑此經係出王褒之手。但此人並不是西漢末年的詞賦家王褒，而是一個和撰作化胡經王浮一樣的魏晉間道士。

內景經據務成子註敘說，它一名太上琴心文，一名大帝金書，一名東華玉篇。雲笈七籤說，其書也是魏夫人所傳。但上清經是授自王褒，內景則授自暘谷神王。其作者，經文託言爲玉宸君。但根據經中提到了洞玄經，又提到了大洞經，兩者都是南北朝時期所流行的道教經典。又經內所提到的一些神名，如玉宸君、玉清虛無老、紫清上皇大道君都是南北朝以前不曾有過的神名。又如第三十六章說：「黃庭內經玉書暢，授者曰師受者盟，雲錦鳳羅金鈕纏，以代割髮肌膚全，攜手登山歃液丹，金書玉景乃可宣。」更是陸修靜以後纔出現的道教中的繁文縟儀。同時，這一部書在舊唐書中還沒有著錄，所以它的出世時間最早也在南北朝以後，而極有可能是出於晚唐五代的道流之手。我們所見到內景經最早的本子就是雲笈七籤中梁邱子和務成子的註本。

中景經在宋鄭樵通志中曾有著錄，今道藏中有李千乘註本。其書作者無考，註經人李千乘的時代、身世亦不詳，惟李書在宋史藝文志有著錄，其人似爲南宋以來道流。

黃庭經的內容，是一部專談養生方法的道教經典。它的理論和我國古代的醫學家說有關。

「黄庭」兩個字的本義：「黄」在五色中是代表中央的顏色，所以「黄」字在這裏是隱喻「中央」的意思；「庭」爲階前空地，它表示身中部位，也隱喻着「中空」的意思；「景」字一般作「景象」解。「黄庭外景」四個字聯繫在一起，就是說修養功夫的「中空景象」。換句話講，也就是靜功做到玄關出現時的一切景象。若要附會其說，則老子道德經中所謂「竅妙」「谷神」「玄牝」等名詞，亦可作爲「黄庭」同樣的解釋。外景經中說：「扶養性命守虛無，恬淡無爲何思慮」「恬淡無爲守德園」「清靜無爲神留止」。老子的清靜無爲就是黄庭經中神氣合一的基本法則。同時，它還更具體地提出了所謂「内觀」，或稱爲「内視」的修養方法。經中說：「窺視天地存童子」「坐於廬下觀小童」。這裏所說的天地，是指自己的身體；「童子」，也就是說内觀的時候要恬淡無欲像童子一樣。「内觀」在經中又常說成「存神」，它們的意思是差不多的。如内景經中說：「泥丸九真皆有房……但思一部壽無窮。」即指的是存神方法。

此外，經中還提出了一些有關修持的重要問題。如說「仙人道士非有神，積精累氣以成真，人皆食穀與五味，獨食太和陰陽氣」「噓吸廬間以自償，保守完堅身受慶，方寸之中謹蓋藏，精神還歸老復壯」，是說明呼吸服氣和養生的關係；如說「口爲玉池太和官，漱嚥靈液災不乾，體生光華氣香蘭，却滅百邪玉煉顏」「取津玄膺入明堂，下溉喉嚨神明通」，是說漱津的功效；　如說「長生至慎房中急，何爲死作令神泣，忽之禍鄉三靈滅。但當吸氣煉子精……專閉御景乃長寧，保我泥丸三奇靈」「急守精室勿妄洩，閉而寶之可長活」，是說養生必須斷欲，這也是魏晉以來方士所主張的「還精補腦」的理想。關於養生方術中在身體上應當重視的某些部位和它們彼此間的關係，經中也都一一提及。如所說泥丸、關元、丹田、命門，都是身體中不可忽視的部分；　又如它也說明了心和舌、肝和目等類生理上的相互關係。總的來說，這部書是有一定內容的，但術語連篇，措詞晦澀，常使讀者不易理解，所以歷來傳授黃庭的人都採取了持誦的方法。

黃庭經傳本很多，在歷代名人法帖中，王羲之以後，有六朝人寫本的黃庭。唐代書法家褚遂良，宋代書法家米芾、黃庭堅等，也都曾經寫過它。所以，這一部道經，不但是在道教中，即在文人學士的階層裏也是非常流行的。如唐李白詩中有：「山陰道士如相見，應寫黃庭換白鵞。」宋陸游詩有：「白頭始悟頤生妙，盡在黃庭兩卷中。」

黃庭經現存的最早註本，也是最通行的註本，就是前面已經提到的梁邱子、務成子註本。清人董德寧在他的黃庭經發微凡例中說，黃庭註本，「世之所行者，皆梁邱子所註。即偶有別本，亦是從梁註所出」。這是確切地說明了梁註本的流傳情況。

梁邱子和務成子的時代、身世均無考，據近人考證，認爲他們是南宋以前的道流。但這話說得太籠統一些。我們因爲此書曾見於雲笈七籤，並且在鄭樵通志中有過著錄，疑心他們是五代時人。

黃庭經的卷數，從來没有定說，較早的記載作一卷或二卷不等。唐書藝文志中老子黃庭經作一卷，前述陸游詩則作二卷。一般内景不分卷，但裏面却分作三十六章。外景三卷，不分章，但也有些本子不分卷而分作二十四章。歷代名道士及著名道教家註黃庭的也很多，如金代的劉處玄、明代的陸西星、清代的李涵虛等皆曾註過黃庭。後來的道教全真派中更以它作爲講習功課之一。

清靜經

全稱爲太上老君說常清靜妙經，後來道教中則簡稱爲清靜經，又稱爲常清靜經。道教全真派曾以它作爲日常持誦的功課經之一。他們在領受初真戒時也必須要善持此經。所以，它在後來道教中被視爲一部非常重要的經典。

清靜經在宋鄭樵通志中曾著錄董朝奇等六家註本，經名作太上混元上德皇帝說常清淨經，其書今均不傳。今道藏中有白文本及各家註本共七種，經文三百九十一字，經後有仙人葛翁、左玄真人、正一真人三篇讚語。

清靜經的作者，據經文起句爲「老君曰」，係託稱老君所著。葛玄讚說，此經是東華帝君所授，皆口口相傳，不記文字，他纔書而錄之，因以傳世。所以，後來道教中都相信它是晉葛玄所傳。但宋代學者黃震在論陰符經文中說「後世有僞爲道書者曰清淨經」，已肯定它不屬早期道經。近代學者更認爲它是唐、五代以來道流所作。現傳清靜經註本，最早的是五代杜光庭註本。此外，道藏中還有無名氏註本，註中列舉持誦此經的靈驗，其故事多出唐代。同時，我們所看到的最早刊本，有宋太平興國五年的石刻本。以上關於清靜經出世時代的論斷，大致是可相信的。但在雲笈七籤卷十七有老君清淨心經，其書並見道藏「太清部」，經文約六百餘字，它的內容和現在流傳的清靜經基本相同。兩者的關係如何，孰先孰後，是誰因襲了誰，這一點也值得考證和研究。金元以來的名道士都很重視清靜經，如金代的侯善淵，元代的王玠、李道純等都曾註過此經。因此，它即更普遍地流傳開來。

清靜經的內容，以發揮「清靜」兩字爲主，簡明地敘述了道家修養方法的基本原理。它認爲修養方法主要是清靜，靜到極處，就是「心無其心」「形無其形」「物無其物」「唯見於空」。甚至「觀空亦空。……無無亦無」的時候，則四大都無，性光常照而入於「常靜常應」的境地了。如此，也就是入道。它的說法，主要是根據老子清靜無爲的理論。但它只片面談到了修性，過份强調「心」的作用，而忽略了道家傳統的修命一面。總的來說，此經言簡意賅，確能指出「清靜」中自己受用處，並無其他荒誕無稽的神話，在道經中尚不失爲純正的作品。

清靜經的傳本，在道教唪誦時所使用的大都爲白文本，註本中所最通行的是水精子增註的混然子纂圖本。

混然子就是王玠，元長洲人，亦云善化人，字介玉，一字道淵，是當時的名道士，著述很多。他所纂經圖，明白易曉，條理暢達，融會貫通，很能說明經中微奧。其書存道藏中，但水精子增註本已於王圖略有改異，然大致還不失王本舊範。

水精子，時代、身世未詳。據我們推想，大概是明、清間人，如經註中所引「觀音古佛」的稱號，則是明中葉以後纔出現的稱號。

高上玉皇本行集經

一般簡稱爲玉皇經。**蒲團子按** 「玉皇經」，原作「皇經」，或缺字。當作「玉皇經」，故改。它是現在道教中主要的一部經，每逢較大的道教節日，他們一定要唸誦此經。

玉皇經最早見於道藏，它出世時間不詳，作者亦無考。經卷前有託名天樞上相張良的序，後面還有他的奏陳表文。據近代學者考證，有人認爲是隋唐道流所作。

「玉皇」這一個名稱最早見於六朝人所撰道經中。雲笈七籤引大洞經說：「玉清文始東王金暉仙公號曰『玉皇二道君』。」真靈位業圖中在「上皇道君」之次也有「玉皇道君」的名位。真靈位業圖相傳爲梁陶弘景所撰。當時玉皇的地位並不是獨一無二的最高尊神。後來唐人詩中也常常出現這個名稱。韓愈李花詩說：「夜飲張徹投盧同，乘雲共至玉皇家。」柳宗元界圍巖水簾詩說：「忽如朝玉皇，天冕垂前旒。」更爲膾炙人口的是元稹的詩：「我是玉皇香案吏，謫居猶得住蓬萊。」從以上詩中口氣來看，此時玉皇的地位升了格已經成爲宇宙間的第一尊神。但正式提出玉皇尊號的，還是在宋代。宋史禮志說，在真宗祥符五年公元一〇一二年上玉皇大帝尊號爲「太上開天執符御歷含真體道玉皇大天帝」。徽宗政和六年公元一一一六年，再上玉帝尊號爲「太上開天執符御歷含真體道昊天玉皇上帝」。俗傳「玉皇大帝」的名稱係開始於此時。道教中普遍地供奉玉皇，則時代更後，而是在明朝初年，從那時起各地道觀中纔更多地構建了玉皇閣和玉皇殿。在道教派系中首先唪誦玉皇經的，一般傳說始於全真派。根據以上資料來看，玉皇經是有極大可能性爲明代人的著作，最早當也不會早於宋代。

這一部道經，因爲它是經懺中的唪誦經典，所以沒有什麼思想內容可言。全書分爲三卷五章，即清微天宮神通品第一、太上大光明圓滿大神咒品第二、洞玄靈寶玉皇功德品第三、天真護持品第四、洞玄靈寶報應神驗品第五等五個章節。其主要內容就是述說玉皇的來歷和正告讀經的信男善女們要重視這一部經典，最後更提出了一些持誦靈驗的事例。這些事例是假託唐代故事。從這裏我們也可以看出，本經作者的撰作目標，就是希望大家將它看成隋唐以前的道經。這更顯然地證明它是述作於隋唐之後了。經中還說：「味之者可以神治太和，誦之者可以心離諸漏，神功妙範，誠修真至命之密言也。」同時，在它的第二章中還有不少的符和咒，所以它即自然地發展成爲後來道教中最主要的一部唪誦經典了。

本經體例大致模仿釋典，在隋代佛經中有一部佛本行集經，這大概就是玉皇經所以叫作「本行集經」的來由。

玉皇經的最早傳本，就是道藏本，也就是前面所說天樞上相的張良校正本。但一般唪誦時的經卷本，則全爲白文。此外，還有一些乩註本，它們大概都是明代以後人們的僞託之作。

南華內外篇分章標旨

陳攖寧

道家向來以「老」「莊」並稱，但莊子之道與老子不同。老子想用「道」來救世，五千文中有許多地方都是爲當世的侯王說教。老子第二十七章更明顯地說：「聖人常善救人，故無棄人；常善救物，故無棄物。」到了莊子時代，他認爲世已無法可救，只能獨善其身，抱定宗旨不求有用於世，因此說「棄世則無累」達生篇。這完全和老子意思相反。再看老子五千文中沒有「忘」字，而莊子書中「忘」字特別的多，似乎是他獨得的秘訣。如所謂忘物、忘形、忘己、忘言、忘功利、忘機巧、忘仁義、忘禮樂、忘道術、忘天下等等還有許多「忘」字從簡未錄。這些理論都脫離實際，非但別人家做不到，就連他本人也難得做到。在莊子書中有幾處可以看出他未能一切皆忘。

秋水篇「莊子釣於濮水」章，他把神龜比喻自己。問楚大夫曰：「此龜者，寧其死爲留骨而貴乎？寧其生而曳尾於途中乎？」最後決定對楚大夫曰：「吾將曳尾於途中。」觀此言，知其尚未能忘生死。此段和以下四段是否莊周所說，頗難斷定，今只以莊子書中記載爲根據。

秋水篇「惠子相梁」章，莊子又把鵷鶵比喻自己，鴟比喻惠子，腐鼠比喻梁國相位。他對惠子說：「鵷得腐鼠，鵷鶵過之，仰而視之曰嚇，今子欲以子之梁國而嚇我邪！」這種口氣就是表示以賤傲貴，看不起梁相的意思，知其心中尚未能忘貴賤。

山木篇「莊子衣大布」章，他對魏王說：「士有道德不能行，憊也；衣敝履穿，貧也，非憊也。此所謂非遭時也。……處勢不便，未足以逞其能也。」觀此言，知其尚未能忘貧困。

外物篇「莊周貸粟於監河侯」章，他嫌對方約定的時間緩不濟急，遂假託車轍中失水鮒魚之言，以形容自己十分窘迫之狀。觀此一段所記載，知其尚未能忘饑乏。漢劉向說苑善說篇另有一段，與此大同小異。

列禦寇篇「曹商爲宋王使秦」章，曹商自秦反宋，有車百乘，誇耀於莊子。莊子鄙笑他說：「秦王有病召醫，破癰潰痤者得車一乘，舐痔者得車五乘，所治愈下，得車愈多，子豈治其痔邪！」據此言，知莊子心中尚未能忘卑污與高潔。

莊周的老朋友惠施在當時已經說「子之言大而無用」，我們今日也認爲惠施的批評是對的。可怪的是，先秦古笈有用的書佚亡很多，這部無用的書反而流傳二千二百餘年，歷代皆有人研究，未曾斷過。其原因何在，姑且憑個人見解，分作幾種說明如下。

第一種原因，我國歷史，當魏、晉、六朝之間，社會極不安定。許多名門貴族，都悲感身世萍浮，而那班早慧少年，更冲開禮教束縛，遂相率造成揮麈談玄的風氣。莊子爲三玄之一三玄指老、莊、周易，其辭謬悠、荒唐、恣縱、曼衍、環瑋而連犿、參差而諔詭以上皆莊子文章的評語，見莊子天下篇，正是他們借以清談的好資料。

第二種原因，唐朝皇帝崇拜老君，宋朝皇帝信仰道教，莊子被視為老子的繼承者，其書由此更抬高了聲價。不僅當時道教中人必須熟讀，即儒、釋兩教也應該知己知彼，先要懂得它倒底說些什麼，然後在理論上纔能够和它相抗衡，所以莊子這部書名氣就越弄越大。

第三種原因，舊社會所謂讀書人，不習慣做生產事業，唐、宋、元、明、清幾個朝代，都是以科舉考試為他們進身之階，其中得意者佔極少數，失意者佔大多數，遇到命途坎坷、百無聊賴的時候，只有在書本子上尋求安慰。莊子消極思想、厭世主義和一些傷時嫉俗之談，不啻代他們自己發洩了心中的牢騷，正好引為同調。

第四種原因，封建社會，制度不良，每隔若干年，就要換朝代，有些憂患餘生的知識分子，耻於降志辱身、被異姓統治者所利用，如明末清初，桐城方以智削髮為僧，太原傅青主黃冠入道，他們平日於莊子皆有所得。同時的衡陽王船山，雖死守儒教門庭，不願寄託佛、老籬下，但也著過莊子解和莊子通。像這一類苦節礪行之士，都算是莊子的知音。

第五種原因，已往文章家常喜歡讀莊子，並且稱它為仙才，上乘者襲取其精神，中乘者摹仿其格調，再次者搬運其詞藻，我們相信莊子給予古今文學界有很大幫助。世人所以愛好莊子，如果說是鑽研哲理，不如說是欣賞奇文。假使沒有那樣變幻莫測的文章，光靠它的理論，未必能夠使人如此傾倒。

以上所列五種原因，前四種都說明了莊子哲學是以「無用之爲用」外物篇莊子答惠子之語而見重於世，這當然有它的歷史背景。我們處於今日社會主義制度之下，那些原因早已不存在了，自應該拋棄玄虛，樂觀現實。若再接受莊子的厭世思想，豈非無病而呻？所以，我們研究莊子，是以批判的精神對待歷史遺產，不是盲目地相信他的哲學，讀者請勿誤會。

莊子一書被稱爲南華經，雖始於唐玄宗開元、天寶年間。但隋書經籍志子部道家類已著錄梁曠所撰南華論二十五卷本三十卷，缺，又南華論音三卷，可知「南華」之名在唐代以前早已有了。舊唐書經籍志道家類也著錄梁曠所撰南華仙人莊子論三十卷即隋志的南華論。惟不知梁曠是哪個時代的人，僅知他和盧景裕同時註過老子。盧景裕是北魏人，歿於東魏興和年間公元五三九至五四二年，正當南朝梁武帝時代，還在唐天寶以前二百幾十年。大約梁曠的時代也相差不遠。梁曠爲什麼稱莊子爲「南華仙人」，當然不是憑空的揑造，總有它的來源。註莊子者亦有引證東晉王嘉的拾遺記云：「莊周，字子休，號南華子。」如果其說可信，則「南華」之名在晉代已出現於世有人說，拾遺記是六朝時代人僞託，非王嘉所撰。但晉書王嘉傳也提到他曾著過拾遺記。但查今本拾遺記，未見「莊周號南華子」這一條，若不是佚文，那就是註家引證有錯誤。註家又說，莊周隱於曹州之南華山，故其書名南華經，這件事也值得懷疑。考舊唐書地理志，曹州有「南華縣，即漢代之離狐縣，累代不改，天寶元年改爲南華」。新唐書地理志亦云：「南華本離狐，天寶元年更名。」據此，顯而易見的是南華縣因莊子而得名。莊子封「南華真人」，其書名南華真經，也就是天寶元年的事。如果曹州確實有南華山，這個山名或許因莊子而起。縣名既能改，難道山名不能改？未必是先有山名然後纔有書名。

研究莊子哲學，應從南華內篇入門，讀者要先把每一篇大旨和篇中各章的重點弄清楚，再讀它的全篇，自可迎刃而解。「內七篇」都能夠了解以後，其餘「外篇」「雜篇」也就不難理會了。關於「內七篇」的大旨，初學者在各家註解中，每苦於尋不着頭緒，今特再作一次概括的說明。

第一篇逍遙遊。 全篇要領在「至人無己」一句「無己」等於佛教所謂「無我相」。既然「無己」，也就「無功」；既然「無功」，也就「無名」。因此就能夠達到「無所可用，安所困苦」本篇結尾二句這樣逍遙自在的境界。本篇共分四章。從「北冥有魚」至「聖人無名」爲第一章，極言「逍遙遊」海闊天空之氣象；從「堯讓天下於許由」至「尸祝不越樽俎而代之矣」爲第二章，言「聖人無名」；　從「肩吾問於連叔」至「窅然喪其天下焉」爲第三章，言「神人無功」；　從「惠子謂莊子曰」至「安所困苦哉」爲第四章，言「至人無己」，不求有用，方能顯出大用。

第二篇齊物論。　此題有兩種解釋：　一謂「齊物」即萬物平等之義，「論」即論說，首言「喪我」即忘我，終言「物化」即物我同化，泯絕彼此，排遣是非，故曰「齊物」；　一謂當時百家爭鳴，「物論」至爲不齊，只有「不傲倪於萬物傲倪，即輕視之意，不譴是非，以與世俗處」此三句見於莊子天下篇「莊周聞其風而說之」一段中，則「物論」不齊而自齊。　本篇舊分七章：　（一）「南郭子綦隱几而坐」至「無適焉，因是已」爲第一章，共有一千六百七十字之多，恐怕初學者弄不清楚，今於此一章中再劃分六個段落，以便於入門。　從篇首至「怒者其誰耶」爲第一段，言天籟自吹自止，不知誰在主使，借以引起下文。　「大知閑閑」至「吾獨且奈何哉」爲第二段，言人心變態百出，亦不知誰在主使，若有真宰，又不得其形跡，終身疲役，而不知其所歸。「夫言非吹也」至「故曰莫若以明」爲第三段，言彼此是非各執，爭論無窮，只有照之以本然之明，纔能渾化其對立之跡。　「以指喻指之非指」至「是之謂兩行」爲第四段，言可與不可，然與不然，分與成，成與毀，凡是對立面者，皆通爲一。　「古之人」至「此之謂以明」爲第五段，言不用滑稽巧辯炫耀於人，只以庸常之道處世，就叫作「以明」。　「今且有言於此」至

「無適焉，因是已」爲第六段，言既知萬物與我爲一，何必再與人辯論以求其一。「一」本來無名，既已稱它爲「一」，這就算是有名了；既已有名，必有所指的事物，有名之「一」和所指的事物相加，就成爲二；再加上本來無名之「一」，就成爲三。從此越變越多，其數不可勝計，這與最初求一的宗旨大相違反，倒不如默然而息。按第四、五、六段皆是針對公孫龍和惠施等人而言，讀者宜參看莊子天下篇末段「惠施多方」以下各說，並看子書中的公孫龍子「白馬」「指物」「通變」「堅白」「名實」五論，然後纔知「齊物論」所批評者並非無的放矢。假使當時沒有那班人的著作在先，莊子這篇文章也不至於憑空地撰出。齊物論中常引用他們的成語以發揮自己的觀點，但惜公孫龍子今已大半殘缺，而惠子之書又無傳，本篇中有些字句是莊周所說或是諸辯者之說，頗不易分別。（二）「夫道未始有封」至「此之謂葆光」爲第二章，着重在「大道不稱」「大辯不言」二句。（三）「故昔者堯問於舜」至「德之進於日者乎」爲第三章，此章不過六十三個字，完全是寓言，究竟與齊物論的本旨有什麼關係，各家看法不同，暫時難以肯定。（四）「齧缺問於王倪」至「而况利害之端乎」爲第四章，言居處、食味、色欲，人與動物沒有共同的標準，可見人類所謂利害、是非，彼此之間也無共同的標準。（五）「瞿鵲子問乎長梧子」至「故寓諸無竟」爲第五章，共六百零八個字，大意是言達道者不悅生，不惡死，視一切如夢，本毋須置辯，只好因任自然之變化，彼此相忘於無言而已。（六）「罔兩問景」至「惡識所以不然」爲第六章，言影之行止坐起，乃隨形體而動，其實形體亦不能自主，必另有主使此形體者，而真宰竟不可知。（七）「昔者莊周夢爲胡蝶」至「此之謂物化」爲第七章，言正當入夢時，只見自身是胡蝶，不知此外尚有莊周之身，忽然夢醒，又只見莊周而不見胡蝶。這種現象，是莊周夢爲胡蝶呢？還是胡蝶夢爲莊周呢？單就夢醒以後而論，莊周與胡蝶必有分別；若回憶夢中情況，莊周與胡蝶竟無所分別。推而論之，自己今日認爲是夢醒了，等到將來大覺之後，方知今日仍未曾離開夢境，昔日夢爲胡蝶，不過夢中之夢。在大自然境界裹面，人與萬物無非是「化」而已。

第三篇養生主。

此題也有兩種解釋：一謂「養生」的「主」要法則，即勿爲善而近於好名，勿爲惡而陷於刑網，只宜順中道而行，「依乎天理」「因其固然」，則可「保身」「全生」；一謂「養」我「生」命之「主」，勿以有限之精神逐無窮之欲望，「安時而處順，哀樂不能入」，則可以無損其天真，肉體雖亡，而精神不滅，譬如薪有窮盡之時，而火則繼續相傳，沒有窮盡。本篇共分四章。「吾生也有涯」至「可以盡年」爲第一章；「庖丁爲文惠公解牛」至「吾聞庖丁之言，得養生焉」爲第二章；「公文軒見右師」至「神雖王，不善也」爲第三章；「老聃死」至「不知其盡也」爲第四章。此四章中，只有「庖丁解牛」一章是講實際養生工夫。「庖丁」比喻做養生工夫的人，「牛」比喻人的肉體，「刀」比喻人的神意，言神意在肉體中遊行自如，毫無阻礙，其妙用就是「以無厚入有間」。

第四篇人間世。 此篇是教人如何處世之道，共分爲四章。「顏回見仲尼」至「而況散焉者乎」爲第一章，言暴虐之君，難容直諫，必要先能虛己，然後纔能化人。「葉公子高將使於齊」至「此其難者」爲第二章，言出使敵國，成功不易，只有「知其無可奈何，而安之若命」，纔可以免「陰陽」之患； 只有勿傳「兩喜溢美」「兩怒溢惡」之言，纔可免「人道」之患。「顏闔將傅衛靈公太子」至「可不愼邪」爲第三章，言乖戾之人，難受教導，必要先能正己，而後纔能正人。外示親附之形，而不同流合污； 內寓和順之意，而不自顯其名。下又連用三種譬喻： 勿螳臂當車； 勿引虎發怒； 勿使馬受驚。以上三章皆說世間難以應付之事。以下還有四段，因其大旨相同，故並爲一章，算是本篇第四章。此章四段皆言人生自處之道，但非應世之方。第一段，「匠石之齊」至「不亦遠乎」； 第二段，「南伯子綦」至「所以爲大祥也」； 第三段，「支離疏者」至「支離其德者乎」； 第四段，「孔子適楚」至「莫知無用之用也」。這四段都是說以無用爲大用，與逍遥遊篇末意思完全一致。

第五篇德充符。 此篇言人可以忘形，而不可喪德，若德充於內，則信符於外，就能得到世人之愛敬，自不嫌其形貌之異常。此篇共分五章。「魯有兀者王駘」至「何肯以物爲事乎」爲第一章，要領在「遊心乎德之和」及「以其知得其心，以其心得其常心」幾句；「申徒嘉，兀者也」至「子無乃稱」爲第二章，要領在「知不可奈何，而安之若命」及「今子與我遊於形骸之內，而子索我於形骸之外」幾句；「魯有兀者叔山無趾」至「天刑之，安可解」爲第三章，要領在「猶有尊足者存」；「魯哀公問於仲尼」至「德友而已矣」爲第四章，要領在「才全而德不形」；「闉跂支離無脤」至「子以堅白鳴」爲第五章，要領在「不以好惡內傷其身，常因自然而不益生」。

第六篇大宗師。 老子云道「似萬物之宗」，本篇許由稱道爲「吾師」，可知「大宗師」即「大道」之代名詞。本篇共分八章。「知天之所爲」至「比於列星」爲第一章。此章又分七段。首段提出「有真人而後有真知」，下文就接二連三地描寫他自己理想上的「古之真人」，這等於老子第十五章「古之善爲道者，微妙玄通，深不可識，夫唯不可識，故强爲之容」全章的意思相同。此章第二、三、四、五段皆寫「古之真人」。從「死生命也」至「一化之所待乎」爲第六段，是教人看破生死以修大道。從「夫道有情有信」至「騎箕尾而比於列星」爲第七段，是依據老子學說而闡明「道」的全體大用，但自「狶韋氏得之」以下十三項，老子未曾說過，只能算是古代相傳的神話。「南伯子葵問乎女偊」至「參寥聞之疑始」爲第二章，言證道淺深之次序及聞道經歷之過程。「子祀、子輿、子犁、子來」至「成然寐，蘧然覺」爲第三章，言生老病死一切任其自然。「子桑户、孟子反、子琴張」至「人之君子，天之小人也」爲第四章，言方外和方內，其道不同。「顏回問於仲尼」至「乃入於寥天一」爲第五章，言人死是「化」，人生如「夢」，「哭」與「笑」皆無所謂。「意而子見許由」至「此所遊已」爲第六章，言仁義是非之見，爲學道的障礙。「顏淵曰，回益矣」至「丘也請從而後也」爲第七章，言忘仁義、忘禮樂，雖可以學道，尚未能證道，必須到了「坐忘」的境界，始與道相契合。「子輿與子桑友」至「然而至此極者命也夫」爲第八章，言一切在人事上無理由可說者，只有歸之於命，此與列子力命篇所謂「不知所以然而然，命也。……孰能知其故，皆命也」同是一個見解。

第七篇應帝王。 本篇言帝王應讀去聲世之道。又據郭象說：「無心而任乎自化者應讀平聲爲帝王也。」此解亦通。篇內共分七章。「齧缺問於王倪」至「未始入於非人」爲第一章，此章重點在前後兩句「非人」，註家各執一說。有說「非人」就是「物」，有說「非人」就是「天」，有說「非人」就是「虛僞之人」，我們還要仔細研究，暫時不作肯定。「肩吾見狂接輿」至「而曾二蟲之無知」爲第二章，言經常法式和禮儀制度不足以治天下，必先治內而後纔能治外，先正己而後纔能正人。「天根遊於殷陽」至「天下治矣」爲第三章，言治天下要「順物自然，而無容私」。「陽子居見老聃」至「遊於無有者也」爲第四章，言「明王」之治，「功化」皆出於無心。「鄭有神巫曰季咸」至「紛而封戎，一以是終」爲第五章，此章引證故事以發揮上章「立於不測」之玄旨。「無爲名尸」至「故能勝物而不傷」爲第六章，言聖人虛心「無爲」，以申明前章「遊於無有」之妙用。「南海之帝爲儵」至「七日而渾沌死」爲第七章，總結全篇，讀者可與道德經第四十九章「聖人在天下，歙歙爲天下渾其心，百姓皆注其耳目，聖人皆孩之」數語相對照，則見老子所說的是正面，莊子所說的是反面，都是要渾沌不要聰明，他們兩人宗旨是一樣的。

以上「內七篇」大旨，皆已概括地說明。以下再談南華經外篇。

外篇從第八至第二十二，共有十五篇，它與內篇有顯然不同之處，就在每篇的標題。「內七篇」各具專題，每一題都限定三個字，看了它的題目，就曉得本篇重點所在。似乎是先擬出一個題目，而後按照這個題目來做文章。外篇則不然，它是先有了文章而缺少題目，不得而已，遂用篇首二字或三字爲題，如駢拇、馬蹄、天地、天道、刻意、繕性、秋水、達生、田子方、知北遊等十篇；也有在本篇首句中摘取兩字爲題者，如胠篋、在宥、天運、至樂、山木等五篇。所以，這些題目不足以揭示一篇的大旨，自無解釋之必要。

今只談南華外篇十五篇的大旨。

第八篇駢拇。 言「仁義非道德之正」。

第九篇馬蹄。 言「毀道德以爲仁義，是聖人之過」。

第十篇胠篋。 言「聖人生而大盜起」「聖人不死，大盜不止」。

以上三篇皆不分章，另是一種格局。如果肯定「內七篇」是莊周自己手筆，就可以看出這三篇決非他本人的作品。雖然文章做得很好，疑是老莊學派中能手所爲。

第十一篇在宥。 此篇共分六章。首章言「君子不得已而臨莅天下，莫若無爲」。以後四章皆申明此義，只有末章不同。「崔瞿問於老聃」至「天下大治」爲第二章，重點在「故曰絕聖棄智」此句是引證老子之語。「黃帝立爲天子」至「而我獨存乎」爲第三章。此章雖是講修身之道，而治國之道亦莫能外，所以大學上說「壹是皆以修身爲本」。其中廣成子告黃帝一段話，歷代研究長生之術者，都認爲這是最上乘的方法。但作者引此一段話，却是別有用意，宗旨並不在長生。「雲將東遊」至「起辭而行」爲第四章，重點在「徒處無爲而物自化」。「世俗之人」至「覩無者天地之友」爲第五章，此章內分兩段，上段着重在「不物故能物物，物物者非物」，下段着重在「大同而無己，無己惡乎得有有」。「賤而不可不任」至篇末「不可不察也」爲第六章。前五章都是講「無爲」，惟獨這一章是講「有爲」。作者恐人不懂他立言之意，自己又加以解釋云：「無爲者天道，有爲者人道；主者天道，臣者人道。」意思是說，二者各有所宜。此與天道篇首章大旨相同，但不知是否契合莊子的本意。

第十二篇天地。 此篇仍繼承前篇發揮「無爲」之旨，共分十五章。首章言「玄古之君天下，無爲也，天德而已矣」。第二章又言「無爲爲之之謂天，無爲言之之謂德」。以後各章所謂「王德」「玄德」「象罔」「渾沌」「混冥」等等，大旨皆同首章。因章數太多，故不能一一說明。

第十三篇天道。 此篇還是講「無爲而無不爲」的道理，可與在宥篇末章意旨合參。本篇共分六章。首章前半段就出現了十三個「無爲」字樣，言「上必無爲而用天下，下必有爲而爲天下用」； 後半段言「五末」須精神之運，「九變」有先後之序。以下五章皆從正面、反面或側面申明首章「虛靜」「無爲」之旨。

第十四篇天運。 此篇大旨即老子所謂「道法自然」。共分八章。第一章，言帝王治世要順天； 第二章，言「至仁無親」； 第三章，言「天樂無聲」。以下各章皆借孔子作寓言。第四章，言孔子不能「應時而變」； 第五章，言孔子「不聞道」； 第六章，言孔子未能忘「仁義」； 第七章，言孔子見老聃如「見龍」； 第八章，言「六經皆先王之陳跡」「不與化爲人，安能化人」，意思是說治世要順自然之化，讀死書是無用的。

第十五篇刻意。 此篇言「真人養神之道」。起首列舉五種人的行爲不同：（一）高亢異俗之人；（二）修學教誨之人；（三）致功立名之人；（四）避世閒曠之人；（五）導引養形之人。最後又抬出純粹全德之聖人來壓倒一切。篇中有「故曰」六段，都是爲「養神」而說法。篇末歸結到「能體純素，謂之真人」，可見此篇所謂「聖人」，與「真人」名異而實同。

第十六篇繕性。 此篇言「隱士存身之道」。篇中有五段，皆古今對比。如「古之治道者」「古之人在混芒中」「古之隱士者」「古之存身者」「古之得志者」，這些都是理想上的古人，因爲作者不滿意當時的「俗學」「俗思」，遂虛擬古人，聊以寄慨而已，理想與事實未必相符合。

第十七篇秋水。 此篇共分七章。首章假借河伯與北海若互相問答之語，以發揮作者自己的觀點，讀者可與齊物論篇合參。此一章中又分七段，到了末段，纔把宗旨標出，就是「無以人滅天，無以故滅命，無以得殉名，謹守而勿失，是謂反其真」。以下六章皆申明這個宗旨：「夔憐蚿」章，言天機自動；「孔子遊」章，言窮通有命；「公孫龍」「莊子釣」「惠子相」三章，言殉名之患；「遊於濠梁」章，雖明言「魚之樂」，其實暗喻人「反其真」之樂。

第十八篇至樂。 此篇共分六章。首章言富、貴、壽、善四者皆不足樂，至樂要在「無爲」；「莊子妻死」章，言生是「形變」，死不必哀；「支離叔」章，言生是「假借」，死不必惡；「莊子之楚」章，言生是「累」，死是「樂」；「顏淵之齊」章，言物性「好惡」不同，推之世間所謂苦樂並無一定；「列子行食」章，言「萬物出入於機」，推之死生憂歡皆無所謂。

第十九篇達生。 此篇宗旨在「形全精復，與天爲一……形精不虧，是謂能移，精而又精，反以相天」。這幾句話，意思很深奧，讀者可與周易說卦「窮理盡性以至於命」、黃帝陰符「宇宙在乎手，萬化生乎身」、中庸「可以贊天地之化育」、周易繫辭「範圍天地之化而不過，曲成萬物而不遺」等語合參。雖然各書的字句未能一致，但彼此之間的意思頗為接近。本篇首章，言備物不足以養形，養形不足以存生；「列子問關尹」章，言守氣全神之道；「仲尼適楚」章，言「用志不分，乃凝於神」；「顏淵問仲尼」章，言「外重者內拙」，也就是說，於外物有所「矜」，則內心失其「巧」；「田開之」章，言「善養生者若牧羊，視其後者而鞭之」，意思是說，在養生法上，「形」和「神」要平均的發展，不要偏重於一方面；「桓公田於澤」章，言人有心病是自傷，鬼不能傷人；「紀省子」章，言以「鬭雞」比喻養生，德全則勝；「東野稷」章，言以「御馬」比喻養生，力竭則敗；「孔子觀於呂梁」章，言以「蹈水」比喻養生，「從水之道，而不為私」則安；「梓慶削木為鐻」章，言以「為鐻」比喻養生，「齊以靜心」「以天合天」則神；末章言，理論太高，恐人聞之而驚惑。

第二十篇山木。此篇共分九章，皆言遠害全身之道。首章，言「有用」「無用」和「材與不材之間」都難以免患，最好是「道德之鄉」；「市南宜僚」章，言「去累」「除憂」「虛己遊世」；「北宮奢」章，言「一之間無敢設」「復歸於樸」；「孔子圍於陳蔡」章，言「削跡捐勢，不為功名，無責於人，人亦無責」；「孔子問子桑雽」章，言「君子之交淡若水，小人之交甘若醴，君子淡以親，小人甘以絕」；「莊子衣大布」章，言士不遭時，難逞其能，衣敝履穿，是貧非憊；「孔子窮於陳蔡」章，言「無受天損」「無受人益」「無始非卒」「人與天一」；「莊子遊乎雕陵」章，言螳螂「見得而忘其形」，異鵲「見利而忘其真」，莊周「守形而忘其身」，皆是自召其害；「陽子之宋」章，言「惡者貴而美者賤」，其故在己不在人。

第二十一篇田子方。 共分十一章。首章着重在「虛緣而葆真」一句，已將全篇的宗旨揭出。意思是說，人要空去外緣以保全自己的天真。以下各章皆申明此義。「溫伯雪子」章，着重在「若夫人者，目擊而道存矣」，言一見其人，即知他是有道之士，不必多說話；「顏淵問於仲尼」章，着重在「雖忘乎故吾，吾有不忘者存」；「孔子見老聃」章，着重在「吾遊心於物之初」「行小變而不失其大常」「喜怒哀樂不入於胸次」三句；「莊子見魯哀公」章，着重在「君子有其道者未必爲其服，爲其服者未必知其道」；「百里奚」章，着重在「爵祿不入於心」「死生不入於心」；「宋元君」章，着重在「是真畫者也」；「列禦寇」章，着重在「爾於中也殆矣夫」；「肩吾問於孫叔敖」章，着重在「死生亦大矣，而無變乎己」；「楚王與凡君坐」章，着重在「凡之亡也，不足以喪吾存」。

第二十二篇知北遊。 此篇全是講自然之「道」，一篇中就用了四十四個「道」字。首章引道德經「知者不言，言者不知」「聖人行不言之教」及「爲道日損……無爲而無不爲」等語，以下各章皆發揮首章未盡之意。「天地有大美」章，着重在「六合爲巨，未離其內；秋毫爲小，待之成體」；「舜問乎丞」章，着重在「汝身非汝有，汝何得有夫道」；「孔子問於老聃」章，着重在「至則不論，論則不至，辯不若默，聞不若塞」；「東郭子問於莊子」章，着重在道「無所不在」；「婀荷甘」章，着重在「論道而非道」；「泰清問乎無窮」章，着重在「弗知乃知，知乃不知」；「光曜」章，着重在「予能有無矣，而未能無無也」；「大馬」章，着重在「物孰不資焉」；「冉求」章，着重在「無古無今，無始無終」及「物物者非物」數句；「顏淵」章，着重在「至言去言，至爲去爲」。

以上南華經外篇的大旨皆已揭出，但各篇中有些地方不像莊周自己所作。如駢拇、馬蹄、胠篋、刻意、繕性各篇，更容易看得出來：（一）這五篇內容，非「寓言」，非「重言」，亦非「卮言」，與莊周作書的體例不合；（二）是非利害之間，分析得很清楚，辨別得很徹底，與莊周「不譴是非以與世俗處」的本意相違；（三）批判世俗流弊，都從正面落筆，使讀者一目了然，並無「謬悠、荒唐、無端崖之辭」雜入其間；（四）通篇格局齊整，結構謹嚴，爲後來文章家論說之祖，不似其他各篇「恣縱」「諔詭」難以捉摸；（五）而且這五篇中，前三篇措辭憤激，指責聖人，歸咎聖人，後二篇語氣溫和，讚美聖人，惋惜聖人，前後不像一個人的手筆。除這五篇而外，其餘十篇也有多少可疑之處，暫置不論。

載一九六四年十月道協會刊第四期

老子第五十章研究

陳攖寧

原文

出生入死。生之徒十有三，死之徒十有三，人之生生而動，動皆之死地亦十有三。夫何故？以其生生之厚。蓋聞：善攝生者，陸行不過兕虎，入軍不備甲兵。兕無所投其角，虎無所錯其爪，兵無所容其刃。夫何故？以其無死地。

校訂

（一）本章第四句，韓非子解老作「民之生生而動，動皆之死地」，唐傅奕校定老子古本亦同此，河上公、王弼兩本和其他版本或碑刻都作「人之生，動之死地」，這兩種不同的句法，前一種比後一種多四個字，意思較爲明顯，又與下文「生生之厚」句有聯繫，今從韓非子。但「民」和「人」在字義上是有區別的，「民」是統治者對於被統治者的稱呼，「人」是泛指一切人類而言。本章說的是人類生死問題，與國家政治無關，今從諸本把「民」字改作「人」字，似更爲合理。

（二）「入軍不備甲兵」這一句也是韓非子所引，諸本「不備」多作「不被」。

釋義

（一）「出生入死」。舊註云：「『出』謂自無而見於有，『入』謂自有而歸於無；出爲生，入爲死。」這樣解釋最符合原文意旨。王弼註云：「出生地，入死地。」添了兩個「地」字進去，等於蛇足。河上公註，專就情欲一方面說，更謬。現代刊物中也常見「出生入死」這句話，那是描寫人們遇到危險，多次由死裏逃生的情況，與老子哲學思想無關，不可誤會。

（二）「生之徒」「死之徒」。這兩個「徒」字，在說文上作「步行」解。但徐鉉箋云：「徒行有相從者。」故引伸之爲「黨類」之稱。本章河上公註云：「生死之類，各十有三。」亦同此義。韓非把「徒」字當作「屬」字解，意思也差不多。老子第七十六章：「堅强者死之徒，柔弱者生之徒。」莊子人間世：「內直者與天爲徒」「外曲者與人爲徒」「成而上比者與古爲徒」。莊子大宗師：「其一與天爲徒，其不一與人爲徒。」莊子知北遊：「生也死之徒，死也生之始。」又：「若死生爲徒，吾又何患。」又如孟子滕文公：「能言距楊墨者，聖人之徒也。」以上這許多「徒」字大概都可以當作「徒黨」或「屬類」體會，如果作「道途」解，那是講不通的。老子書中共有四個「徒」字，現在有些人都把它當作「道途」解，並且引莊子至樂篇「食於道徒」那句話爲證。但古書上「從」「徒」兩個字常常弄錯，許多莊子版本都作「列子行，食於道，從見……」又列子天瑞篇亦作「子列子適衛，食於道，從者見……」莊、列原文究竟是「徒」還是「從」，尚不能確定，如何能够拿它作爲證據？縱或「道徒」的「徒」字不錯，也只有此處可作「途」字解，老子書中四個「徒」字難援以爲例。

（三）「十有三」。等於「十又三」。古書中凡是一個「有」字夾在前後兩個數字之間的，都作「又」字解。例如書經堯典：「三百有六旬有六日。」即三百又六旬又六日，也就是三百六十六日。「二十有八載」，即二十又八載，也就是二十八年。近代年老的書畫家，在題欵時常於自己名下寫「年幾十有幾」，這還是古代文法。河上公註：「十有三，謂九竅四關也四關即四肢。」這是根據韓非子之說，除此而外，別無其他更爲合理的解釋。王弼註：「十有三，猶云十分有三分。」這樣解釋，似乎很合理也很自然，並不牽强、穿鑿、附會，容易使人相信，但有一個漏洞，無法彌縫，說見後面「質疑」第二條。

（四）「生生」。前一個「生」是動詞，後一個「生」是名詞。「生生」等於俗話所謂謀生活。這件事並無過失，而「生生之厚」，却是不應該的。老子第七十五章又說：「人之輕死，以其生生之厚或作「『求生』之厚」，是以輕死。夫唯無以生爲者，是賢於貴生。」又第五十五章：「益生日祥。「祥」字有兩種相反的意義，一是吉祥，一是災祥。此處作「災殃」解。」莊子德充符篇末段：「言人之不以好惡内傷其身，常因自然而不益生也。」以上所謂「求生」，即是「生生」；所謂「貴生」「益生」，即是「生生之厚」。

（五）「攝生」。「攝」字的本義，王弼無註，韓非子亦無解，僅河上公註云「攝，養也」，意思是「攝生」即是「養生」，這恐怕不對。古書上「攝」字，除此而外，未有作「養」字解的。如果攝生之義和養生相同，爲什麽老子不用人人能懂的「養」字，偏要用這個罕見而又費解的「攝」字老子五千文，找不出第二個「攝」字？其中必有深意，可惜後來各家註解都忽略過去。實際上「攝」字有四種作用：一，攝持自己身心，勿使妄動；二，收攝自己精力，勿使耗散；三，攝取外界物質，修補體内虧損；四，攝引天地生氣，延長人的壽命。這四種作用完全無缺，纔可以稱得起一個善攝生者。本章意旨更着重在第一種作用。

（六）「兕」。今名「犀牛」。晉郭璞爾雅註：「一角，青色，重千斤。」據本草綱目云，犀有牝牡之分，獨角者是牝犀，古名爲兕，其角不入藥；雙角者是牡犀，角爲藥中珍品。

（七）「入軍」。此指敵國之軍，或本國的叛軍，或雖未明顯的背叛而平日不受本國政府節制之軍。若臨時因特別事故，進入這種軍隊中，總是有危險性的。

（八）「不備」諸本作「不被」。「備」字用在此處，即「有備無患」之「備」。「不備」即自己相信「無死地」，不需要設備以防患。若作「不被」，在理論上很難講得通。按古義講，「不被」也就是「不備」之義，因爲「被」「備」二字都可以作「具」字解。

（九）「甲兵」。即全副武裝的兵士。這是就我方而言。意謂，到彼方軍隊中去，或是赴宴會，或是訂和約，或是做說客，自己不帶衛士。

（十）「兵」。即兵器，如刀槍劍戟之類。這是就彼方而言。意謂，自己雖不帶衛士，無人保護，也不至於受彼方兵刃之害，所以說，「兵無所容其刃」。

（十一）「死地」。孫子九地云：「投之亡地然後存，陷之死地然後生。」按兵家之說，死地是有它一定的形勢。但老子所謂死地，與此不同。雖說「入軍」，並非雙方交戰。而且上文也說「人之生生而動，動皆之往死地」，更與戰事無關。可見本章中「死地」二字僅是一個抽象的名詞，意思是說，如果「生生之厚」，雖在安全地方也難保安全，等於自尋死地；若是「善攝生者」，雖到危險地方也沒有危險，所以說「無死地」。

演講

人類最大的問題就是「生」和「死」。什麼是「生」？嬰兒初出娘胎，由孩童到少壯，由少壯到衰老，由衰老到臨終，這一段過程都叫作「生」。什麼是「死」？人類在生的過程中，不幸得了絕症，無藥可醫；或碰到意外的危險，喪失了生命；或自己的天年已盡，身上生理機能自然停止的時候。這三種情況只要有一種發現，都叫作「死」。生就是生，爲什麼要說「出生」？因爲本來沒有這個人，後來無中生有，當某一時期從大人的肚子裏鑽「出」一個小人來，這種情況，就說他是「出生」。死就是死，爲什麼說「入死」？因爲世上雖然有了這個人，但又不能永久的存在，將來必定要死，死後必定把尸骸埋「入」土中，年代長遠，連枯骨也化爲烏有，似乎是更深「入」地下去了。這種情況，就說他是「入死」。

生人和死人同是一個肉體，憑什麼現象認爲他是活的或者是不活呢？這就要看他的肉體能不能起普通人應有的作用。如果他目能視，耳能聞，鼻能呼吸，口能說話、能飲食，手脚能動，大小便能排洩，這當然是活人；假使他的九竅四肢不能全部起作用，只要其中一兩處還能够有作用，也不好說他是死人。人的身體，上七竅，下二竅，再加四肢，共有十三件東西。人在世上，全靠這十三件東西發揮它的本能，纔有生活意味，所以說「生之徒十有三」。到了死的時候，也是這十三件東西表示它們都不能够起作用了，所以說「死之徒十有三」。人們爲了生活關係，身體外部能動的機關就不能不動，如眼要看，耳要聽，口要說話，手要操勞，脚要行走，凡身體外部有一次動作，内部精力必有一次消耗，有千次萬次動作，就有千次萬次消耗，人生數十年中，逐漸地把先天胎兒在母腹中自受孕至成形的一段時期爲先天，出生以後即爲後天所稟賦有限的一點生命力消耗盡了，即使動作並未過分，但也不免於自然的死亡。況且人們欲望是無窮的，要追求生活上比較更多的意味，很難保不超過本身稟賦的限度，因此就不能終其天年而促短了自己壽命。所以說：「人之生生而動，動皆之「之」等於「往」死地，亦十有三。夫何故？以其生生之厚即貪圖生活享受太過分。」

聽說有很會護持自己生命的人原文「善攝生者」，他在陸地上走，不至於碰到猛獸來傷害自己；他進入敵人軍隊中，不必要預備甲兵來保衛自己。儘管如此，犀牛也沒有地方投擲牠的尖角，老虎也沒有地方施展牠的利爪，敵人的兵器也沒有地方容受它的鋒刃。這是什麼緣故呢？因爲善於攝生的人，本身沒有招災惹禍的根由，災禍就不會臨到他自己身上，所以說他「無死地」即是無自取死亡之道，不是說這個人決定不會遇到意外的危險。

本章原文自「出生入死」至「善攝生者」，韓非雖有解說，但嫌太簡略，人不易懂，故此篇特補充其說，務使一般人都能夠瞭解。「攝生」的「攝」字，從古到今，無人注意，故在前「釋義」項下把攝生的四種作用全部發揚出來。自「陸行不遇兕虎」至「無死地」，韓非子解說最詳盡，請看下面「引證」第二條。

引證

（一）莊子大宗師：「古之真人，不知說悅生，不知惡讀去聲死，其出不訢欣，其入不距拒，翛然而往，翛然而來而已矣。」翛，音「消」；翛然，謂心無繫着。「出」和「來」皆指「生」言，「入」和「往」皆指「死」言。莊子知北遊：「人生天地間，若白駒之過隙，忽然而已謂時間疾速。注然勃然氣聚而成形，莫不出焉；油然漻然光陰如逝水，莫不入焉。已化而生，又化而死。」以上引莊子二段，證明「出生入死」之義。

（二）韓非子解老：「人始於生，而卒於死，始之謂『出』，卒之謂『入』，故曰『出生入死』。人之身三百六十節，四肢九竅其大具也。四肢與九竅十有三者，十有三者之動靜，盡屬於生焉，屬之謂徒也，故曰『生之徒十有三』。至其死也，十有三具者皆還而屬之於死，故曰『死之徒十有三』。凡民之生生而生者固動，動盡停止則損也。而動不止，是損而不止也。損而不止則生盡終，生盡之謂死，則十有三具者皆爲死死地也言九竅四肢都是將來死於死地之工具，故曰『民之生生而動，動皆之死地，亦十有三』。是以聖人愛精神而貴處靜。此甚大於兕虎之害言生生而動之害尤甚於兕虎。夫兕虎有域，動靜有時，避其域，省其時省，是審察，則免其兕虎之害矣。民獨知兕虎之有爪角也，而莫知萬物之盡有爪角也，不免於萬物之害。何以論之？時雨降集，曠野閒靜，而以昏晨犯山川，則風露之爪角害之此言得感冒病；事上不忠，輕犯禁令，則刑法之爪角害之此言犯法受刑；處鄉不節，憎愛無度，則爭鬭之爪角害之此言私人仇恨；嗜慾無限，動靜不節，則痤疽之爪角害之此言患癰疽腫毒症；好用私智，而棄道理，則網羅之爪角害之此言到處都是危險，如入網羅。兕虎有域，而萬害有源，避其域，塞其源，則免於諸害矣。凡兵革者，所以備害也。重生者雖入軍無忿爭之心，無忿爭之心，則無所用救害之備。此非獨謂野處之軍也，聖人之遊世也，無害人之心，無害人之心則必無人害，無人害則不備人，故曰『陸行不遇兕虎』。入山不恃備以救害，故曰『入軍不備甲兵』。遠諸害，故曰『兕無所投其角，虎無所措其爪，兵無所容其刃』。不設備而必無害，天地之理也。體天地之道，故曰『無死地』焉。動無死地，而謂之『善攝生』矣。」

（三）莊子秋水：「知道者必達於理，達於理者必明於權，明於權者不以物害己；至德者，火不能熱，水弗能溺，寒暑弗能害，禽獸弗能賊「賊」同「害」，非謂其薄之也「薄」字本義作「迫近」解，不是「厚薄」之「薄」，言察乎安危，寧於禍福，謹於去就，莫之能害也。」以上引莊子一段，證明「無死地」之義。

質疑

(一)本章王弼註：「善攝生者，無以生爲生此根據老子第七十五章「夫唯無以生爲者，是賢於貴生」之義，故無死地也。器之害者莫甚乎戈兵，獸之害者莫甚乎兕虎，而令兵戈無所容其鋒刃，虎兕無所措其爪角，斯誠不以『欲』累其身者也，何死地之有乎！夫蚖蟺以淵爲淺蚖，即黿；蟺，即鱓，俗名黃鱔，而鑿穴其中；鷹鸇以山爲卑，而增巢其上，矰繳不能及繳，音「灼」。矰繳，即射鳥之短箭，網罟不能到，可謂處於無死地矣，然而卒以『甘餌』乃入於無生之地，豈非生生之厚乎？」按此註分二段，上一段言善攝生者不以嗜欲累其身，故無死地；下一段言水族山禽因爲貪求美好的食物而忘其身，遂入於死地。這樣解釋，也頗有理由，但與莊子達生篇所謂「魯有單豹人名者，巖居而水飲，不與民共利，不幸遇餓虎，餓虎殺而食之」這件事有矛盾。像單豹隱居生活，如此淡泊，總不能再說他是「生生之厚」，爲嗜欲而喪其生吧！王弼對此將何以自圓其說？

(二)王弼註：「十有三，猶云十分有三分。」這句話乍看很容易被它矇混，仔細想來就發現一個大漏洞。照他這樣算法，就是全人類中正在生的有十分之三；正在死的有十分之三；雖天年未終，但以生生之厚而短命死的，亦有十分之三。把這三類人合起來算，總數即十分之九，剩下的十分之一到哪裏去了呢？ 老子既未曾說明，王弼也没有交代，豈不是漏洞嗎！ 後世註家有人爲王弼作辯護，說其中十分之一就是老子所謂「善攝生者」。 這句話經不起核實計算。 如果善於攝生的人佔人類總數十分之一，那末，像我國今日六億五千萬人口，其中的十分之一，就是六千五百萬人，都應該稱爲修養專家了，這如何能講得通？ 假使把攝生當作衛生講，今日全國人民大搞衛生，其中十分之一懂得衛生方法並且能够實行的人，或許是有的。 但老子所謂「攝生」，既不同於今日「衛生」之說，又更超出了古代「養生」術的範圍。 世間善於衛生的人未必都善於養生，善於養生的人未必都善於攝生，因此，「十分之一」就成了問題。 一個「十分之一」既無着落，三個「十分之三」同時也連帶的站不住脚； 王弼註既不足信，後來註家根據王註的「十分有三分」而另標新義者，其說亦難以成立。

（三）本章首句河上公註：「出生，謂情欲出於五內，魂定魄靜，故生也； 入死，謂情欲入於胸臆，精神勞惑，故死也。」我們不禁要問，情欲的根源究竟在身體裏面還是在身體外面？ 如果情欲是從外面進來的，怎麼能說出於五內五內即五臟？ 如果情欲是從裏面發動的，怎麼能說入於胸臆？ 大概註者意思認爲情欲一定從外面來的，自己精神被外來情欲所擾亂，故不免勞惑。 但情欲雖然可以進來，也可以出去，等它出去以後，自己魂魄就能够安靜了。這種見解，好像人們犯了錯誤，不怪自己立足不穩，反說別人引誘之過。道理是否講得通，也有疑問。總而言之，與「出生入死」的本義無關。至於王弼註所謂「出生地」「入死地」，也未必符合老子本義，此處不再贅言。

（四）本章第二、三句河上公註：「其生也，目不妄視，耳不妄聽，鼻不妄香臭即用鼻子的嗅覺，辨別是香是臭。這有什麽妄不妄？此說可笑，口不妄言味即不妄說，不妄食，手不妄持，足不妄行，精不妄施。其死反是謂九竅四肢動作皆妄，與以上所說相反。」此註看起來很平常，讀者不大注意，若一研究，其中也有許多疑問。這些問題聯繫到修養方面，關於人們的生死大事，不能不詳細討論。

第一問：「妄」與「不妄」以什麽爲標準？你說他身體上動作是「妄」，他自己認爲是「不妄」。没有一個確定的標準，如何能够解決問題。古代孔夫子教他的門人顏淵，也說過「非禮勿視，非禮勿聽，非禮勿言，非禮勿動」。這是儒家最著名的「四勿」教條。往日讀論語的人，常被「非禮」兩個字弄糊塗了。今看此註的「妄」字，也同「非禮」一樣的費解。如果懂得什麽叫「非禮」，自然知道什麽叫作「妄」。「妄」的反面即是「不妄」，也就無須解釋了。可惜儒家和道家這些教條所用的字眼都是抽象的，没有具體說明，學者只好空談，不能實踐。

第二問：　先後關係。「生」和「不妄」哪個在先？　哪個在後？　人們是先要求「生」，而後身體上四肢九竅纔「不妄」動呢？　或是他本來就「不妄」動，而後纔能保持他的「生」命呢？　「死」和「妄」哪個在先？　哪個在後？　人們是預先知道自己不久要「死」，而後身體纔任意「妄」動呢？　或是他先有「妄」動，而後纔至於「死」呢？

第三問：　因果關係。「生」和「不妄」哪個爲因，哪個爲果？　若說「生」爲因，「不妄」爲果，這就要問，凡是「生」在世上的人，他們的九竅四肢都「不妄」動嗎？　若說「不妄」爲因，「生」爲果，又要問，凡是身體「不妄」動的人，他們都能夠得到長生嗎？　「死」和「妄」哪個爲因，哪個爲果？　若說「死」爲因，「妄」爲果，這就要問，凡是將要「死」的人，身體決定要「妄」動嗎？　若說「妄」爲因，「死」爲果，又要問，凡是身體「妄」動的人，他們都決定要速死嗎？

孔夫子的學生顏淵，窮居陋巷，安貧樂道，切實奉行「四勿」教條，像這樣人，一舉一動當然是「不妄」的，但年齡不過三十二歲即短命而死。又，孔夫子的舊交原壤，自幼不守禮法，年長更加放肆，母喪時登在樹上唱歌，當然算得一個「妄」人，但壽命很長，孔夫子罵他「老而不死是爲賊」。由此看來，「妄」與「不妄」對於人們的「死」「生」並無關係。河上公註非但不合老子原文意旨，而且理論也脫離實際。註文的毛病就在「不妄」兩個字。假使他當初作註時把「能」字代替「不妄」，如「目能視」「耳能聽」云云，那就没有問題了。

（五）關於「十有三」的註解，除了王弼、河上公兩家而外，其他各家還有許多異説，他們所持的理由，都是站不住脚的，因爲免使讀者厭煩，此處不再贅述。

載一九六四年十月道協會刊第四期

辭海試行本「正一道」詞條校樣意見

陳攖寧

原文一

正一道

也叫「正一派」或「天師道」。與全真道同爲道教兩大教派。「正一」指「道心不二」或「萬法歸宗」。相傳東漢順帝時張道陵在四川鶴鳴山一作「鵠鳴山」得太上老君所授正一盟威秘籙和正一法文，因此創立道派。當時其名不顯，一般稱之爲「五斗米道」。西晉永嘉年間公元三〇七至三一二年，張道陵第四代孫張盛移居龍虎山今江西貴溪境内，尊張道陵爲掌教和「正一天師」，其名漸顯，而以「天師道」更爲著稱。歷南北朝、隋、唐、宋各代，南北天師道同上清、淨明、靈寳各派並行於世，並逐漸合流，到元代都歸併於正一派中。元成宗大德八年一三〇四年，授張道陵第三十八代後裔張與材爲「正一教主」，主領三山龍虎山、閤皂山、茅山符籙。此後凡是道教的符籙各派統稱爲正一派。因信奉正一派的道士不出家，俗稱「火居道士」或「俗家道士」。

陳攖寧意見

「正一」這兩個字是根據正一盟威秘籙和正一法文兩部書而來，不需要再加以解釋。「天師」這個名號，是根據太平經而來。因爲太平經上稱「天師」的地方很多。

原文二

正一道

也叫「正一派」或「天師道」。與全真道同爲道教兩大教派。相傳東漢順帝時張道陵在四川鶴鳴山一作「鵠鳴山」得太上老君所授正一盟威秘籙和正一法文，因此創立道派。當時其名不顯，一般稱之爲「五斗米道」。西晉永嘉年間公元三〇七至三一二年，張道陵第四代孫張盛移居龍虎山今江西貴溪境内，尊張道陵爲掌教和「正一天師」，其名漸顯，而以「天師道」著稱。歷南北朝、隋、唐、宋各代，南北天師道同上清、淨明、靈寶各派並行於世，並逐漸合流，到元代都歸併於正一派中。元成宗大德八年一三〇四年，授張道陵第三十八代後裔張與材爲「正一教主」，主領三山龍虎山、閤皂山、茅山符籙。此後凡是道教的符籙各派統稱爲正一派。因信奉正一派的道士不出家也有少數出家的，俗稱「火居道士」或「俗家道士」。

陳攖寧意見

「五斗米道」這個名稱，是教外人對本教的稱呼，含有諷刺譏笑之意。「當時其名不顯」這六個字還是留存的好，是說「正一道」「天師道」之名不顯，不是說「五斗米道」之名不顯。因爲「正一道」之名不顯，所以人們就叫它「五斗米道」。

陳攖寧撰「正一道」詞條

正一道

也叫「正一教」或「正一派」，爲今日道教的兩大教派之一。相傳東漢順帝時張道陵在蜀郡鶴鳴山得太上老君所授正一盟威秘籙和正一法文，因此創立道派。說明：張陵創道教，是歷史上的事實，年代須要確定，所以在第一條「道教」釋文中不用「相傳」二字，直指爲「東漢順帝漢安元年」。本條因有「太上老君所授」一句神話在內，這不是事實，但又不能完全抹煞，只好用「相傳」表明這件事非真實性。當時其名不顯，外人就稱它爲「五斗米道」。自張道陵的曾孫張盛於西晉永嘉中公元三〇七至三一二年遷居龍虎山以後，歷南北朝、隋、唐、宋各代，正一派常和「淨明」「靈寶」「上清」各派並行於世，外人又稱它爲「天師道」。到了元成宗大德八年一三〇四年，授張道陵第三十八代後裔張與材爲正一教主，主領三山龍虎山、閤皂山、茅山符籙，此後凡是道教的符籙科儀各宗派統稱爲正一派。參閱「張道陵」「五斗米道」「天師」「龍虎山」各條。

陳攖寧手寫校改本，具體時間不詳，當作於一九六〇年左右

道藏書目分類

陳攖寧

道協會刊編者按　已故本會會長、著名道教學者陳攖寧先生，在本世紀三十年代便對道藏書目重作分類，五十年代又曾重加修訂。在十年動亂中該稿已散失，現僅存分類舉例稿，特予發表，供研究道藏書目分類者參考。

道藏舊目錄共分三洞、四輔、十二類，名稱如下。

三洞：　洞真部、洞玄部、洞神部。

四輔：　太玄部、太平部、太清部、正一部。

十二類：　本文類、神符類、玉訣類、靈圖類、譜錄類、戒律類、威儀類、方法類、眾術類、記傳類、讚頌類、表奏類。

以上分部之法，體例混亂，蕪雜不堪，每欲檢閱一書，竟不知此書收在何部，無從尋覓。四輔較三洞亦未見有什麼區別。三洞項下雖各分十二類，而四輔項下又不分類，即專用宗教眼光觀之，亦覺疏舛可笑。今將七部十二類的舊名目一概取消，只就道藏原有一千五百種實數只有一千四百七十六種書的性質分爲十四類。

一、道家類。如老子、莊子、列子、文子、淮南子等並各家註解。關尹子乃宋人僞造，亦歸入此類。道家本在道教之先，故列於第一類。

二、道通類。如鬻子、鶡冠子、公孫龍子、尹文子、墨子、孫子、韓非子、鬼谷子、揚子太玄、邵子皇極經世、抱朴子外篇，並各種易經卦象著作。上列各書雖不專屬道家，但與道家相通。

三、道功類。如導引、存想、吐納、辟穀、服氣、胎息、養性、延命、內丹、抱朴子內篇等書。這一類專在肉體上作工夫，十分之八九是唯物的。

四、道術類。如藥餌服食、金石爐火、神丹黃白等書。這一類專借助於草木金石，完全是唯物的。

五、道濟類。如素問、靈樞、難經、葛洪肘後方、孫思邈千金方、本草圖經衍義等書。這一類都與醫藥有關。

六、道餘類。如黃帝宅經、龍首經、金匱玉衡經、玄女經、白猿經、遁甲、六壬、星曆、占卜等書。這一類書今日無用。

七、道史類。如列傳、年譜、通鑑、山志等書。山海經、穆天子傳、江淮異人傳等入此類。

八、道集類。如各家詩文專集等書。金丹歌訣不入此類。

九、道教類。如正一、全真兩派專講道教等書。陶弘景的真誥，雖不在兩派之內，因其性質相同，亦歸此類。

十，道經類。如元始、靈寶、太上諸經，皆歸此類。凡與修養工夫有關者，雖名爲經，不入此類，但須仔細審定。

十一，道誡類。如專講誡律等經書數十種皆入於此。

十二，道法類。如道法會元、靈寶大法、三天秘範、靈符秘錄等書。

十三，道儀類。如濟度金書、靈寶玉鑑、讚頌、表奏、懺、儀等書。

十四，道總類。如雲笈七籤、無上秘要等書。

道藏書目索引

凡已知某一書名，但不知此書在道藏全書第幾册者，可先查此索引。書目索引舊例皆以首一字相同者排比一處，此法於道藏不適用。因道藏諸經之名甚長，每有起首三、四、五、六個字全同者，甚有相同十餘字之多者，必須一連串的看到末尾幾個字，纔能够辨別本書是那一種性質，倒不如用各書名末尾一字作標準，檢查時較爲便利。道藏中有一卷書，書名就占三十個字，若從頭上看下去，看到二十八個字，還不能辨别此書的性質，如「太上洞淵三昧帝心光明正印太極紫微伏魔制鬼拯救惡道集福吉祥□□」。

今擬將道藏所收一千四百幾十種書名末尾一字相同者皆彙集一處，按倒數第二字或第三字筆畫之多少，依次排列，以便檢查。

載一九八四年六月道協會刊第十四期

會議講稿

宗教信仰自由的真義

陳攖寧委員的發言

一九五九年四月二十七日在中國人民政治協商會議第三屆全國委員會第一次會議上

主席、各位委員：

我很榮幸的參加這次會議，當初本想把中國醫學和道家氣功兩者結合起來做一篇發言稿子，但因在會期中忽然生了病，現在還沒有復原，所以那種學術性的文章就不能做了。這篇稿子也是匆匆忙忙在病床上做的，又是請別人代爲抄寫，中間有些遺漏的地方也來不及補充進去，缺點甚多，請各位原諒。

聽了李維漢副主席「政協常委工作報告」，我完全同意。報告的末一段，談到今後政協應當加强的五項工作，更是重要。

聽了周恩來總理「政府工作報告」和李富春、李先念二位副總理的報告，我感到無比的興奮。每個報告中一字一句都閃射着燦爛的光輝，充分顯示了我國人民勤勞勇敢的衝天幹勁，也充分顯示了中國共產黨和毛澤東主席英明領導下的偉大成就。我熱烈擁護這幾個報告。

我的年齡已屆八十歲，自出生以來，經過不少的内憂外患，生活經歷告訴我一個真理：偉大的祖國，只是近十年來由中國共產黨領導之後，纔有這樣空前的團結、飛快的躍進，蓬勃發展，欣欣向榮。已往幾十年非但未曾見過，連想也不敢想。因此，我肯定中國共產黨是我們祖國的福星，堅決擁護黨的領導，就是熱愛祖國。

一切有關社會主義建設方面的意見，諸公早已暢所欲言，我自愧無所貢獻。這次會議，我列名於宗教界，因此想談一談宗教信仰問題。

在過去舊社會制度和反動統治之下，人們信仰宗教，多數是受了環境的影響，未必真是自由。有些人因爲生活逼迫，不得不混入寺廟以圖衣食；有些人因爲疾病纏身，得不到醫療，無可奈何乞靈於神佛；又有些人因爲不能忍受貧富之間的苦樂懸殊和統治階級的昏庸殘酷，勉强看破紅塵而出家；至於先已懂得教義而後發生信仰的人，當然也有，但不是一般的情况。可以想見，那個時代人們信仰宗教，都是受着惡劣的社會制度所支配，内心本是極端痛苦，如何能够算得真正的信仰自由呢？

只有在解放後十年以來，全國人民都能够安居樂業、衣食無憂；保健衛生機構遍布城鄉，醫療方面已不感覺困難；人剝削人、人奴役人的現象已徹底消滅。我們生活在這樣的社會制度之下，對於宗教信仰問題，纔可以單憑個人的意志自由選擇、自由取捨、自由決定，而不受任何外界力量的影響。信與不信，信這個或者信那個，也沒有任何人會來干涉。這纔符合宗教信仰自由的真義。我們的政府一貫保護每個公民在信仰方面有自由的權利，而且在祖國的大家庭中彼此也都互相尊重這種權利。我們正在享受信仰自由，局外人反說我們没有信仰自由，豈非笑話！

信仰原是思想一方面事，並不在乎外表的形式。有些反革命分子，雖然披上了宗教外衣，但是其中却包藏了一顆惡毒的獸心，僞裝着虔誠的教徒，實際上是吃人的魔鬼。這次發動西藏叛亂的一小撮反動分子就是如此。他們只圖長久保持自已的農奴主地位，不管西藏廣大人民的痛苦；中央要驅除西藏舊日殘餘的帝國主義勢力，他們反而加緊勾結帝國主義進行叛亂；中央要逐漸改善西藏人民窮困的生活，他們偏要永遠保守落後千年的狀態；中央一貫尊重西藏人民的宗教信仰自由，他們偏要强迫喇嘛當兵，破壞佛教根本大戒，反而說是保護宗教：實在是宗教中的敗類。

我們廣大的宗教界人士，應當熱愛我們的祖國，擁護國務院平息西藏叛亂的命令，明辨是非，分清敵我，認識這些反動分子叛國又同時叛教，殘害人民也就是自取毀滅，應該把這些魔鬼徹底肅清，好讓西藏人民從黑暗地獄中翻身，和全國六億五千萬人民一起走上光明的大道。這樣辦法，不僅於西藏人民有利，對於世界和平更是有利。如果有人口蜜腹劍，故意顛倒黑白，說西藏叛亂事件和宗教信仰有關係，表面似乎是同情宗教，實際上是企圖挑撥我國廣大教徒與政府的關係。這是我們宗教界所一致憤慨的，所絕不容許的，所堅決反對的。

祝大會勝利！　祝各位身體健康！

載於一九五九年五月一日人民日報

分析道教界今昔不同的情況

——陳攖寧會長在政協全國委員會三屆三次會議上的發言

主席、各位代表、各位委員：

在未聽周總理報告以前，關於我國對外政策和國內三面紅旗的任務，我本有許多話想說。自從聽過總理兩次報告以後，凡是我心裏蘊藏的疑團，報告中都已得到解決，所以我就無話可說了。這兩種報告，簡直是我國今日的政治教科書，值得我們好好的學習。

還有政協陳副主席報告兩年來工作總結和今後應當做的幾項工作，我完全同意。

政府今日發揚民主作風，叫我們對於政府工作儘量地批評，不必稍存顧慮。我看十餘年來政府工作都是大公無私，處處爲全民謀福利，成績早已有目共覩。但因我國過去的經濟基礎十分貧乏，再加連續三年的自然災害，給各方面帶來一些暫時困難。幸由政府領導着全國人民努力予以克服，目前頗有好轉的氣象。這次政府工作報告，我已經讀了幾遍。中央首長們勇於負責的精神，使我良心上受了極大的感動，實在提不出什麽意見。

我在政協名單上列於宗教組，已往幾十年我喜歡研究道教中自古相傳的學術，因此認識道教朋友很多。近五年來又在中國道教協會工作，關於道教界今昔不同的情況，比較能够深入了解。現在就我本工作崗位上説幾句話，以供大會諸公關心道教者參考。

我國目前正當社會主義建設階段，各界人士都在鼓足幹勁爲社會主義總路線服務，道教界當然也不在例外，所以我們就不能用舊時代的眼光來看新時代的道教。

道教是漢民族自己的宗教，它没有世界性，在國際上不發生重大關係。道教中人大概都是傾向保守，因此他們的人數本來就不多。清代光緒年間聽老一輩説，那時全國道教徒只有八萬人左右，後來更是越過越少。在解放前幾年，他們自己估計，全國道教徒人數僅及光緒年間的十分之五。去歲中國道教協會召集全國道教代表會議時，大家估計現在道教徒人數比解放前又減少了一半社會上信仰道教學術的人士，其數比正式道教徒要超過幾倍，今不算在內。

往昔各大城市及人口繁密的鄉村，總有道觀大廟、道院小廟或俗家道士無廟雜居其間。可以說，某處有醫生，某處就有道士。醫生爲病人服務，道士爲亡人服務。凡是帶有服務性的行爲，在社會上都承認它是一種職業。因此，道士也就職業化了。道教本旨並非專爲度亡而設，後來道士所以變成職業，不能不說是社會心理的反映。羣衆既然相信超度這件事於亡者有利，道士也樂於接受羣衆的邀請，以便解決自己生活問題。其他非職業化的道士大概都是靠香會、施主、廟產爲主；遊方道士也有借醫賣草藥卜星相以博暫時糊口之資的，但是極少數。

自辛亥革命以後至全國解放以前，各省軍閥的混戰。反動派挑起的內戰，日寇侵略的抗戰，三十幾年中沒有停過。國家風雨飄搖，百姓流離失所，活者尚且自顧不暇，那有餘力顧到死者。民間對於職業道士的需要範圍，就一年比一年縮小。他們縱或不爲餓殍，也得改業謀生。再加農村破壞，香會不能按期舉行；經濟蕭條，施主無法解囊樂助；僅靠廟產收入，又不及往年之多。非職業道士也大受影響幾個畸形發展的市區在例外。這些就是解放前道教人數所以減少的原因。

再看解放以後至於今日，國內呈現了從來未有的安定，經濟基礎十分鞏固，人民生活都有保障，爲什麼道教人數減少的趨勢並未曾扭轉？ 我們應該從兩方面看問題： 在社會方面，是科學知識日益普及，羣衆覺悟日益提高，生者既不需要於杳茫中求安慰，死者也不需要在神座下求超昇，人民信仰的程度就隨着日益薄弱； 在道教徒本身方面，是長期經過學習，努力自我改造，思想恥於落後，還俗准許自由，他們追求幸福的將來，當然不屑留戀於過去。 這些就是解放後道教人數所以繼續減少的原因。

觀察前後兩種原因，前一種是社會破壞，後一種是社會進步； 前一種顯示人民生活窮困，後一種顯示人民覺悟提高道教徒也包括在內； 前一種現象令人悲觀，後一種現象又使人樂觀。 道教人數減少，在近五十年來雖然前後相同，而其所以減少的原因，則極端相反，研究現代道教史者應有兩種不同的看法。

有人不免要問： 照這樣看法，無論社會情況是混亂或是安定，道教徒總是逐年的減少下去，那末，我國有兩千五百年歷史的道教從東周老子時代算起，豈非注定要消滅嗎？ 我對於這個問題，也有兩種看法： 一是道教的形式，一是道教的精神。 即如出家與在家、蓄髮與剪髮、吃素與吃葷、道裝與便裝，以及齋醮祈禱誦經禮懺各種科儀，這些都是道教的形式； 又如氣功療病如吐納、調息、行氣、布氣、聚氣、散氣、六字氣訣、十六字訣等、動功健身如按蹻、導引、五禽戲、龍虎功、八段錦、太極拳等、靜功養性如止念、存神、守中、抱一、定觀、坐忘等、藥食延齡如各種丹藥法，各種服食法等，其他高深的如內丹、外丹、老莊哲學，尚未包括在內，這些都是道教的學術，而道教的精神也就寄託在這些學術上面。形式隨着時代的進化，不敢保證它永久不變；學術因爲羣眾所需要，非但能够長遠流傳，而且將來還可以逐漸發展。只看道教學術一日存在，道教精神也就一日有所寄託，我們何必預抱杞人之憂？

全國道教徒現在情況，其中百分之九十幾都有正當職業。他們散居在鄉村的，就參加人民公社和農民一樣的勞動，若道眾比較集中的地方，自己還組成農業生產隊例如湖北黃陂木蘭山、西安八仙宮等處；住在名山道觀的，就從事於育護森林及種植菓樹例如四川灌縣青城山、陝西盩厔縣樓觀臺、遼寧千山、山東嶗山、江蘇茅山等處；住在城市的，多參加手工業或小工廠例如杭州女道眾織布、上海女道眾織襪、武昌女道眾做紙盒、沈陽男道眾爲塑料廠工人；住在郊區近城市的，就大量生產蔬菜例如北京白雲觀、西安八仙宮；住在名勝風景區的，都是爲遊客服務例如四川青城山、杭州玉皇山、黃龍洞等處，西嶽華山道士幾年前就把「華山服務社」牌子掛出來了。還有其他特殊的，也是因地制宜，各盡所能。如成都青羊宮道士，向來以專門園藝技術出名，他們就製造盆景，培養四時花木，以供城市美化之用；江蘇茅山道士，在當地政府支持下，成立了烤膠廠用土產毛栗殼熬成膠，爲製皮革工業及油漆工業所需要；茅山野生草藥，種類繁多，他們大半都能認識，並且準備設法保護藥草根苗，勿使中藥來源斷絕。以上所舉例子，略見一斑。全國各地方諸如此類的情況尚多，未能悉舉。

回憶解放以前幾十年間，據我親跟所見，全國道教徒在社會上没有出路，在政治上没有地位，處處受到人家歧視。若要還俗就業，恐不免被羣衆所譏笑，而實際也無業可就；若仍舊困守本行，又苦於這件事太無意味，反落得一個靠迷信吃飯之名，以致光陰虛度、鬱悶終身者不在少數。因此，道教中就埋没了一些有用的人才。這項損失，應該歸咎於已往社會制度不良，非道教本身之過。

解放後十餘年來，我國社會制度起了根本變化，道教雖還是那個古老的面貌，而道教徒的面貌却是焕然一新。已往到各處雲遊掛單的，現在已成爲某一處固定的勞動力；已往不事生產的，現在也獲得「先進生產者」榮譽；已往悲觀厭世的，現在對前途很抱樂觀。而且出家與返俗絕對自由，方外和方内一律平等，道教中人有做各級人民代表的，也有做省市政協委員的，絲毫不受歧視。他們經過長期學習，大部分人已認識到整個國家命運就是道教徒自己的命運，只要一心一意靠攏了黨，服從領導，積極參加社會主義建設事業，能够做到維護羣衆利益，個人利益也就在其中，今後用不着再爲自己個人打算。其中思想搞不通的人未嘗没有，但就全體而言，只居極少數，他們將來也還有逐漸自我改造的可能。以上就是今日道教界的普遍情況。

目前道教人士所最關切的問題，不在宗教生活的外表形式，而在優良傳統的學術精神，很想繼續把它發揚光大，爲人民長壽健康作出一定的貢獻。中國道教協會有責任幫助他們實現這種願望，並得到政府大力支持，因此就擬定了「培養道教知識分子計劃大綱」，準備於最近期間開辦「道教徒進修班」。其中課目分三大類：（一）普通課目，如道教真義、宗派源流、主要經典、道教儀範等；（二）高級課目，於普通課目外再加道教歷史、道教名人傳記、老莊哲學、諸子百家精華等；（三）專門課目，如動功、靜功、氣功、醫藥、鍼灸、内丹、一切却病延齡修養方法。此外，尚有政治學習和勞動實踐。

道教徒進修班有兩種目的：（一）培養道教一般知識分子，將來分配在各處道教名山、各大宮觀，擔任管理及本教事務工作；（二）培養道教專門學術人才，以便進一步深入研究，繼承和發揚道教優良傳統。入進修班者以正式的青年道教徒爲限，學習期間是用師父帶徒弟方式，與學校性質不同。

道教協會内部研究工作，同時也在進行。研究的重點放在我國二千五百年以來道教歷史和四千七百餘卷道藏全書上面，但因頭緒紛繁，今日未能一一詳述。

載一九六二年八月道協會刊創刊號

陳攖寧會長在政協全國委員會第三十五次常委會上關於中國道教協會第二屆全國代表會議情況報告摘要

中國道教協會辦公室整理

中國道教協會在黨和政府領導之下，於一九五七年四月第一次召集全國道教界代表會議，正式成立機構。按照會章規定，每三年召開一次代表會議，修訂本會章程和改選負責人，所以第二次代表會議應在一九六〇年秋季舉行。但自一九五八年起，我國實現了連續三年的大躍進，各地道友響應黨和政府的號召，積極參加了偉大的社會主義建設事業，在這個期間大家都很忙。因此，第二屆全國代表會議，便不得不推遲舉行。

一九六一年，本會討論了召開第二屆全國代表會議的問題，認爲道教界人士，經過了對總路線、大躍進和人民公社三面紅旗的學習，在思想認識上有了很大的進步，參加勞動生產的道友日益增加，在改變過去的寄生習慣而走向自食其力的道路方面，也有了很可喜的收穫。在這一新情況之下，及時的召開第二屆全國代表會議來總結過去的工作，明確今後的中心任務，改選領導機構，進行時事政策教育，增强信心，繼續前進，這是必要的。後經常務理事會討論，決定於一九六一年下半年召開全國代表會議。

會議自去年十一月一日至九日在北京舉行。代表名額共一〇三人，除因事因病請假的四人外，有九十九位代表出席了會議，包括來自全國二十六個省市的道教徒代表。其中，全真派八十五人內有坤道十二人，正乙派十四人，他們的平均年齡在六十歲以上。

會議討論並通過了第一屆理事會工作報告和修改章程的報告。中共中央統戰部張執一副部長和國務院宗教事務局肖賢法局長也應邀爲代表們分別作了關於國內外形勢的報告和關於宗教政策的報告。大家經過學習和討論，表示熱烈擁護。會議通過了中國道教協會第二屆全國代表會議決議，選舉了第二屆理事六十五人。代表們還在北京白雲觀舉行了祝願「世界和平，祖國富强」的道場。會議期間，黨和國家的領導人國務院習仲勛副總理、中共中央統戰部張執一副部長等接見了全體代表。

由於此次會議遵循了黨所提倡的「知無不言」的精神，採用了「神仙會」的方式，大家精神愉快，心情舒暢，對目前國內外形勢、宗教政策、道教前途以及本會的工作方向等問題，進行了充分的討論。現將討論情況分別介紹如下。

(一)對於目前形勢的認識

這幾年來各地道友們雖然都參加了當地宗教界的學習組織，受到了一般的時事政策教育，但是對於國際、國內形勢的認識還不十分透徹。代表們聽了張執一副部長的報告，認識到當前國際形勢的基本特點是「東風壓倒西風」，戰爭是帝國主義的本性，對於美帝國主義的侵略陰謀我們應當提高警惕。代表們全面地認識了國內的大好形勢，全國人民在三面紅旗的光輝照耀下，雖然遭受了連續三年的特大自然災害，但是工農業生產仍然取得了很大的成績。會上，大家堅決表示，今後要節衣縮食，和全國人民一同克服暫時的困難。

在討論張副部長的報告中，談到思想改造問題。有的代表說，過去不願聽「改造」兩字，認爲犯錯誤的人纔需要改造，現在認識了改造是一件好事。改造就是學習，不學習就不能爲社會主義服務。

(二)貫徹宗教政策中的問題

關於宗教政策在各地貫徹執行的情況，這是宗教界人士非常關心的問題，也是這次會議討論的重點之一，我想比較着重談談這一方面的情況。

解放後十餘年來，道教界已經發生了較大的變化，已往到處飄泊無依靠的，現在過着安定而有保障的生活；已往不事生產的，現在也參加了勞動生產。而且，出家和還俗完全自由，方内和方外一律平等。在舊社會道教徒受到歧視，在新社會一般的社會地位和政治地位都提高了：道教界人士有做各級人民代表的，有做省、市政協委員的。思想搞不通的人未嘗没有，但就全體而言，只居少數，這些人將來也還有逐漸自我改造的可能。

以上基本情况，説明了黨和政府的宗教政策在各地的貫徹執行，是有很大的成績的，我們向黨和政府表示衷心的感謝！但是，某些地區少數幹部未能正確理解宗教信仰自由政策的精神。同時，一部分道友對這一政策也缺乏全面的認識。由於這兩方面的原因，有些地方曾經發生了一些問題。

代表們聽了肖局長關於宗教政策問題的報告後，表示很滿意。肖局長很懇切、坦率地解釋宗教政策，代表們深受感動，消除了許多顧慮，進一步認識了宗教信仰自由政策是長期的，信教和不信教是自由的，應當互相尊重。並且認識到貫徹宗教政策是幹部和教徒雙方面的事情。少數幹部在執行政策中發生的一些問題，並不是政策本身的問題，而是幹部對中央政策學習不够，應當提出善意的批評和建議。

（三）對於道教前途的看法

對於道教徒個人的前途，道友們經過幾年來政治學習和勞動實踐，多數人認識到只要擁護黨的領導，堅決走社會主義道路，爲社會主義建設貢獻自己的力量，他們和全國人民一樣，有着光明的前途。但是，道教界人士對於整個道教的前途問題不免憂心忡忡。看到年青的道教徒差不多都還俗了，剩下的都是老年人，他們後來的光陰也很有限，繼承者又無其人，年青人不願出家，偶爾有人要求出家，他們也不敢收徒弟。

聽了肖局長的報告，經過會議的討論，代表們認識了時代在向前發展，人民生活越過越好，出家的人和信教的人自然會減少。但是宗教信仰在羣眾中的影響是相當長期的，因而宗教的存在也可能是相當長期的。現在黨和政府又支持本會培養道教青年知識分子的工作，解除了大家那種後繼無人的顧慮。

我對於這個問題也有兩種看法，一是道教的形式，一是道教的精神。即如出家與在家、蓄髮與剪髮、吃素與吃葷、道裝與便裝，以及齋醮祈禱、誦經禮懺等各種科儀，這些都是道教的形式； 又如氣功療病、動功健身、靜功養性、藥食延齡，其他高深的如內丹、外丹、老莊哲學等，這些都是道教的學術，而道教的精神也就寄託在這些學術上面。形式隨着時代的進化，不敢保證它永久不變； 學術因爲羣眾所需要，非但能够長遠流傳，而且將來還可以逐漸發展。只要道教學術一日存在，道教精神也就一日有所寄託，我們何必抱杞人之憂？

(四)關於本會今後的工作方向

道教協會在一九五七年四月成立，到二屆全國代表會議時已經有四年多了。本會成立以來，在團結道教界人士爲社會主義建設服務方面，作了一些工作；在推動道教界進行思想改造和參加勞動生產方面，也取得了一些成績；在學術研究方面，對道教的歷史資料也做了一些整理工作。代表們認爲，這幾年道教協會的工作是有成績的，同時也提出了不少意見。他們批評道教協會和各地道教徒的聯繫少，除了開會見面，會後缺少經常的聯繫，上下不通氣，不能及時反映道教徒的意見和要求，對於下面反映上來的問題又不能及時解決。

這次會議明確了今後道協的工作方向，決定以研究工作和培養道教知識分子爲中心任務。我國道教有二千多年的歷史，文化遺產很豐富，道教界人士有義務有責任整理和研究這一部分祖國的文化遺產。今後要有計劃、有步驟地搜集、整理資料，開展研究工作。計劃在今後幾年内編寫出一部比較完善的「中國道教史」。爲了繼承道教的文化遺產，更好地開展研究工作，需要在道教徒中培養出一批具有學術研究能力的人才。今後道協應當擔負起這個任務。

本會第二屆全國代表會議在十一月九日結束，接着召開了第二屆理事會，選舉了常務理事。根據代表會議決議的精神，常務理事會討論了以下幾項工作：一，道協研究工作計劃及一九六二年的工作任務；二，培養道教知識分子及開辦道教徒進修班問題；三，關於保護道教經典及文物古跡問題；四，關於北京白雲觀管理問題。對以上問題都作了具體規劃。現在道協已經着手進行。

本會第二屆代表會議得到中共中央統戰部和國務院宗教事務局的支持和幫助，會議開得很成功，代表們很滿意。一致通過了如下的決議：團結全國道教徒，在中國共產黨和人民政府的領導下，和全國人民一道，堅決走社會主義道路，積極參加社會主義建設和反對帝國主義、保衛世界和平的鬪爭，協助政府貫徹宗教信仰自由政策，加强愛國主義和社會主義學習，結合生產勞動，進行自我改造。

總結此次會議的主要收穫是：一，中央統戰部張執一副部長和國務院宗教事務局肖賢法局長關於當前形勢和有關宗教政策的兩個報告，解除了道友們對宗教信仰自由政策的某些疑慮，緩和了會前的緊張情緒，澄清了「中央政策不兑現」的錯誤認識，密切了道友與黨和政府的關係，增强了克服暫時困難的信心，調動了道教界的積極性。代表們普遍表示感激黨和政府的關懷和支持，今後一定要聽黨的話，努力改造思想，爲社會主義建設服務。二，通過這次會議，加深了道友們對道協的信任，他們感到道協真正是自己的組織，爲他們做了許多工作。有的代表說，過去在思想上與道協有隔閡，今後願意多聯繫。有的道友得知召開會議的消息後，來信提出工作建議和有關問題，或鈔送所在廟觀保存的道經文物清單。半年來道協收到各地代表和道友來信將近二百件，這是近二三年來未曾有過的現象。三，進一步了解了各地道教界的情況，爲今後工作的開展打下良好的基礎。四，鍛煉了本會工作幹部，增長了業務知識，取得了一些工作經驗。

以上是本會召開第二屆全國代表會議的經過情況，請各位批評和指正。

載一九六二年八月道協會刊創刊號

陳攖寧會長在道教徒進修班開學典禮上的講話

一九六二年九月二十九日

中國道教協會辦公室整理

各位首長、各位道長、各位學員：

道教徒進修班這件事，自從一九六一年十一月道協第二屆全國代表會議之後就開始籌辦，中間經過十個月之久，現在正式開學了。我們道教界多年以來的理想和希望總算成爲事實了。古代唐朝和宋朝曾經有一個時期注意培養道教的人才，遼、金、元、明、清幾個朝代在歷史上就没有這件事，辛亥革命以後至解放以前幾十年中更談不到了。只有今日在共産黨領導之下，我們已往各人心裏所抱的理想纔能够實現，大家都一致的感到十分欣慰。假使没有黨和政府的大力支持，光靠我們自己力量來辦這件事，我想很不容易辦到的。我們現在應該對黨和政府及直接領導的首長們表示最熱烈的感謝。

再談進修班的籌辦經過。道協根據本會宗旨，在去年春天，就提出關於培養道教知識分子的工作，當時曾經草擬了「中國道教協會研究工作及培養道教知識分子計劃大綱」。後來又從道協二屆全國代表會議的反映和要求來看，道教界目前最關切的問題，就是迫切希望繼承和發揚本教優良傳統，從而更堅定了我們開展這一工作的信念。自去年二屆全國代表會議後，我們就根據會議決議精神，積極籌劃開辦道教徒進修班。其目的：（一）培養道教專門學術人才，從事道教學術方面的研究工作；（二）培養道教一般知識分子，從事道教名山、宫觀管理和教務工作。

在工作進行中，得到黨和政府的大力支持和協助，各位常務理事及道協地方組織積極推薦學員，同時收到不少道友和一般社會人士的來信，要求參加進修班學習。我們按照培養道教知識分子計劃大綱所規定的學員條件，選定了進修班的第一期學員。

進修班的教學方法與一般學校不同，它是以師傅帶徒弟的方式，根據學員不同情況，成立自學小組，講授與自學並重，結合研究，循序漸進，逐步培養。學習課目分爲三大類：（一）普通課目，如道教真義、宗派源流、主要經典、叢林制度、道教儀範知識等；（二）高級課目，除普通課目外，再加道教歷史、道教名人傳記、老莊哲學、諸子百家精華等；（三）專門課目，如氣功、醫藥、内丹、外丹和一切却病延齡的修養方法。此外，還有文化課、政治課和參加勞動鍛煉。學習期限暫定五年。

以上就是我對進修班情況的簡單介紹。現在我想着重談一談培養道教知識分子，研究和繼承道教學術的意義。

道教是我國漢民族自己創立的宗教，它起源很早，從東周老子時代算起，即有兩千五百年歷史；若從東漢張道陵創教時算起，到現在也已經有了一千八百二十年歷史。在這樣悠久的歷史過程中，道教積累了許多豐富的道經典籍和文獻資料。現在所保存的明代正統道藏全書即有四千七百多卷包括萬曆續藏在内，此外散行道書尚多。

若論道教學術思想的淵源，可以追溯到黄老學說及周秦諸子。漢魏以降各個發展時期，又吸收了教外其他的思想，結合教内自己的實踐。道教學術内容包括很廣，如氣功療病吐納、調息、行氣、布氣、聚氣、散氣、六字氣訣、十六字訣等、動功健身按蹻、導引、五禽戲、龍虎功、八段錦、太極拳等、靜功養性止念、存神、守中、抱一、定觀、坐忘等、藥食延齡各種丹藥法、各種服食法等，其他高深的，如內丹、外丹、醫學、鍼灸、老莊哲學等，都是道教的學術，而道教的精神也寄託在這些學術上面。其中有很大部分是社會羣衆所需要的，如鍼灸、氣功、太極拳等，都已廣泛地爲醫療單位所採用了。老莊哲學也是研究中國學術思想所不可缺少的一部分。

上述道教經典和道教學術，不僅是我們道教的寶貴遺產，也是我們祖國文化遺產的重要組成部分，需要有人整理、研究和繼承。但是，目前社會上在這方面的知識專家還不多，道教界在這方面的人才也是很少。爲了適應今後事實上所需要，更好地開展道教學術的研究工作，就應該在本教中培養出一批具有一定政治覺悟和道學水平的道教知識分子，以便擔負起這項任務。

現在第一期學員人數雖然不多，但諸位所負的責任却是很重，希望你們安心學習，刻苦鑽研，力爭上游，成爲道教學術方面的專家，爲本教和社會主義文化事業作出貢獻，纔不辜負黨和政府以及全國道友對你們的期望。我的話就講到這裏。

最後，預祝大家在學習上日日新，又日新，並取得輝煌的成績。

載一九六三年三月道協會刊第二期